现代儒学 第五辑

复旦大学上海儒学院 编

中国哲学合法性与儒学世界化

商务印书馆
2020年·北京

图书在版编目(CIP)数据

现代儒学.第5辑,中国哲学合法性与儒学世界化/复旦大学上海儒学院编.—北京:商务印书馆,2020
ISBN 978-7-100-18146-4

Ⅰ.①现… Ⅱ.①复… Ⅲ.①儒学—研究—中国—现代 Ⅳ.①B261

中国版本图书馆CIP数据核字(2020)第033344号

权利保留,侵权必究。

现 代 儒 学
第五辑
中国哲学合法性与儒学世界化
复旦大学上海儒学院 编

商 务 印 书 馆 出 版
(北京王府井大街36号 邮政编码100710)
商 务 印 书 馆 发 行
山东韵杰文化科技有限公司印刷
ISBN 978-7-100-18146-4

2020年4月第1版　　开本710×1000　1/16
2020年4月第1次印刷　　印张16$\frac{1}{4}$
定价:56.00元

《现代儒学》编委会

主办单位：复旦大学哲学学院
　　　　　　复旦大学上海儒学院
　　　　　　上海市儒学研究会
主　　编：陈　来
常务副主编：吴　震
副 主 编：孙向晨　郭晓东
编　　委（按姓氏拼音为序）：
　　　　　　白彤东　才清华　丁　耘　贡华南
　　　　　　郭晓东　何　俊　黄　勇　林宏星
　　　　　　倪培民　孙向晨　吴　震　徐洪兴
　　　　　　杨国荣　杨泽波　曾　亦　张汝伦
　　　　　　张子立　张庆熊
通讯委员：何益鑫　徐　波

本刊《现代儒学》由上海易顺公益基金会
复旦大学哲学学院资助出版

编者的话

这一辑《现代儒学》的主题是"中国哲学合法性与儒学世界化"。在第一个栏目"中国哲学合法性"中，我们收录了四篇文章。在英文讨论中国哲学合法性的诸多文章里面，戴卡琳教授的《究竟有无中国哲学》一文，是历史梳理与逻辑分析最全面和深入的文章之一，其中译本也被很多关心这个问题的中国学者引用。这次我们对这个中译本做了进一步的校对，修改了翻译有误或者不通顺的一些地方。戴卡琳教授之后又撰写了一篇关于这个话题的文章，但其中译本很少引起读者的注意。我们也对它做了进一步的润色，并在这一辑里把这两篇文章放在一起，方便关心这个话题的学者们做进一步探讨。

方岚生教授的文章，可以说是戴卡琳教授的文章里所说的各种关乎中国哲学合法性的话题中的一个非常具体的历史案例（莱布尼茨与黑格尔对中国哲学的不同评价），也会对这个讨论的深入有所启发。再有就是我本人的一篇文章，采取了逻辑建构的办法，按照某种对哲学的理解，考察中国思想是否是哲学。在给出了肯定的答案的基础上，这篇文章进一步论证了先秦思想的现代性。

本辑的第二个栏目是对1958年港台新儒家宣言的反思。在这里，我们收录了倪培民教授的文章。他虽然同情以心性学去理解儒家的取向，但是"主张要放弃从存有论、本体论的角度去论证心性学"。他提出，"作为功夫指导的儒家心性论，才是心性论的真正内容"。作为大陆新儒家的一位重要代表，干春松教授在对港台新儒家宣言充满洞见的分析基础之上，对心性的路向进行了深入的批评。

本辑的第三个栏目"理学与世界"，首先收入了吴展良教授的原创文章，由他提出的概念模式出发，对朱熹思想背景做出了深入的发掘。黄勇教授则从当代德性伦理学的讨论的视角，重新审视了朱熹的思想。艾文贺教授则从中日韩比较的角度，考察了所处时代相当于中国清代的三位儒者的伦理学说。

在这一辑中，我们增加了一个新栏目"青年儒者论坛"，收录了年轻学者的原创文章,以求儒学的生生不息。这次我们收录的两篇文章,都是关于宋明理学的话题。最后,我们收录了一篇原创书评,有关杨泽波教授研究牟宗三思想之结晶的五卷本巨著的第二卷。

本期主编　白彤东

目　录

中国哲学合法性

究竟有无"中国哲学"？
　　——隐含的论争中的观点……………… 戴卡琳 著　杨 民　季 薇 译 / 3
"中国哲学"的正名之辩 ………… 戴卡琳 著　刘 丰 译　彭国翔 校 / 22
莱布尼茨对是否有中国哲学的讨论………… 方岚生 著　唐清威　陈稼丰 译 / 50
作为现代政治哲学的先秦思想………………………………… 白彤东 / 63

1958年港台新儒家宣言

心性之学与当代儒学的世界化
　　——评《为中国文化敬告世界人士宣言》………………… 倪培民 / 91
从1958年的《宣言》看港台新儒家的问题意识……………… 干春松 / 106

理学与世界

朱熹存在网络与存在意识的缘起型态
　　——朱熹的亲属网络及其内涵与影响之分析……………… 吴展良 / 129
理想类型的美德伦理学家
　　——朱熹而不是亚里士多德………………………………… 黄 勇 / 148
儒家伦理哲学的新旧基础
　　——伊藤仁斋、戴震与丁若镛
　　………………… 艾文贺 著　张黛英　王韵婷　刘 昊 译 / 170

青年儒者论坛

心学视域下的罗近溪易学思想探析……………………………………… 唐青州 / 205
论明道与阳明的"万物一体"思想
　　——以"气"与"仁"的关系为中心……………………………… 李　彬 / 218

书　评

三分法视域下的三系论
　　——《贡献与终结：牟宗三儒学思想研究》(第二卷)评论 …… 李雅萍 / 235

稿约与稿例……………………………………………………………………… 249

中国哲学合法性

究竟有无"中国哲学"?
——隐含的论争中的观点*

戴卡琳 著
杨 民 季 薇 译

"哲学"在鲁汶大学是很重要的一门课:新生入学,都要求选修一门"哲学概论"。尽管名为"概论",但这门课事实上将所有非西方文化的内容都排除在外。虽然这门课并没有被称为"西方"哲学概论,但人们很自然地认为哲学就是西方的东西。因为觉得理所当然,所以无须任何进一步的解释。然而毋庸置疑,中国是从完全不同的预设出发的:许多大学的哲学系都有一个分科,主要研究中国哲学,类似于那些讲授西方哲学甚至讲授印度哲学的分科。没有一个中国的大学仅仅讲授中国哲学而不讲授其他哲学,更不必说在"哲学概论"的名称之下了。

这种情况让人印象深刻,因此不可避免地凸显出来一个问题:到底有没有"中国哲学"?对这些互相矛盾的立场和观点的确信程度并不是彻底研究、激烈辩论和严密逻辑推理的结果。因为这种研究工作甚至尚未开始,尤其是在西方,关于此问题的解答包含着很多不甚清晰的预设。有关讨论很少见于一些界限清楚的领域,而多是出现在我们所构建的那些略显模糊的框架之中,这些框架包括:大学的组织机构、书店、期刊、学术会议,而所有这一切都用来支持一种很少被反思和讨论过的立场和观点。因此,这个主题便相当敏感:如果完全否定中国哲学的存在,不但意味着彻底否定了一千多位研究中国哲学的学者存在的合理性,而且也意味着打破

---

* 原载《中国哲学史》2006年第2期,第5—16页;英文版Carine Defoort, "Is There Such a Thing as Chinese Philosophy? Arguments of an Implicit Debate," in *Philosophy East and West*, 51:3, July 2001, pp. 393–413。中文版与英文版有别。这里的中文版在已有的中文版的基础上,由本期主编白彤东根据英文版对一些(而非全部)有问题的表达略作修改。

了中华民族传统的自豪感。另外，坚持认为"哲学概论"课程应该包括其他一些文化的哲学传统，这肯定也会使研究这一领域的西方同事感到不安。

从这一点来说，人们可能倾向于得出这样的结论：如此感情强烈，如此敏感的问题都会阻碍大家去平心静气地讨论这个基础性的问题：一边是西方世界的沙文主义，另一边是极度敏感的中国人所做的自我坚持。与之相反，本文所提出的一些论点，只是尝试说明这样的结论并非完全正确。在这一论争中，几种论说被提了出来。并且，就上述结论正确的部分来讲，我会指出，这种敏感性本身是一个有趣的现象，但这一现象被不公允地忽视了。

在以下讨论中所做的分析，有一些超越"中国哲学"研究领域的相关概念。这是因为，围绕着"中国科学"和"中国宗教"的课题，在其他非西方的，却受到现代西方概念影响的文化中，会用这些概念来重新解释自己的传统。因此，"中国哲学"的存在将被作为更加广义的疑难问题中的个案来加以研究。

一劳永逸地解决中国哲学的合法性问题，显然不是本文的目的。事实上这也是一个不可能完成的任务，因为即使是在西方，也未完全解决"哲学"这一概念的定义问题。我们也不想去质疑另外两个相关的领域，即所谓的"在中国的哲学"（当代中国学者的哲学活动）和"当代中国哲学"（当代中国学者研究传统思想的哲学活动）这两个领域的合法性或者价值的问题。[①] 本文的讨论将仅涉及传统的中国的思想，即一般所称的"中国哲学"。因此，给所研究的领域下一个清晰的定义，将是我们的首要任务。

一、"中国哲学"的表述

怀疑中国哲学的合法性，并不仅仅是西方沙文主义的结果。"中国哲学"这一说法确实包含了一种悖论，使得人们对中国哲学的身份也产生怀疑。如同"科学"或者"人权"等概念一样，哲学本来有一种普遍性的内涵，同时也不应否定其特殊的、西方的起源。如"西班牙的科学"或者"瑞士的人权"一样，这些让我们听来都

[①] 参见20世纪30年代金岳霖所提到的"中国哲学的史"和"在中国的哲学史"之间的区别和冯友兰所做的"中国底哲学"和"中国的哲学"之间的分别。

会觉得很奇怪，因为在这些表述里，形容词对名词的普遍内涵构成了一种威胁。我们都不接受这些观点，因为我们并不认为这些科学或者人权只在那些国家才发挥作用。跟科学比起来，哲学的概念更为宽容。我们习惯说"欧洲大陆哲学"或者"英美哲学"，主要用以表示哲学传统中的这些不同的形式或者类别。但是，即使如此，我们也不会接受，由于形容词对名词有所界定，就说什么"欧洲大陆哲学"只有欧洲大陆的人才能够理解；而在"中国哲学"这一称谓中，"中国"这一形容词和"哲学"这个名词结合得如此紧密，以至于使得哲学面临着窒息而死的危险。

之所以会出现这样的局面，其中一个重要的原因是："哲学"这个术语正像西方的其他术语一样，是通过追溯的方式被运用到了中国的传统之中的。在19世纪，日本打开了国门，转向西方寻找启示和现代化之路。在19世纪末20世纪初，中国也效仿此法，派遣留学生到日本学习。日本学者西周先生（1829—1887）曾在荷兰学习，将一些书籍翻译成日语，其中就有一些哲学著作（1873）。西周在"哲""学"这两个汉字的基础上，创造了日语的tetsugaku，即汉语的"哲学"一词。[①] 早在17世纪已经有西方的传教士曾经将中国的诸子以及其他的经典（包括《易经》在内）称之为哲学（filosofia）；但与此同时，那个时代的中国人却用诸如"格物穷理"之类的话语来描述亚里士多德的著作。[②] 19世纪末叶所产生的新情况就是：以往用各自的术语来互称对方的文化平衡被消解了。一方面是西方的哲学术语控制了这个领域，另一方面中国人通过日语翻译，在描述自己的思想传统时，急不可待地接受了这些西方的术语。那些在传统上归属于诸子的典籍，连同儒家的经书一起，从周代一直到19世纪，都通过追溯的方式被冠以了"中国哲学"之名。[③]

令人感到奇怪的是，19世纪末，哲学在中国的引入，连同其他激烈的制度方面

[①] 参见钟少华：《清末中国人对于"哲学"的追求》，《中国文哲研究通讯》第2卷第2期，1992年，第159—189页。

[②] 参见Nicolas Standaert, "The Classification of Sciences and the Jesuit Mission Late Ming China," in *The Jesuits: Cultures, Sciences, and the Arts, 1540-1773*, eds. Jan de Meyer and Peter Engelfriet, Leiden:Brill, 2000, pp. 287-317。

[③] 西方将中国学者称作哲学家，最早的是1687年的 *Confucius Sinarum Philosophus*。较早的是 "Sapientia Sinica" 和 "Sinarum scientia politico-moralis"。关于中国哲学在西方的一些材料，参见 Iso Kern, "Die Vermittlung chinesischer Philosophie in Europa," in *Grundriss der Geschichte der Philosophie: Die philosophie des 17. jahrhunderts*, ed. Friedrich Ueberweg, Band 1, "Algemeine Themen Iberische Halbinsel Italien," ed. Jean-Pierre Schobinger, Basel: Schwabe & Co Ag. Verlag, 1998, pp. 225-295。

的转化一道标志着诸子传统的终结。那些在哲学系的某个分科里继续研究古代诸子的人,也不再自比为诸子,而称自己为研究中国哲学的专家。这个学科的课程从其诞生到西方思想引进之时一直都是由传统的中国思想构成;而讨论中国哲学的著作大部分也截止到19世纪末或者20世纪初。因此,当中国哲学通过追溯的方式得以创建或重组之时,其作为活的传统的存在大多已经终止了。"中国哲学"似乎刚一诞生就已死去:(传统诸子的)"中国哲学"和(现代大学里的)"在中国的哲学"在某种意义上说是相互排斥的。从哲学的科目引入中国以来,中国哲学便只能作为大学课程中的文献资料和研究对象。中国的学术界似乎对中国古代思想产生了一种严重的过敏性反应,这反应引发出如何将二者结合为一的问题:这真的是中国的吗?它依然是哲学吗?

以上对"中国哲学"这一表述的简要分析,使得怀疑中国哲学的合法性,显出了某种真实可信的味道,但是这一争论却并未平息。因此,本论文以下的两部分,将首先效仿当代的学者,建立一种讨论的原型。

二、诸多事实之上的冲突

在这一讨论的基本层面上,我们可以区分出两种对立的观点,这两种观点都暗示着(虽然有时候也会明确指出),中国哲学或者存在,或者不存在。我们可以将这第一个层面称之为事实层面上的不谐和。就这一层面来说,人们一旦在讨论中能够清晰地表达出某一观点,它就会被迅速地取代或超越。然而,解释和反映这两个对立观点的特性,无疑是值得去做的事情。

(一)第一种立场和观点:中国哲学并不存在

否认中国哲学存在的观点,基本上但不完全是西方的。这一观点从历史的和理论的两个方面提出了强有力的论点。

首先,哲学是界限分明的学科,它源于希腊,扩展到整个西方世界,正如人们将中国的诸子视作中国文化的产物一样,是一个历史事实。先秦诸子主要是生活在公元前6世纪和公元前3世纪的黄河下游地区,当时的社会虽不稳定但相对富裕,因此需要一些政治上的建言和主张。正如西方世界不能说他们有自己的"诸子百家"一样,在先秦时代的中国也没有什么"哲学家"。不可否认,哲学在最近一百年的时间里,不但迅速地传播到了全世界——正如其他那些西方的文化产品一样——而且哲学也在中国占据了一席之地。但是,目前所存在的"在中国的哲学"并不能够通过追溯的方式来证明中国传统思想就是哲学。

其次,这一历史性的论点并不是孤立存在的。因此,历史性的立场常常与某种理论性的论点相联系,这种论点认为中国的诸子从总体上看显然不是完全地满足哲学的条件。虽然,西方学者对这一术语的界定有不同的认识,但是其间无疑有某种一致性,哲学必须显现出系统性、反思性和理论性,必须要与科学和宗教有所不同,必须能分成一个个的分支,比如形而上学、逻辑学以及认识论等等。在中国的战国时代大多数诸子的思想都很少能满足这样的要求。比如老子和孔子在表达自己的思想时,使用一些简短的格言、警句或者对话,其自身并不特别关注表达的系统性、逻辑性或者哲学上其他各种标准。

再次,这种理论性的论点又回到了近代历史性的脉络中去寻找依据,中国的诸子则在这样的语境中成为哲学家。这种转换不但是由于对二者之间相似性异常的确信,而且也是因为受到了民族力量和自我价值的激励。中国自鸦片战争以来,遭受了各种外来的屈辱,同时,国内形势也是引起关注的原因。因此,中国希望通过像日本那样从西方寻找灵感和启示的方式来重塑自我。由于看到了西方哲学所伴生的力量和尊重,中国的一些学者决定要用西方的哲学训练自己,同时将他们自己所继承的思想传统贴上哲学的标签。这一论点在中国的成功,当然会令西方人以同样效力将其倒转过来:诸子百家转换为"中国哲学"显然更多的是政治的问题,而并非仔细考虑思想内容的结果。①

(二)第二种立场和观点:中国哲学确实存在

在当代中国,第二种观点最流行。不过这一种观点在西方也存在。第一种观点在西方存在,这是事实。但是这一事实并不意味着所有的西方人都接受了这一立场。或许大多数人认为,中国哲学是确实存在的,因为在很多书店里有关于中国哲学的书,虽然是在"占星术"和"色情按摩"两个栏目之间;而且一些大学也有关

---

① 关于中国思想的这一转移时期,参见 Anne Cheng, *Histoire de la pensée chinoise*, Paris: Seuil, 1997, pp. 605–610。

于中国哲学的课,虽然不是在哲学系里。①

相对于在西方表达得较为含蓄的第一种观点,第二种观点在当代中国则表现得更为明显。19世纪末叶,现代的西方哲学概念传入中国时,并没有将自己说成是某种特殊文化的光荣代表,如"法国的红酒"或"比利时巧克力"那样,而是作为某种更为普遍的东西和理性的追求。好像每一种值得尊敬的文化中应该有自己的古代哲学。在中国这一发现的过程非常顺畅:正如17世纪欧洲的传教士所指出的,中国的哲学传统已经有二十五个世纪了。根据第二种观点所说的,尽管存在文化的多样性,"哲学"一词只是从总体上讨论和思考传统的"诸子"时所用到的西方术语而已。

因为这一观点更为清晰,所以其代表人物便更易识别。在这些代表人物中,最有名的是冯友兰,最早的则可能是冯友兰的导师胡适。通过他们的论证,第二种观点在相当程度上占据了主导地位。冯友兰曾在哥伦比亚大学学习,此后又执教于美国和中国的一些大学,晚年还在美国和印度获得了荣誉博士学位。冯友兰认为,中国和西方古代的思想家就共同关心的问题和经验的内容做了阐释,虽然他们自己似乎并没有意识到,但却由此而进入了普世哲学的领域之中。在《中国哲学史》第一卷的前言中,作者对"中国哲学"的存在问题并没有做清楚的论述,而是对中国哲学的价值问题进行了一定的思考,由此来假定中国哲学原本就已存在。冯友兰就中国哲学的价值提出了一些问题,通过这些问题我们可以发现,冯友兰的哲学理念同以上所提及的模糊的西方的共识紧密关联。他明确提出的标准是:系统性、创造性以及学科的分支。此外冯友兰还坚持认为,只要读者愿意深入其中,便会发现诸子在这几个方面的实绩并不太差:在诸子的著述中,虽然没有"形式上的系统",但有"实质上的系统",不过这需要我们去加以梳理;哲学的发展进步和创造性,隐藏于一些并不为人注目的注疏之中,这需要我们进一步地去挖掘探讨;中国哲学的薄弱之处,尤其是认识论、形而上学和逻辑上的薄弱,常常是因为诸子百家所关注的内容和所进行的选择不同,而这一点我们西方学者了解不够。②

冯友兰在概述中国哲学史的时候,主要注意的是第一点,也就是说,注意去解

---

① 中国哲学或者中国思想一般都是在汉学、亚洲语言和文化宗教系,很少是在哲学系或者在跨学科的课程里。夏威夷大学是一个例外,有必修的关于中国、印度以及比较哲学的研究生课程。
② 参见冯友兰:《中国哲学史》修订本,上海:神州出版社,1931年,第1—27页。

读中国古代的思想系统。对冯友兰而言，如果要发现其思想系统，最好的方法就是通过哲学来实现。因此，其著作充满了各种作为哲学术语的新词用以阐释中国的思想，比如"人文主义""实在主义""实用主义""怀疑主义""功利主义""原则""本质""定义""道理"等等。由此，冯友兰便为其同时代的人建立了一种新的参照系。

不过我们还是在胡适的著作中发现了比较早用"哲学"之名对中国的思想所进行的哲学论述。这就是胡适的《中国哲学史大纲》上卷。胡适热情地宣传那个时代约翰·杜威的思想，实用主义和美国的哲学，并在中国的古典文献中寻找具有实用主义、逻辑性和实在主义思想的印迹；而对于这一构想的阐释，最有名的是其《先秦名学史》一书。在此书中，作者常常是极度地跨越许多个世纪，以及对经典文献的各种传统的解释，去发掘种种鲜为人知的篇章和一些不为人所注意的思想家。比如注重实践、强调功利性、在社会上关心民生的墨家学派，因为在中国历史上受到儒家学派的打压，所以较少获得过美誉，但却因为胡适而拥有了令世人瞩目的地位。[①]

从哲学的角度来解读古代的中国思想，是第二种观点的典型特征，而且可以采取不同的方式来解读。一个极端的变体是在唯心主义和唯物主义的二元对立之间硬性地使用马克思主义。根据这种对立性，共产主义者试图将诸子百家归类、解释，他们将唯心主义者划定为那些关心各种抽象的、形而上学的真理以及伪善的道德原则的贵族统治者；而唯物主义者则因其反抗性，以及对具体的、现实社会的关注而受到重视。在马克思主义者中，首要的一个倾向便是，将1949年前的所有思想家都划为"唯心主义者"。伴随着这一倾向，在两种思潮之间，他们用辩证法的发展观来解释中国思想的全部发展演化进程，并借此来逐步且不间断地将其引向唯物主义。从20世纪50年代到80年代初，在中国大陆，几乎所有关于中国哲学的讨论，都是在这一框架下进行的。一般所讨论的是哪一个古典哲学家的哪一方面，在何种程度上是属于唯心主义或者唯物主义的，这一方面又是如何与其思想和社会背景的另一个方面相呼应的，等等。其中最困难的是对思想框架本身的疑问，这是因为，政府已经将它作为一种客观的、科学的且具有社会责任感的

[①] 论述中国在开始阶段的一些谈论"中国哲学"的中文书，参见葛兆光：《七世纪前中国的知识、思想与信仰世界——中国思想史》第一卷，上海：复旦大学出版社，1998年，第4—5页。

无产阶级的研究方法加以强调,反对以胡适、冯友兰为代表的西方资产阶级的研究方法。

今天,虽然这种马克思主义的框架体系常常遭受冷遇,但它也很少成为直接攻击的目标。尽管如此,在中国,当儒家道统在很长的历史阶段中占据统治地位之后,这一马克思主义的框架由于为人们提供了一种全新的视角而仍有其存在的价值。这也就是说,在唯心主义和唯物主义二者之间的对立中,它所强调的问题是各个思想家的社会背景以及这一社会背景对其见解所产生的影响。令人鼓舞的是,从马克思主义的范畴里面脱离出来,这种对政治语境和社会背景的关注依然激发青年学者的卓有成效的研究,比如北大哲学讲师王博的工作。①

(三) 对第一种立场和观点的评价

这两种观点都有各自的道理,维护一种观点的同时便是在驳斥另外一种观点。第一种观点的有利之处在于其目的旨在避免第二种观点所带有的问题,亦即概念上的混乱。概念混乱的问题很多,而通过追溯的方式将哲学归入传统的中国,便是其中之一。但是这种混乱就像冰山一角,仅仅是顶峰部分成了第一种观点所批评的对象。为了使这个"顶峰"展现得更清晰,我们需要从其各个组成部分来审视这座冰山。

我们首先将哲学的新词置于冰山脚下,这些新词虽然复杂,却可以划分为三组。② 从概念混乱的观点来看,出现问题最少的是音译的新词。通过音译,汉字为英语术语提供了一种基本的语音表现形式(比如说用"逻辑"来翻译"logic"一词)。第二组新词也同样不太成问题,这一组是在相对中性的比较直白的术语基础上建立起来的翻译(比如"客观",直译是"客人之观","主观",直译是"主人之观",分别代表"objective"和"subjective")。而最成问题的是第三组的哲学新词,因为它们最混乱。这些新词是由那些涵盖了包括政治、历史和道德意义在内的广泛而常被讨论的概念构成的。比如说,较为流行的"道理"("reason"或者"truth")一词,就是由"道"和"理"这两个具有两千多年久远历史的术语所构

---

① 参见他的《老子"自然"观念的初步研究》一文,《中国哲学史》1995年第三、四期合刊,第51—55页。
② 关于借用词汇的复杂性和变化性,参见陈力卫:《早期的英华字典与日本的洋学》,《原学》1994年第1期,第277—294页。

成；而"道"和"理"无论是在诸子百家研究中还是对于当代中国的学者而言都是最难解释的概念。①

这些新词使得人们在论述上产生了各种混乱。首先，中国学者是通过这些新词来翻译和解释西方的哲学，因此其一方面是外来的、西方的，另外一方面，它们又与某些传统的意义有关联。这一缺陷是不可避免的，而且也不是第一种观点所要反对的内容。其次，研究中国思想的学者通过这些新词，而不是用那些他们所熟悉、信赖且带有地域特征的概念术语，去解释他们自己的古代典籍。第一种观点所批评的问题——冰山一角——是：中国的学者用追溯的方式占用了"哲学"的称谓，由于这种占用而导致了对抗的出现，因此在这种混乱的论述中常常会产生某些不实际的怪想。举例而言，黑格尔的"begriff"（概念）一说便是如此，最初有人用"理"来对其翻译并解释；而"理"在宋明理学中非常重要，尤其在朱熹的论著中更是如此。因此，我们就碰到了十分惊人的研究结果，如"朱熹和黑格尔的'理'的对比研究刍议"，就好像黑格尔曾经一度加入了中国人关于"理"的讨论，又好像朱熹已经先于其西方同事七个世纪，便开始使用这一概念。②

分析这种概念上的混乱，可以解释为什么那些持第一种观点的人会怀有各种抱怨。但是，这一立场也潜藏着一个严重的不足，即对"中国哲学"的批评，违背了关于理解和交流本质的先决条件。他们似乎相信，跨文化交流甚至一般的对话，只有在某种特定的情况下才会成功，即信息能够跨越传播者和接受者二者头脑之间的鸿沟，而不发生任何扭曲和隔阂，否则都很难成功。简而言之，这是关于"交流"的较为流行的观点，但随之出现的问题是这种情形是否可能存在，更不要说是否是理想状态了。

罗素（Bertrand Russell）曾经指出，有成果的交流，恰恰在于对立。具有成果的交流源自不同语境之间的不连贯，在这种不同的语境里，概念会被清楚地表述出来；同时，具有成果的交流也源自新的联想，而这种交流会引发的新的联想。③ 如果

---

① 参见 Chen Lai, "The Concepts of *Dao* and *Li* in Song-Ming New-Confucian Philosophy," in *Contemporary Chinese Philosophers on Chinese Philosophy*, special issue of *Contemporary Chinese Thought*, 30(4), Summer 1999, pp. 9–24。

② 参见 Michael Lackner, "Les avatars de quelques termes philosophiques occidentaux dans la langue chinoise," in *Etudes chinoises*, 12(2), 1993, pp. 145–146。

③ 参见 Bertrand Russell, "The philosophy of Logical Atomism," in *Logic and Knowledge*, ed. Robert Monsh, London: Allen & Unwin, 1956, 1984, pp. 195–196。

在谈话中，对方只是一味地重复另一方所说的话而不做任何改变，仅仅就像是回声一样，那么我们肯定会怀疑，这个人既没有理解，也没有发生任何形式的交流。我们所经历的那些富有成果的交流，都只是在反应或者解释有所不同的时候才会发生。我们播撒出去的交流的种子，似乎在异域的土壤上生了根。差异性是理解的一个特征，但也可能是误解的根源。成功的理解和理解的差异性有着密切的关系，因此，和误解的联系也就不可避免。所以，理解和误解本身并非是截然对立的两极，而是像竞争对手一样，密切地相互联系在一起。虽然很重要，但要将这二者分开变得越来越困难了。

认为交流可能消除所有的分歧，这种观点和一开始就期望解释得很透彻的想法犯了同样的错误，就好像西方人能洞晓西方术语的意思，而中国人也能够通晓他们的术语。文字的含义是复杂而多变的，它不会像水晶那样地清晰。"哲学"这个术语事实上就是一个很好的例证。17世纪，传教士们在给《论语》打上"哲学"的记号时并无太多的困难，因为他们的"哲学"概念要比当今的概念宽泛得多。那时，甚至被作为不同知识领域的科学分支都尚不存在。就此而论，我们是否可能将中国的古代思想文献称作"哲学"的问题也并非完全就是中国的问题，而是西方"哲学"概念的一种紧缩所造成的结果。因此，赞成第一种观点的人也许应该将古希腊的典籍，连同中国诸子百家的典籍文献一道，从一般的"哲学概论"的教程中清除出去。现代人对柏拉图著作的解释，就像冯友兰对待诸子百家的态度一样，有时甚至是不可避免地用现代的术语去加以选择、说明并使之系统化。

（四）第二种观点的评价

我们和冯友兰一道站在第二种观点的立场上。冯友兰相信，中国哲学确确实实存在，并坚持用占主导地位的西方哲学术语来解释诸子百家。这一方式的基本优势在于它可以借此与西方同行直接进行对话：冯友兰的著作解析了孔子的"人文主义"和墨子的"功利主义"，通过他的这些著作，我们可以在我们熟悉的话语中找寻到孔子和墨子的位置。由此，广大的西方读者第一次有可能去接近这一丰厚而迷人的思想遗产，这不但应该感谢对其语言上的翻译，而且也应感谢对其概念上的翻译。这一方式的第二个好处在于中国公众得以从新的视角去审视其传统。即便在今天，那些从化石一般的儒家传统中解脱出来的中国学者，依然可以感受到这种更新。冯友兰对西方世界的熟悉和了解,使得他能够在关注二者差异的同时与之进行一定的交流和反思。

关于这种观点的弊端,我们在前文谈到第一种观点的优势时已经有所言及。但是,我们一方面强调西方世界反对在"诸子"和"哲学家"之间建立一种认同,另一方面我们现在也开始关注这种认同所带来的弊端。在讨论和体悟传统的中国哲学时,如果我们强行将其纳入哲学的术语之中,这种传统的讨论和体悟便会有被割裂成互不相关的片段的危险。而且,如果将一些原本并不互相归属的内容罗列在一起,就会使中文语境中本来至关重要的内在联系丧失殆尽。西方人在中国的文献典籍中寻找普遍原理,就如同中国的大师们从西方的全部文献典籍里筛选,从政治宣言到哲学论文,以寻找关于棺椁的厚薄的规定和讨论,而并不去考虑我们自己传统的思想范畴和哲学兴趣点。从礼的角度来看,棺椁的厚度在古代中国是一个引发争论的话题,西方世界在处理此问题时也不尽一致,或许只有那些殡仪人员的商业性文章是例外。这种认同的缺陷所产生的一个不良影响便是,中国式的认识和探讨在面对我们所熟悉的西方概念和范畴时显得原始而稚嫩,而他们自己却从未对此予以足够的重视。

在中国大陆,几乎没有听到过这样的批评。尽管有极少数批评的声音,起起落落,可是哲学的术语在相当程度上仍完好无损。[①]在马克思主义演出了一段插曲之后,自从改革开放以来,有关大部分的诸子百家的研究,又开始回归到类似于冯友兰在20世纪60年代以前所采取的那种方式上。

三、诸多概念之上的冲突

通过对上述两种观点的评价,就"哲学"本身的概念来说,我们对事实的讨论进入了比较微妙的阶段。冯友兰的著作以及汉学家和中国学者对"哲学"一词的反应都表明,在事实的层面上进行的解释和说明如何引发了对概念的争论。在分析哲学中,有一种方法就是对术语的"描述性"(descriptive)意义和"动机性"

[①] 这样的例子不胜枚举。参见陈鼓应的《道家文化研究》(1992年)的前言(第2—3页)。对此之批评见第四种立场。

（emotive）意义进行区分，在此我们拟借助这种方法，将关于"哲学"的讨论分为两种主要的类型：一种类型是，策动对这一观念的内容（其描述性的、概念上的意义）进行重新定义，另一种类型则是对现有的评价（动机性的意义）提出一定的质疑。为了说明这些不同的讨论方式，我们可以考虑用两种对立的方式去理解"礼仪"（etiquette）这个概念。就好像我们可以用不同的方式来为自己辩护，说明我们为什么偏爱在宴会上赤手吃饭一样。一种方式是说，赤手吃饭这种表现构成了"真正的礼仪"，这样的说法虽然背离了这个概念通常的内容，但却保留了对其当今的正面评价；另一种方式则是从总体上抨击关于礼仪的流行评价，但却并不去触及其流行内容，即用刀叉吃饭。① 从这一角度来观察，在讨论"中国哲学"的合法性问题时，两种最初的观点之间的对立，是建立在很明显的共同的基础之上，即"哲学"的积极评价和当今的解释却都未受到质疑。

可以想见，如果有一种与这一共同基础形成鲜明对照的观点，那么这种观点很可能会因为既质疑哲学的普遍内容又质疑其评价，而使上述的两种预设都有所削弱。这个观点很少有什么支持者，也是可以理解的：一个认为哲学没有任何价值的人，当然不会努力去为其注入新的内容。在下一步为了将这两种方式阐明，对一种意义的关注一般会、但不必然会牺牲对另一种意义的关注。毫无疑问，赞成对哲学的积极评价，会要求给"哲学"概念加入更新、更宽泛的内容，从而也可以使中国古代的诸子百家参与其中。同样的，如果反对当今对哲学的评价，就不想为其注入新的内容，这也是正常的事情。

因此，我们可以将对哲学价值的预设作为第三种立场观点进行讨论，并同时对其中的流行内容提出质疑。这种观察的方式常常和第二种，也就是断言有中国哲学存在的立场有关，并为这一立场提供更有说服力的辩护。关于第四种立场观点，我们将不去质疑对"哲学"这一术语的流行性的内容，而是对如下的哲学的价值进行讨论：为什么中国也必须有过哲学？认同这种观点的大多是中国的学者，而这一观点在某种程度上与第一种观点也有一致性。

---

① 这一区别是查尔斯·史蒂文森（Charles Stevenson）在《道德判断和规避：劝说的定义》（"Ethical Judgments and Avoidability: Persuasive Definitions," in *Mind*, 47, 1938, pp. 331–350）一文中提出的。在这篇文章中，他处理了"概念性"（conceptual）和"动机性"（emotive）意义。后者不等于"情感性"（emotional）的意义。在他的著作《道德和语言》（*Ethics and Language*, New Haven: Yale University Press, 1944, 1972）中，"概念性"一词为"描述性"（descriptive）一词所代替。

（一）第三种立场和观点："哲学"概念的内容是什么？

第三种观点，最初是由一些受过哲学训练的中国学者和西方汉学家提出的。一方面，他们认为中国的诸子百家同西方的哲学传统（而不仅仅是其现代变体）原本就有相当多的相似之处，因此可以为中国诸子百家贴上"哲学"的标签。毕竟诸子百家提出了许多人类共同关心的深层问题，并用各种例证和讨论来阐述他们的思想。但另一个方面，诸子百家分析推理的主题和形式又往往与其西方同行不同，以至于他们用所谓"哲学"的方式，为我们提供了一个机会去质疑当今的"哲学"概念本身。

不可否认，努力地探求客观的理想或者开放的心灵，原本就是西方哲学家坚持不懈的追求之一。在人文科学中，这种理想同其他的思想区别越大，冲突越激烈，便越有可能实现；从新的角度来审视哲学，才能获得比较客观的理解。就此而言，没有比我们的西方哲学传统和古代中国的思想之间更大的差异。第三种观点承认在"中国哲学"一词中，"中国"这一形容词对"哲学"一词确有一定的影响，而且是一种有益的影响。因为，"哲学"的概念及其主要范畴，都具有现代局限性，这种局限性没有清楚表达出来，却因此更加强烈，而第三种观点则冲破了这种局限性。

有一种观点主张应该将流行的"哲学"一词扩展开来，以使其可以将诸子百家也包含其中。支持这一观点的人，不但能在中国的思想里感受到全新视角的优势，而且认为其比我们的哲学传统更有价值。这种西方传统原本都是属于形而上学传统的，因此在现实和话语之间、评价和描写之间、言语和行为之间、主观和客观之间，以及自我和他人之间，都存在着鲜明的对立。由此，赞成中国古代思想的人就是对西方传统进行批驳的人，这绝非偶然。按照他们的观点，古代的中国思想并不是在进行了某些调整之后，就可以被纳入西方世界的讨论范围里的，而我们的注意力则应该集中在那些不太适合西方的概念和范畴的思想上面。

芬格莱特（Herbert Fingarette）便是这一观点的典型代表。他受到约翰·奥斯丁（John Austin）关于行为主义语用构想的影响，在《论语》一书中，重新发现了礼仪用语的价值。芬格莱特的《孔子：即凡而圣》篇幅虽然不大，但影响深远。在这本书里，他一反我们所熟悉的主题，用内在意愿对比外在的行为方式，并反对进行过于心理分析的解释。芬格莱特在其著作中所描述的那种转换，对第三种观点而言是非常典型的：

> 初读孔子时,我觉得他是一个平常而偏狭的道德说教者。对我来说,他的言论集——《论语》,也似乎是一件陈旧且不相干的东西。后来,随着逐渐增强的力量,我发现,孔子是一位具有深刻洞见与高远视域的思想家,其思想的辉煌壮观足可与我所知的任何一位思想家相媲美。渐渐地我已然确信,孔子能够成为我们今天的一位人师——也就是一位饱经人世沧桑、饱含人生智慧的思想导师,而不只是给我们一种早已流行的、稍具异国情调的思想景象。孔子所告诉我们的,不是在别处正在被言说着的东西,而是正需要被言说的东西。他的谆谆教诲会令我们耳目一新。①

因此,芬格莱特反对对孔子的传统解释方式,也就是那种很有代表性的第二种观点。根据芬格莱特所说,这种传统的解释把诸子说成是古老西方腐朽思想中的一个毫无旨趣的变体而已。

(二)第四种立场和观点:"哲学"的价值是什么?

还有一种观点认为,哲学并非是普遍的,或者是理性的成果,而是十分典型的西方话语。哲学既有其优点,比如客观性及普遍性的理想,也有其不足,比如它有限的、纯粹的学术范畴。就像太极拳在西方获得成功一样,哲学也在中国传播开来,并且成果非常丰富,但这并不表示他们的传统本来有这个东西。怀着这样的想法,中国知识分子中的一少部分人,形成了第四种立场和观点。

哲学一直都是一种西方文化的产物、一种有些奇特而不太实用的对话。欧洲诸部落便以之来培养自己,充满认真的精神与勤勉的活力。不知道为什么,西方世界一直保留着这一神秘的课程。这种看法以强有力的方式,对先前几种观点所推崇的内在价值发起了挑战。第四种观点与第一种观点联系密切,但是它用一些具有鲜明感情色彩的评价,比如鄙视、同情、默然、惊奇或者羡慕等,来替代第一种观点对哲学含蓄而模糊的评价。

这一观点的一个变体,明确地表现出对哲学的崇敬,并声称中国传统已经衰落破产。一些知识分子攻击中国,认为中国缺少哲学和其他西方的观念:特别是

---

① 参见 Herbert Fingarette, *Confucius: The Secular as Sacred*, New York: Harper and Row, 1972, vii. 这里的引文取自彭国翔、张华的中译本。

在五四运动以及20世纪80年代"文化热"这样的两个时期。但这些人大部分不像某些人那样极端,他们迷恋西方思想,认为西方哲学比传统的中国思想更具优势,所以选择西方哲学,而且甚至走得更远,声称西方哲学对中国摆脱落后是非常必要的。

第四种观点还有一个比较温和的变体,这一变体由于20世纪90年代的"国学热"而变得更加流行。有人不但承认哲学是西方的东西,而且也强调中国传统有它的"诸子百家"或"义理之学"。这一变体将西方哲学定性为与宗教和科学联系密切而又截然对立的事物;而中国的诸子百家,则被说成是为个人、家庭、社会以及政治人生的顺利航行提供了一种指南。在此,人们同第三种观点一道分享了中国传统思想的旨趣,但却没有重新限定"哲学"这个术语的内容。可是他们也反对第二种观点对诸子百家所进行的"削足适履"的做法。①

更为极端的言论则认为西方人和中国人由于基本观点大相径庭,要相互理解简直不可能。刘东甚至认为,如果不是中国人,便完全不可能把握中国过去、现在和未来的思想。外国的汉学家或者中国学家也缺乏对中国文本的准确把握,因为他们一直"刻意求新",而且不能理解当代中国人所怀有的复杂多变的"问题意识"。在刘东看来,甚至那些在海外工作或者留学的中国学者,因为他们是通过西方哲学的"有色眼镜"来看待中国的,也会对中国思想产生误解。②其实,距离也可能有认识上的优势,连中国著名的诗歌都说,"不识庐山真面目,只缘身在此山中",但对中国的学者来说,刘东的想法还是颇有代表性的。

最后,第四种观点还有两个流行的西方变体:一个变体是,西方的哲学教授因为他们比较含蓄的第一种观点受到了挑战而做出明确反应。因此他们乐于接受妥协,并且作为安慰,承认中国也有一种实用的智慧。这样,他们对"哲学概论"的内容和标题都无须更改。另一个变体则是一些汉学家所支持的,他们认为中国的许多文献典籍都具有哲学的旨趣,因为诸子百家使我们对哲学范畴提出了疑问,但是这个变体却并没有因此而将对古代诸子的传承作为"哲学"来看待。很显然,中国的诸子百家同我们自己的哲学传统相类似,这是毫无疑问的。但是将这两个传统

---

① 葛兆光:《中国思想史:七世纪前中国的知识、思想与信仰世界》第一卷,上海:复旦大学出版社,1998年,第5—8页。对于这些观点的著名支持者有:梁启超、金岳霖、傅斯年、唐君毅以及陈启云。
② 刘东:《"洋泾浜学风"还是"认识论特权"?警惕人为的"洋泾浜学风"》,《二十一世纪》总第32期,1995年,第7—9页。

合二为一却带来了诸多混乱,所以他们又发现这种认同问题多多。

(三) 对概念性讨论的评价

这样两种变体都是对第一和第二两种观点的详细阐述,基于这一事实,它们或多或少会得到同样的评价。因此,我们这里仅仅就其所讨论的各个概念的组成部分进行分析。其实相反的立场已经隐含地给出了评价。

第三种观点的优点是它对西方现代哲学概念内容的批评。有时候中国古代诸子不适合我们哲学范畴的地方比它们勉强地适应我们的范畴的地方更有意思。孔子很少提到思想和情感的"内在"世界并不说明他思想薄弱,在《论语》中显示出的一些矛盾也并不意味着其缺乏清晰的思路。中国最伟大的诸子并不一定要从现代哲学家那里得到修正或调整;相反,他还对我们那种占有优势的隐喻(比如:情感处于内在世界)和学术习惯(比如:对定义的要求)提出了挑战。如果我们这样去为中国的诸子百家辩护,那么也就能够对近现代西方思想家所做的过于现代的解释进行批评。

但是第三种观点也有不足之处:作为批评,这些论点提示我们注意潜意识中预设的影响,但是其正面的看法却很难让人信服。随着现代哲学概念的界限被打破,中国古代所有的诸子百家在这一领域里,突然获得了"避难所"。由此,哲学的概念扩展开来,不但可以容纳老子的箴言和孔子的格言,而且通过类比,也可以将圣经的故事和寓言纳入其中。"哲学"这一术语过于宽泛地扩展,使一个概念几乎包罗万象,因此也就几乎什么意义也没有。

如果说第三种观点致力于质疑"哲学"这一术语的传统内容,那么第四种观点则明确表示,要关注哲学一词的传统评价。古代中国的诸子并不需要经历一场哲学的"翻新",才能变得有趣;他们甚至也无须被认定为哲学。但在此处,这种观点的不足再次显现出来。当假定人们有能力对这种积极的看法做出评价时,危险便由此产生了。这种看法越是充满自信,危险也越大。如果认为只有中国人才能理解自己的传统,那么这一认识就只能是一种民族主义的东西,它与第二种观点所维护的普遍特征相对应。就如同"哲学"这个概念,在一定程度连现代西方人也难于完全理解一样,现代的中国学者对于古代的中国思想,也有一种陌生之感。我们不但不可能让时光倒流,将西方对中国的影响(包括哲学术语)完全抹杀,而且那种想要毫无障碍地交流思想或者达到真正自我认同的理想也都是幻想。讨论第一种观点时我们已经对这种幻想提出了批评：并不是因为我们不能完全理解中国，或是不能用他们自己原有的术语去理解他们，所以我们完全不理解他们，而是因为"完全理解"这一理想对于沟通和交流而言，原本就是一种值得怀疑的幻想。

四、感性的冲突和矛盾

到目前为止，我们已经展示了这些大部分悬而未决的讨论的基础。前文所提出的四种观点，并不意味着对实际观点的描述，而只是提供了各种讨论和阐释的类型。为了在这个基础上尽量多地表现实际的观点，其他的学者可以进一步把讨论的范围扩大至各种变体和结合体中。

关于中国哲学的合法性，有各种各样的丰富想象。因此，读者或者会感到奇怪，为什么这个疑难问题会是一种"隐含的论争"，以上所提出的一些论点，确实应该只是一小部分，尤其是对后面两种立场观点的详述而言大多还只是近年来的事情。但是，只有一小部分人关心某一问题，这一事实并不会使得讨论"隐含着"，就好像人们期望全世界的每一个问题都会被关注一样。论争是隐含的，是因为在主流和互相冲突的这些观点中，一种确定性占据主导，这种确定性很少被怀疑，并且看起来不需要理性基础。四种立场和观点以及它们的变体提供的各种看法都能够支持这些不同的确定性，但却未能达成某种统一，同时也无力去改变现状。固守在这些不同的论点上，并使其无休无止地朝前发展，便会有一种不良的后果，也就是说，不能把注意力转向另一个重要的方面：围绕这个疑难问题的敏感性，和理性思维在这一问题上的无效性。

这样的讨论，无论是它的敏感性还是无效性，都与连我们也不十分清楚"哲学"这个概念的事实有关。对于哲学，每一位哲学家都有他或者她自己的看法和怀疑，这一点在课程开始的几个小时，通常都会有所讨论，或得到暂时性的解决。不过人们普遍怀疑的、难以一致的意见，并不会阻止我们的研究机构继续使用那些含蓄的、模糊的而又高度对立的哲学概念。这个概念决定了《圣经》、普罗斯特以及昆德拉等人的著作，一般都不能成为哲学课程的组成部分，而非西方的思想家，尤其是来自古代的思想，也不能成为哲学课程的组成部分。但是具有文学夸张风格的尼采，以及后来维特根斯坦零零碎碎的思考，却可以当作哲学来传授，尽管显然他们分别类似于庄子那种充满激情的奇思妙想和孔子那种零碎的言论。

现在看来,我们课程中讲到的哲学思想相互之间似乎并没有共同的本质,而是各种不同的、特殊的东西,就像家庭成员之间大量重合的一致性与相似性。由此,哲学似乎是一个遍及全部话语并且不断相互联系的整体,有着文化的弹性和多样性。植根于希腊的土壤上的哲学,在一个特殊的文化、语境和信仰中发展了二十五个世纪之久,虽然世界上大部分的人都在加入这个对话,但是哲学依然是西方文化的产物,对新的加入者发生影响,同时也受其影响。

引用维特根斯坦关于"家族相似性"(family resemblances)的概念,并不只是想去效法他,通过消极的方式,放弃寻找所有哲学现象背后的普遍本质的努力;也不是要通过削弱上述观点的重要性,来支持第一种观点。这种"家族相似性"的类比,也可以通过积极的方法来突显某些正面的东西。家庭的成员或许并不都拥有一种共同的本质,但是姓氏却将他们连到了一起。概念的意思,无论是它的鼓动性或者描述性,都是讨论的对象,而姓氏则在很大程度上是没有意义的。姓氏并没有抽象的本质,也无法被定义。正如前文所论述的,与哲学有关的敏感性,从某种意义上说,其作用也像姓氏一样。

从这个角度来看,哲学的西方历史可以被读作一个大家族或部族的家谱。这个家族的子孙后代们都是在研究哲学、讲授哲学以及发表与哲学有关的论著的过程中成长起来的。但是经常会有来自文学、语言学、人类学或者历史学方面的"私生子",对于家族的姓氏来说,他们的权利并不是非常清楚的,或者是有争议的。就像在许多大家族里,收养可能会引起反抗,尤其是当一群外来的人宣称他们也拥有同一个姓氏。一些家族的成员只是不想让一个外人承继他们的姓氏,尽管他们也并不是很清楚他们自己为什么会拥有这个姓氏。他们的反抗并没有充分的理由,因为不让别人承继他们的姓氏不具有恰当的标准或本质的原因。但是,由于缺乏一个明晰的标准来判定到底什么是哲学,这就使问题变得更加敏感。无意义的姓氏不仅在关于是谁对它拥有权利的问题上是不确定的,而且它所赋予的责任问题也是不确定的。人们一定要尊重他们的姓氏,但是姓氏的要求是什么呢?

我们的中国同行的境况有所不同:尽管他们的学术研究也从他们工作的框架内获得意义,但他们也意识到他们的祖先是一个被收养的孩子。他们知道,即使已经过了一个世纪,西方的哲学家们还是不把他们看作拥有同等地位的家族成员。因此一些中国学者(尤其是第四种观点)拒绝收养,他们认为不需要通过"哲学"的姓氏和要求来进行研究。不过大部分中国人（尤其是持有第二、三种观点的人）却认为中国的诸子百家确实是属于伟大的哲学家庭。但是只有第三种观点的支持者，感到自己有责任也有权利，去强迫这个哲学的大家庭有所扩大，以便能适应它收养来的孩子。

这个"家族"的类比当然不完善，因为"哲学"这个术语并不像姓氏那样空洞，那样敏感：人们能为哲学做出选择，也能对哲学在行，就像持不同观点的人都力图说明的那样，的确有一些标准和理由在哲学的课程里排斥或接受某一种思想。但是这并不能让我们忘记，事实上西方同哲学的关系也含有某种双重立场的味道，我们被家族的姓氏置于这一立场中：我们拥有一种我们无法企及的东西，我们的根基正在于我们的"无根"的情况。① 对"中国哲学"存在问题的观点不一，这与有关"家庭问题"的讨论相似，因此对授予姓氏和接受姓氏的问题作某种思考，也应该是我们反思的一部分。当然，进一步展开讨论，以便给各种不同的观点寻求依据，这样的讨论还是很值得进行，但是我们必须坚持关注那些隐藏在太过自信地讨论背后的不确定性。我们和哲学紧密相连，为哲学而自豪，对哲学感恩戴德，但是对哲学我们偏偏又没有什么决定性的结论。真正的问题在于，无论选择什么样的方式，都无法提供一个愉快、完美而又和谐的家园。第四种观点，也就是将哲学完全放到一边，而在中国的传统思想里安家落户。这种观点如若比较极端，会排斥所有的外人。这种选择，像第一种观点一样，希望找到一种完美的家庭的感觉。这两种观点的缺点就是，我们无法回到没有西方影响的纯粹中国传统或者纯粹的哲学概念。这两种反应都表示，不论那些被收养的孩子，还是一些原来的孩子，他们都不能接受家庭里的一种陌生的"无家"的感觉。如果把我们的注意力完全集中在理性的讨论上，去关注"中国哲学"的合法性的问题，并在随之而来的辩论中保持立场坚定、态度专一，以此来消除我们自身的不确定性……这些做法都将以失败告终。

（作者单位：比利时荷语天主教鲁汶大学汉学系）

---

① 这个隐喻以及这一思想的发展，应该感谢魏思克（Rudi Visker）的思想。参见 Rudi Visker, *Truth and Singularity: Taking Foucault into Phenomenology*, Dordrecht: Kluwer, 1999, pp. 11–13。

"中国哲学"的正名之辩*

戴卡琳 著

刘 丰 译 彭国翔 校

"到了今日,这两大支的哲学互相接触,互相影响。五十年后,一百年后,或竟能发生一种世界的哲学,也未可知。"① 这是胡适在他的《中国哲学史大纲》导言中写的一句话。尽管他还有点拿不准,但还是满怀希望,因为他确信当代世界哲学的两大传统——欧洲的传统和中国的传统——最终会相会。那时是1919年,现在,将近一个世纪过去了,我们可以更有把握地回答胡适的猜想:一种世界哲学未曾产生,也没有正在产生。事实上,情况甚至更加糟糕:大多数西方这一领域的学者并不认为中国古代思想是"哲学"。

对与胡适同时代的冯友兰来说,西方学者不承认中国哲学已成为他一生很大的遗憾。冯友兰真诚地认为:"中国古典哲学中有些部分,对于人类精神境界的提高,对于人生中的普遍问题的解决。是有所贡献的。"② 但是,在他于1990年11月去世的几周之前写成的《中国哲学史新编》最后一卷最后一页上,冯友兰得出的结论是:西方哲学家甚至从来没有开始认为中国古代思想值得关注。他写道:"中国传统哲学一直被视为汉学的一部分。认为它与哲学毫无关系。"③ 直

---

* 原载《多元》第一辑,首都大学出版社,2006年,第48—74页;英文版 C. Defoort, "Is 'Chinese Philosophy' a Proper Name? A Response to Rein Raud," in *Philosophy East and West*, 56:4, October 2006, pp. 625-660。英文原版的题目直译为"'中国哲学'是一个专名吗?回应赖德·劳德",这里的中文版在已有的中文版的基础上,本期主编白彤东根据英文版对一些(而非全部)有问题的表达略作修改。

① 胡适:《中国哲学史大纲》,上海:商务印书馆,1919年,第5—6页。
② Feng Youlan, *The Hall of Three Pines: An Account of My Life*, trans. D. Mair, Honolulu: University of Hawaii Press, p. 373.
③ 冯友兰:《中国哲学史新编》第七卷,台北:兰灯出版公司,1991年,第209页。

到今天，冯友兰的这种印象依然非常强烈，例如有人指出："在西方，特别是欧洲，'中国哲学'的合法性始终受到质疑。'中国哲学'在很大程度上被视为一个来历不明的怪物。"① 另外也有学者认为："在西方学术界。中国思想几乎被排除在哲学学科之外。"②

的确，许多欧洲著名的哲学家，如康德、黑格尔、胡塞尔、海德格尔，以及近来德里达于2001年访问上海的时候，都宣称中国古代的思想不是真正意义上的哲学。③ 例如，康德说："在整个东方，哲学都没有被发现……他们的孔夫子在他的著述当中只是教给贵族们些道德说教。"④ 即使研究汉学的学者有时也会怀疑中国古代的思想是否应该称为"哲学"。⑤ 明确否定"中国哲学"的合法性现在已相对较少，但是，比这种明确的否定更为有力的却是那种主流而隐含的西方（尤其是欧洲）观点：中国古代没有哲学。这种观点在学术会议、学术杂志、大学的课程设置（如冯友兰所说的那样）以及书店都有体现。例如，在欧洲的一般书店，《老子》或《易经》并不放在"哲学"架上，而是和各种智慧或实用知识的书籍陈列在一起，或者是和凯尔特神话、草药以及占星术陈列在一起。无论这种排列方式显得多么不引人注意，但它比任何当代学者所明确宣称的还要清晰、有力，它表明"中国哲学"这个名称对中国古代思想家和一些经典并不恰当，或者用中国古代的术语来说，即所谓"名不正"。⑥

然而，到了21世纪，情况发生了很大的改变，但这并不是如胡适所期望的那样。

---

① 郑家栋：《"中国哲学"的"合法性"问题》，《中国哲学年鉴》，北京：中国社会科学院，2001年，第1页。
② 参见Lin Tongqi, H. Rosemont, Jr. and Roger Ames, "Chinese Philosophy: A Philosophical Essay on the 'State of Affairs'," in *Journal of Asian Studies*, 54:3, 1995, p. 747. 还可参见R. C. Solomon, "'What is Philosophy?' The Status of World Philosophy in the Profession," in *Philosophy East and West*, 51:1, 2001, p. 103; J. Thoraval, "Expérience confucéenne et discours philosophique," in *Perspectives Chinoises*, 71, 2002, p. 65。
③ 对于黑格尔、胡塞尔和海德格尔观点的讨论，参见Wu Xiaoming, "Philosophy, *Philosophia*, and *Zhexue*," in *Philosophy East and West*, 48:3, 1998, pp. 411–432. 也参见G. Deleuze and F. Guattari, *Qu'est-ce que la philosophie?* Paris: Les éditions de minuit, 1991, pp. 88–91。这将要在下文的第五部分讨论。
④ 翻译自J. Ching and W. G. Oxtoby, *Moral Enlightenment: Leibniz and Wolff on China*, Nettetal: Steyler Verlag, 1992, p. 223。
⑤ 参见下文的引文以及此书中的讨论，H. Creel ed., *Chinese Civilization in Liberal Education*, Chicago: University of Chicago, 1959, pp. 132–169。
⑥ 陈坚：《中国哲学何以能成立——四位学者对中国哲学成立的证明》，《中国哲学史》1993年第3期，第7页。

"中国哲学"被普遍接受,成为世界哲学两大支的一支,而是相当的争论在中国和西方又重新开始了。在中国的20世纪上半叶,将中国古代思想贴上"中国哲学"标签的做法是否恰当,一直受到一些精英学者的质疑。但是到了90年代,这个问题成为危机和挑战,并且在中国学术界得到越来越广泛和热烈的讨论:一些学术会议专就"中国哲学的合法性"问题展开讨论,一些报纸杂志也开辟专栏来讨论。① 大约100篇文章或著作的章节与该问题有关。这都表明该问题确实是"2003年度中国十大学术热点之一"②。一位学者认为这个问题"是中国哲学的百年回顾,是中国哲学与西方哲学的历史挑战,是中国哲学真正走向世界的历史性大反思"③。在西方,也有迹象表明人们对这个问题又重新产生了兴趣。其中之一是赖德·劳德(Rein Raud)对我于2001年发表在《东西方哲学》上的《究竟有无"中国哲学"?》④的一篇很有深度的回应文章,《诸哲学对哲学:维护一个弹性的定义》("Philosophies vs. Philosophy: In Defence of a Flexible Definition")。

本文有三个目的:陈述当代中国学者关于这一问题争论的各种观点,仔细思考劳德提出的建议,并阐述论争的一个方面,即这一问题的敏感性(sensitivity)。根据《牛津字典》,"敏感性"的意思是"由于尴尬而使讨论受到限制"(subject to restriction of discussion because of embarrassment),这样就把讨论的缺席和某种情感的在场联系起来。我要讨论的重点将在更加泛的意义上集中在这种联系上:论据相对的缺失和感情介入的出现。把问题集中在这一点上有以下几方面

---

① 杨海文:《中国哲学的"合法性危机"与重写中国哲学史》,《河北学刊》2004年第3期,第10页。另外,参见《中国哲学》2002年第11期,《人民大学学报》2003年第2期,《江汉论坛》2003年第7期。
② 魏长宝:《中国哲学的"合法性"叙事及其超越》,《哲学动态》2004年第6期,第10页。他在文章中引述了上海的《学术月刊》和《文汇读书周报》。
③ 陈志良:《论当代中国哲学研究中的前沿问题》,《中国人民大学学报》2003年第3期,第75页。我与葛兆光正在就中国目前有关这一问题的争论在《当代中国思想》(Contemporary Chinese Thought)这本翻译杂志上准备几个议题。
④ C. Defoort, "Is There Such a Thing as Chinese Philosophy? Arguments of an Implicit Debate," in *Philosophy East and West*, 51:3, 2001, pp. 393—413. 这篇文章提出了四种类型的观点。有关这一争论的其他类型的观点,参见郑宗义:《论二十世纪中国学人对于"中国哲学"的探索与定位》,《劳思光思想与中国哲学世纪化》学术研讨会论文集,香港:文化事务委员会,2002年,第4—20页;陈多旭:《中国哲学史写作相关问题的讨论述评》,《甘肃教育学院学报(社会科学版)》2003年第2期,第29—30页;陈文娟:《浅谈"中国哲学"的"合法性"问题》,《引进与咨询》2004年第4期,第44页;景海峰:《哲学史类型与中国思想的叙述方式》,《中国人民大学学报》2004年第3期,第13页注2。

的原因。首先，我相信其他学者，尤其是中国学者，有可能提出更多的论据来支持或反对"中国哲学"的存在，正如他们在最近大量发表的论著中充分显示的那样。其次，我以前的那篇文章的最后一部分讨论的是"敏感性的冲突"，我认为这一部分引起的异议最多。① 比如，我与劳德的分歧并不在于承认"中国哲学"的地位，因为我们都认为有相当充足的理由可以把许多中国古代的典籍称作哲学。但是，我们的分歧在于对讨论本身的态度：他认为，只要西方哲学家去掉他们老套的、种族中心的偏见，这个问题就可以一劳永逸地解决；但我认为，除了劳德认真分析的这种偏见之外，这个问题还有另外一个方面永远不可能得到解决。在中国和在西方一样，对于"中国哲学"这个问题的敏感性所表明的不仅仅是理性的弱点、权力斗争或沙文主义情感，而且还引起对我们最为深层的执着的本性的反省。

一、围绕敏感性题目的一些相关讨论

敏感的题目经常被回避。因此，讨论"中国哲学"的合法性问题会集中在许多与这个题目相关但不同的问题上。如果我们越是要小心地——通常也是无意识地——回避一个问题，那么围绕着它的争论就越多。因此，我将避开人们熟悉的问题，而集中在我特别关注的问题上；在这之前，我将区分与这一问题密切相关的十个学术争论。这些争论与我所关注的问题本身关系非常密切，人们经常容易将它们混淆，并且会掩盖问题本身。我并不是否认这些争论的重要性，但我还是尽量避免对它们作详细的阐述；这些详细的阐述将有待其他的文章来讨论。

第一，"哲学在中国"和"当代中国哲学"的存在：或许没有人能够否认，在中国研究康德、胡塞尔或德里达的学者是在中国做哲学，这起码是"哲学在中国"。不过，有一些人怀疑胡适、冯友兰、牟宗三或张岱年这些思想家对中国传统所做的当

---

① 劳德似乎认为我的文章试图"解决"这个问题，我的"家族模型"是解决问题的一种方式。参见 Rein Raud, "Philosophies vs Philosophy: In Defence of a Flexible Definition," in *Philosophy East and West*, 56:4, 2006. 事实上，我要分析的是讨论本身不可能解决，也无法解决的一个原因。参见下文（第四、五部分）。

代哲学思考是否可以称为"(当代)中国哲学"。① 本文无意加入这一争论,而关注的问题是从20世纪开始,一般将近现代的"子"和一部分"经"称作"中国哲学"的这种表述方式的合法性。② 20世纪以前,士大夫都拥有教书和写作的传统,现在看来这就被称作"中国哲学"。除了对那些被认为是哲学的问题思考之外,"他们还写诗、画画、研究历史、演习礼仪、修身养性,同时,治国平天下,等等"③。随着哲学作为一门学科引入中国,这一传统失去了悠久的制度的支持,这样,令人感到矛盾的是,"哲学"似乎刚一诞生就已死去。④

第二,作为形容词的"中国"和作为名词的"哲学"之间的关系:就像实证的科学一样,如果哲学如它所宣称的那样是普遍的,那么"中国"这个形容词就会最终产生矛盾:正如没有"希腊科学"一样,也没有"中国哲学"。⑤ 但是,即使人们认为哲学是一种世界观(Weltanschauung)、一种生活方式、一种文化习俗,甚至是一种个人问题,那么仍然必须明确说明是在何种意义上,一种类型的哲学,不管是古代的还是现代的,可以被认为是中国的。这里形容词对名词的限制是相对的,还是本质的?"中国"是在哪一种意义上被理解的?是地理的,种族的,历史的,国家的,还是文化的?⑥

第三,中国哲学的合法性问题:许多学者都认为,"中国哲学"这个名称的合法性之所以成为一个悬而未决的问题,其主要原因在于:即使在西方,所谓的"哲学"也缺少连续的、一致的和明晰的界定。只要哲学的定义还没有获得普遍的承认,那

---

① 与其他学者不同,郑家栋明区分了古代的"中国哲学"和它的当代延续。参见郑家栋:《"中国哲学史"写作与中国思想传统的现代困境》,《中国人民大学学报》2004年第3期,第3页。李明认为,只有后者可以称作"中国哲学"。参见李明:《"中国哲学":一个处于分化中的概念》,《中国哲学》2002年第11期,第9页。傅敏怡(Michael Friedrich)和杜瑞乐(Joël Thoraval)甚至质疑当代中国哲学的合法性。参见 Michael Friedrich, *De Inventione Sinarum Philosophiae Ein thema des Modernen Konfuzianismus*, p. 4. 图宾根大学会议论文,这篇文章由还学文翻译成中文(未经作者审订),即《西方"哲学"阴影下的新儒家:德汉学家费德西关于新儒家的述评》,《当代》1991年9月,第110—125页; J. Thoraval, "Expérience confucéenne et discours philosophique," pp. 70-72.

② 与冯友兰一样,我所认为的近现代是指19世纪末、20世纪初大规模引进西方思想和制度之前的时代。在胡适看来,现代思想从宋明哲学就开始了。

③ 参见 Lin Tongqi, H. Rosemont, Jr. and Roger Ames, "Chinese Philosophy: A Philosophical Essay on the 'State of Affairs'," pp. 746-747.

④ J. Thoraval, "De la philosophie en Chine à la 'Chine' dans la philosophie. Existe-t-il une philosophie chinoise?" in *Esprit*, 201, 1994, pp. 9-10. 以及下文(第二部分问题十)。

⑤ 干春松:《中国哲学和哲学在中国——关于哲学"合法性"的讨论》,《江海学刊》2002年第4期,第191页。

⑥ 参见牟宗三:《中国哲学十九讲》,台北:学生书局,1983年,第1—3页;任洁:《"中国有无哲学"之我见》,《中国哲学》2002年第11期,第5页;郑家栋:《"合法性"概念及其他》,《哲学动态》2004年第6期,第4—6页。

么我们就不可能对某些具体的人物和文本的哲学合法性做出评判。① 因此,正如葛兆光所指出的那样,这个问题可以认为是个伪问题。② 所以,我的目的不是加入这一讨论,而是描述和分析这里的各种立场。

第四,与"哲学"这一名称有关的中国古代典籍的价值: 在许多中国和西方的学者看来,哲学是崇高的,是世界上任何一个重要的文化都应拥有的。说某些民族没有哲学是具有贬义的。③ 因此,在某种程度上,肯定"中国哲学"的存在也就是确认中国古代思想家和经典的价值。但是,"哲学"这个词语并不必然并且始终在正面的意义上来使用。例如,黑格尔并不否认中国古代也曾经产生了哲学,但他发现中国哲学是初步和卑之无甚高论的。对黑格尔来说,"孔子之教是一种道德哲学","是大量实践和世俗的智慧";他认为孔子的"著述"是如此的令人失望,以至于"为了保持孔子著述的名声,它们从来不曾被翻译过倒更好些"。④ 如此一来,中国典籍的价值就没有必要用"哲学"这一名称来保证了。德里达2001年访问中国时也

---

① 如 Lin, Rosemont and Ames, "Chinese Philosophy: A Philosophical Essay on the 'State of Affairs',"pp. 744-745;彭国翔:《合法性、视域与主体性》,《江汉论坛》2003年第7期,第38页;张志伟:《中国哲学还是中国思想——也谈中国哲学的合法性危机》,《中国人民大学学报》2003年第2期,第18页;胡军:《"中国哲学""合法性"讨论的合法性问题》,《北京行政学院学报》2004年第2期,第76页;杨海文:《中国哲学的"合法性危机"与重写中国哲学史》,第10—11页;陈仁仁:《哲学的合法性与中国哲学的自觉——"中国哲学的合法性"问题简析》,《"重写哲学史与中国哲学学科范式创新"学术研讨会论文集》,保定:河北大学出版社,2005年,第17—18页。杜瑞乐和劳思光主张,要避免本质主义的讨论,而对哲学采取一种灵活的定义,在对中国典籍的性质进一步的评价之前,要明确地说明我们所称作的哲学是什么。参见 J. Thoraval, "Expérience confucéenne et discours philosophique," pp. 67-68; Lao Sze-Kwang, "On Understanding Chinese Philosophy: An Inquiry and a Proposal," in *Understanding Chinese Mind: The Philosophical Roots*, ed. R. Allison, Oxford: Oxford University Press, 1989. 我认为,这种看法高估了人们对"哲学"一词的掌控能力,而低估了"哲学"中的激发力量。参见下文(第四、五部分)。
② 葛兆光:《穿一件尺寸不合的衣衫——关于中国哲学和儒教定义的争论》,《开放时代》2001年第11期,第49—50页,第54页。他认为这是"一个充满了真实历史和真实心情的伪问题"。参见他的《为什么是思想史——"中国哲学"问题再思》,《江汉论坛》2003年第7期,第24页。还可参见张立文:《中国哲学的"自己讲"、"讲自己"——论走出中国哲学的危机和超越合法性问题》,《中国人民大学学报》2003年第2期,第2页。
③ 参见张岱年:《中国哲学大纲》,北京:中国社会科学出版社,1937年,1997年,第2页;李中华:《中国哲学的历程——兼论近现代中国学术思想的转型》,《北京大学学报(哲学社会科学版)》2004年第3期,第55页;冯友兰,参见下文(第三部分,第一节)。
④ 黑格尔认为,孔子"只是一个实际的世间智者——在他那里思辨的哲学是一点也没有的。我们根据他的原著可以断言:为了保持孔子著述的名声,它们从来不曾被翻译过倒更好些。"参见 Hegel, *Lectures on the History of Philosophy*, trans. E. S. Haldame and F. Simson, London: Routledge and Kegan Paul, 1986, pp. 120-121. 黑格尔还讨论了《易经》和《老子》,但他的结论是:"假若哲学不能超出上面那样的表现,哲学仍是停在初级的阶段。"参见 Hegel, *Lectures on the History of Philosophy*, p. 125.

曾指出，中国典籍的价值也不因为不被称作"哲学"而遭到否定：德里达没有我们阅读黑格尔对中国思想的评价时所感觉到的那种傲慢与蔑视；相反，他认为中国古代没有哲学："哲学只与某一特定的历史，特定的语言，特定的古希腊发明相关。哲学只是欧洲所具有的一种形式。"在德里达看来，说中国古代没有哲学，就像中国人说古代欧洲没有太极拳一样，并没有什么特的意义，也不值得特别的担心。①

第五，哲学上有趣的与被当作哲学的：对哲学家来说，拒绝给《论语》和《老子》这些文本贴上哲学的标签并不必然是要排除它们的价值。尽管海德格尔说"哲学讲希腊语"②，但他还是认为《老子》是一部具有哲学兴趣的典籍。在一些哲学家看来，最有意味的果实往往是在学院哲学这个果园之外收获的。③因此，认为某一古代的文本不是哲学，并不等于否认它对哲学家具有启发意义的价值；反过来，为了保护中国丰富的传统不受现代西方学术专业的限制，有时会促使学者拒绝使用"中国哲学"这个名称。质疑"中国哲学"的一个主要原因是，人们为了找到中国古代的思想观念与西方传统哲学之间的相似处，或者用西方哲学的话语来解释中国思想，往往"削足适履"，这样就等于破坏了中国古代的思想观念。④为此，杜瑞乐甚

---

① 杜小真、张宁：《德里达在中国讲演录》，北京：中央编译局，2002年，第139页。在一次采访中，中国学者王元化讲述了他在上海的一次宴会上与德里达的对话。作为他们交谈的最重要的主题，王元化引述了德里达所说的"中国没有哲学，只有思想。"（着重号是我加的）我猜想，这个"只"字不是德里达的原话，而是王元化所加的。他说："这句话一说完，在座的人不禁愕然。"就像大多数中国学者引述这件事一样，他很自然地把这句话理解为这是对中国思想传统的一种蔑视。参见景海峰：《中国哲学面临的挑战和身份重建》，《深圳大学学报（人文社会科学版）》2003年第5期，第93页；张立文：《中国哲学的"自己讲""讲自己"》，第4页；杨海文：《中国哲学的"合法性危机"与重写中国哲学史》，第11、14页；《论当代中国哲学研究中的前沿问题》，第75页。也有一些学者没有把德里达的这一评论理解为一种蔑视。参见张志伟：《中国哲学还是中国思想——也谈中国哲学的合法性危机》，第17—18页；陈仁仁：《中国哲学的合法性与中国哲学的自觉》，第15页；苗润田：《西方思想界如何看待"中国有无哲学"的问题》，《河北学刊》2004年第3期，第16页。

② M. Heidegger, *Was ist das — die Philosophie?* Pfullingen: Günther Neske, 1956, 1963, p. 13.

③ 参见陈少明：《重提"中国哲学"的正当性》，《江汉论坛》2003年第7期，第35页；J. Thoraval, "Expérience confucéenne et discours philosophique," pp. 75-79.

④ 许多学者在指出这一点的时候说这是"削足适履"。参见葛兆光：《中国思想史：七世纪至十九世纪中国的知识、思想与信仰》第二卷，上海：复旦大学出版社，2000年，第763—764页；彭永捷：《论中国哲学学科存在的合法性危机——关于中国哲学学科的知识社会学考察》，《中国人民大学学报》2003年第2期，第27页；陈多旭：《中国哲学史写作相关问题的讨论述评》，第30页；乔清举：《西方话语——中国哲学合法性危机问题中的隐影》，《北京行政学院学报》2004年第2期，第68页；景海峰：《哲学史类型与中国思想的叙述方式》，第15页。一些学者往往忘记了，这个问题不但是跨文化的(intercultural)，还是跨时间的(inter-temporal)。"义理之学"这样的称谓，甚至"道家"和"儒家"这样的称谓，是后人强加给汉代以前的诸子的。关于任何解释所导致的不可避免的"曲解"，参见我的文章："Is There Such a Thing as Chinese Philosophy?" pp. 400-401。

至主张,一个儒家学者、佛教徒或道教徒,为了从主流的哲学话语中解脱出来,以保存一些象征性的习俗,他们应该反对哲学。① 把中国的诸子百家从哲学话语中解救出来,这种努力与20世纪初使他们大规模转向哲学经历了同样长的时间,但直到20世纪90年代以来才逐渐取得了成功。过去,这是与西方控制中国相关的一个主题,但现在,它又成为一个自我反省的问题。②

第六,对中国古代思想家的哲学解释: 由胡适、冯友兰等学者推动的哲学取径,后来被窄化为唯物主义与唯心主义的对立,但到了80年代又重新开始流行起来。现在,人们对这种哲学取径的怀疑越来越多,这引发了关于用(现代的和西方的)哲学范畴来解释中国古代典籍的一场激烈的争论。③ 拒绝给中国古代的大师冠之以"哲学",并不是要否定古希腊和中国古代思想之间的相似之处,也不是一定要拒绝哲学解释的可能性。④ 这里有很大的区别:一些人仍在使用一百年前引入汉语的新名词(其许多词称作某某主义或某某论),同时,另外有人由于受到解释学、实用主义、马克思主义、存在主义或后现代等各种哲学取径的影响,已经开始试图超越它们。⑤ 事实上,在一定程度上,许多新名词已经成为中国人的日常语言和哲学话语的一部分。⑥ 再者,由于任何解释都是通过另一种语言或新话语的一种翻译——包括用现代汉语阅读古代思想家的著作——这样,要求一种完全忠实原意的阅读

---

① J. Thoraval, "Expérience confucéenne et discours philosophique," p. 78. 张祥龙:《"中国哲学","道术"还是可道术化的广义哲学?》,《哲学动态》2004年第6期,第12页。但张祥龙也持一种包含有这些习俗在内的广义的"哲学"观。
② 参见景海峰:《从"哲学"到"中国哲学"——一个后殖民语境中的初步思考》,《江汉论坛》2003年第7期,第31页;李景林:《西方话语霸权下中国哲学学科合法性之反思》,《学习与探索》2003年第2期,第22页。
③ 郑家栋指出,整个20世纪中国哲学研究当中的各种区别只是相对的,因为他们都依赖于西方传统的标准和话语。参见他的《"中国哲学"的"合法性"问题》,第5页。葛兆光提出了避免哲学和哲学话语的另外一个理由,即在现代中国,哲学与马克思主义和唯物主义有着千丝万缕的政治联系。参见他的《中国思想史:七世纪至十九世纪中国知识、思想与信仰》,第764页。
④ 葛兆光明确区分了用哲学来解释中国古代的文本和认为它们是哲学之间的区别。参见他的《穿一件尺寸不合的衣衫》,第53页。
⑤ 参见李明:《"中国哲学":一个处于分化中的概念》,第7—8页;张祥龙:《中国哲学研究方法的多元化》,第14—15页;李翔海:《关于"中国哲学合法性"问题的两点思考》,《社会科学战线》2004年第3期,第25—26页;以及景海峰:《哲学史类型与中国思想的叙述方式》,第14页。
⑥ 完全避免使用这些新名词是不可能的,这会使当代中国学者变得失语。参见葛兆光:《穿一件尺寸不合的衣衫》,第54页;任洁:《"中国有无哲学"之我见》,第5页;唐文明:《古典教化思想的现代命运——以冯友兰为例看中国哲学的诠释学意义》,《哲学研究》2003年第9期,第59页;乔清举:《西方话语》,第70页;胡军:《"中国哲学""合法性"讨论的合法性问题》,第77页。

便显得毫无意义。①

第七，与拒绝中国哲学相关的情感和态度及其回应：关于"中国哲学"合法性的讨论有时候带有某种情绪，或受到某种情感和非理性因素的刺激，这在中国和西方都是如此。西方（欧洲）拒绝承认"中国哲学"，与此相关的态度经常是文化沙文主义、帝国主义的傲慢、体制性的拒斥以及西方种族中心论。对这些西方立场持批评态度的通常是中国的学者，另外也包括一些研究中国的海外学者（其中有汉学家），以及个别的西方哲学家，如批判西方优越论的劳德。②与中国这边的情感相关的是对国家力、民族的自尊以及不断高涨的民族主义的关注。③这些态度和感情一般都被认为是非哲学性的动机和干扰理性的感觉，而因此削弱这些立场的价值。我并不否认这些态度所具有的力量，但我关注的则是问题的敏感性，它不能完全简化为政治的、心理的、体制的或意识形态的干扰。

二、名称的历史

与质疑"中国哲学"的合法性相关，常常会提到三个问题。它们都关注与以下问题有关的术语的历史："philosophy"这个词的古希腊术语④的本意（第八），16世纪后期到17世纪传教士在哲学的范畴之下对中国古代典籍的介绍（第九），以及19世纪末"中国哲学"表述方式的发明（第十）。对这三个问题的反思在这里要更加详细些，因为它们直接构成了我要讨论的主题：与名词和名称有关的讨论的敏感性。

---

① C. Defoort, "Chinese Scholars on Chinese Philosophy," in *Contemporary Chinese Thought*, 30:4, 1999, p. 6; "Is There Such a Thing as Chinese Philosophy?" pp. 400-401；葛兆光：《穿一件尺寸不合的衣衫》，第4页；洪修平、白欲晓：《关于中国哲学学科建设的几点思考》，《哲学研究》2002年第1期，第51页；王中江：《"范式"、"深度试点"与中国哲学"研究典范"》，《江汉论坛》2003年第7期，第28页；张祥龙：《中国哲学研究方法的多元化》，第14页；郑家栋：《"合法性"概念及其他》，第4—5页。

② Rein Raud, "Philosophies vs. Philosophy"；李明辉：《中国没有哲学吗——与费德西先生论"中国哲学"》，《当代》第66期，1991年10月，第144—149页；陈来：《关于"中国哲学"的若干问题浅议》，《江汉论坛》2003年第7期，第23页；景海峰：《从"哲学"到"中国哲学"》，第33页；陈志良：《论当代中国哲学研究中的前沿问题》，第75页。

③ J. Thoraval, "Expérience confucéenne et discours philosophique," p. 67. 彭永捷在讲到20世纪中华民族的反抗时指："对于别人有的，要么我们原本就有，要么我们在也应该有，要么我们将来也一定要有。"参见他的《论中国哲学学科存在的合法性危机》，第26页。

④ φιλοσοφία。——译者注

第八，"philosophy"这个词的古希腊术语（φιλοσοφία）的含义：根据《哲学史辞典》①，与philosophy一词有关的一些希腊词汇的首次出现还不是很确定，而且它们的含义也多变。与philosophy一词有关的动词（to philosophize）和形容词（philosophical）在公元前5世纪就已经在广泛的意义上使用了，意指"爱智（love of sophia）（智慧、知识、精通、熟悉和洞见）"，这种意义上的这些词汇在希腊公民参加政治活动和公共辩论中已经很流行了。从公元前380年开始，这个词就开始作为名词使用，并且由苏格拉底的学生们做了不同的定义，这些定义和智者学派的公共演说教育，以及诸如几何学、音乐和天文学等其他学科的教育有关。伊尔克拉底（Isocrates）把哲学提升为可以运用到政治当中的合理的常识，而柏拉图——让苏格拉底作为他的代言人——则强调了智慧（sophia）和爱智（philosophia）之间的区别。苏格拉底的基本观点是，人无知，但是又欲知，顺着智慧的道路前行，却又永远无法到达。他在早期的一部对话中说："一个人只要有智慧了，或有知识了，他就不再爱智了。"② 虽然到了后期的柏拉图对话中，哲学经常被提及，并与灵魂（与身体相对）、存在和理念（与常识相对）联系在一起，可是在柏拉图的著作当中，对知识的努力追求仍然要比对知识的拥有更加重要。③

对"philosophy"一词的产生做一简要的介绍与这里的讨论是相关的。但是，本文的目的不是为了明确地说明（正面或反面）"中国哲学"的合法性，或者根据所谓的"哲学"一词的原意来检测中国古代典籍的性质。④ 首先，与"philosophy"一词有关的一些希腊词汇（包括"philosopher""philosophize"和"philosophical"）的最早的出现只有零星记载，所以重构这些词的产生与发展依然是凭推测的，也是有争议的。其次，以上简要的介绍已经表明，在一开始这个词语的含义就不确定，即

---

① 参见 J. Ritter and K. Gründer eds., *Historisches Wörterbuch der Philosophie*, vol.7 (P-Q), Basel: Schwabe & Co Ag Verlag, 1989, pp. 572-590。
② 参见 J. Ritter and K. Gründer, *Historisches Wörterbuch der Philosophie*, p. 57，引用 *Lysis*, 218a。
③ 对知识的拥有在亚里士多德的"哲学"概念中变得重要了。《哲学史辞典》（*Historisches Wörterbuch*）从亚里士多德的著作中分析出哲学的不同含义，其中包括"拥有并使用智慧"，"关于第一因和第一原理的知识"，关于知识本身的知识，人的神圣的行为。参见 J. Ritter and K. Gründer, *Historisches Wörterbuch der Philosophie*, pp. 586, 589。
④ 一些中国学者认为，"爱智"是古希腊和中国古代早期的思想中的共同特点。参见陈卫平：《形上智慧和生活——世纪之交的中国哲学史研究的趋势》，《南通师范学院学报》2001年第1期，第13页；任洁：《"中国有无哲学"之我见》，第6页；李中华：《中国哲学的历程》，第54页；陈仁仁：《中国哲学的合法性与中国哲学的自觉》，第18页。不同意这些看法的，参见 G. Deleuze and F. Guattari, *Qu'est-ce que la philosophie?* 参见下文（第五部分）。

使在同一作者的著作当中(如柏拉图),它的含义也是变化的。再者,我们知道,"哲学"一词在苏格拉底的学生争论什么是"真正的哲学"时不断出现,而这个争论到延续到今天。① 当讲到"哲学"一词的本义时,我们必须认识到,从一开始,这就是一个推测和争论的问题。中国学者现在也加入这个争论当中,这个事实本身最好地表明了他们的(当代)哲学性。②

第九,16、17世纪传教士将"哲学"加于孔子思想和《易经》之上:从这里开始,我将简要涉及哲学这个名称,有时它也会用来支持"中国哲学"的合法性:既然西方的传教士首先称孔子是哲学家,那么为什么这一名称不能再使用了呢?但事实上,欧洲传教士对中国哲学的描述所要阐明的,与其说是中国古代典籍的性质,不如说更是西方现代以前的"哲学"概念本身。这里的"哲学"是根据亚里士多德的范畴,因此它包含了逻辑学、物理学、形上学、伦理学和数学,后者又可进一步分为算术、几何、音乐和天文学。③ 钟鸣旦(Nicolas Standaert)指出:

> 对于一个17世纪的耶稣会士来说,毫无疑问,孔子是哲学家,《易经》是哲学著作。他们对中国思想所做的这种不同的评价,其中一个主要原因是,尽管他们认为辩证法是他们的哲学体系的核心,但他们还是使用了更加宽泛的哲学定义,而不是把哲学仅仅看成是一个由逻辑主导的思想体系。从启蒙运动开始,哲学的定义逐渐变得狭窄了,在康德等人看来,东方是没有哲学的。④

对哲学理解的主要变化发生在18世纪,当时康德首次明确主张应该区分哲学与科学,并且在他所认为的属于哲学的不同领域,即在形上学、认识论、伦理学以及社会和政治科学之间,建立起了内在的联系。⑤

---

① J. Ritter and K. Gründer, *Historisches Wörterbuch der Philosophie*, pp. 577, 580.
② 李景林在《西方话语霸权下中国哲学学科合法性之反思》一文中指出,什么是哲学以及中国古代思想是否是哲学这个问题不是一个科学的问题,而是从哲学立场来提问的一个问题。参见该文第22—23页。另参见任洁:《"中国有无哲学"之我见》,第6页。
③ 这是艾儒略(Aleni)于1623年在《西学凡》一书中根据耶稣会的教育体系对哲学(理科或非录所费亚)的描述。参见N. Standaert, "The Classification of Sciences and the Jesuit Mission in Late Ming China," in *Linked Faiths: Essays on Chinese Religions and Traditional Culture in Honour of Kristofer Schipper*, eds. J. de Meyer and P. Engelfriet, Leiden: Brill, 2000, p. 294。
④ N. Standaert, "The Classification of Sciences and the Jesuit Mission in Late Ming China," p. 315.
⑤ J. Ritter and K. Gründer, *Historisches Wörterbuch der Philosophie*, pp. 731-732. 还可参见陈来:《关于"中国哲学"的若干问题浅议》,第21页。

现代以前的欧洲人毫不犹豫地承认为中国思想是哲学,这在现代的讨论中并不能成为有力的证据,但仍然是饶有趣味的。首先,它说明哲学这个概念即使在西方也远不是明白无误的或固定不变的。中国思想是否可以称作哲学,这个问题相对来说只是一个新近的问题,是哲学概念的范围逐渐缩小并逐渐明确化的过程中才出现的一个问题。人们经常忘记,对哲学的这个看法,以及哲学对系统的严格要求,对不同领域的明确划分,这本身也是特殊历史境遇中的产物。其次,传教士承认"中国哲学",这同时也说"什么是哲学"这个争论是永无结果的:它表明,不是中国古代的典籍现在不被认为是哲学的,而是自17世纪以来,西方人对哲学的期望发生了变化。与此相关的第三个有趣的结果是,人们可以选择一种非学院化的、更加实用的方法来做哲学,不要过多地受"关于哲学的学术教条,尤其是哲学史"的影响,"因为它们通常都坚持认为哲学应该有理论的、抽象的和概念的特征"。[①]虽然阿多(Pierre Hadot)所坚持的源于生活方式并归结于生活方式的哲学观念受到西方古代思想影响,但他意识到这个看法会弥补东西方之间的断裂。"我现在觉得……西方古代的哲学态度和东方古代的哲学态度之间真的有一些很值得注意的相似之处","古人也许比我们更接近于东方"。[②]

第十,19世纪晚期以来中国哲学表述方式的历史[③]:现代汉语的"哲学"一词在古代并不存在:这是日本人用"哲"和"学"两个字合成的一个词。"哲学"是当

[①] 现代以前,欧洲关于哲学的观点有时也是非常的学究,但也没有排除从更加广泛的意义上对美好生活的哲学关注。阿多把这种更加普遍的哲学关注归结于包括康德在内的许多近现代哲学家。参见 Pierre Hadot, *Qu'est-ce que la philosophie antique?* Paris: Gallimart, 1995, p. 412。许多中国学者赞同中国哲学的一种非体制化的形式。参见胡军:《"中国哲学""合法性"讨论的合法性危机》,第77页;李景林:《重建哲学与生活的联系——中国哲学走出危机之途径》,《天津社会科学》1995年第2期,第13—16页。

[②] Pierre Hadot, *Qu'est-ce que la philosophie antique?* pp. 419, 421. 他在最后一段引文中引述了研究印度思想的J.-L. Solère。许多中国学者强调(现代)西方哲学注重理论知识和中国哲学注重智慧、经验、教育和生活的重要性之间的区别。参见 Lao Sze-kwang, "On Understanding Chinese Philosophy," p. 277;陈卫平:《形上智慧和生活》,第13页;陈衍东:《从表征方式看"中国哲学"的合法性——以冯友兰先生的正负方法论为视角》,《中国哲学》2002年第11期,第10—11页;张祥龙:《中国哲学研究方法的多元化》,第10—11页;李景林:《西方话语霸权下中国哲学学科合法性之反思》,第26页;俞宣孟:《关于中西方哲学形态的新一轮比较研究》,《学术月刊》2004年第2期,第7—8页;而在《合法性、视域与主体性》(第38页)一文中,彭国翔则明确提到了阿多的"哲学"观并以之为参照。

[③] 大多数情况下称"中国哲学",但有时也称"支那哲学"。关于这些术语的发展历史,参见 Chen Jidong, "Is the foreign concept of philosophy something that China originally had?" in *UTCP Bulletin*, 2004:3, pp. 49-53(陈继东:《外来概念的哲学是否中国固有?》);Michel Masson, "Commencements de la 'philosophie':'哲学' en 1902—1905," unpublished manuscript, Paris, 1988, p. 4。

时译"philosophy"的多个译词中的一个。西周在翻译西方哲学的过程中(1873)为了使之与儒学占主导地位的东方思想相区别,而引入了"哲学"一词。从此"哲学"一词就风行起来。东京大学成立了"中国文学和中国哲学"专业(1881),北京大学也于1914年设立了"中国哲学门"。起初,中国学者在说明与中国思想有关的内容的时候使用"哲学"这种表述方式,其中包括梁启超(1902)、王国维(1905)、刘师培(1906)和谢无量(1916),后来又有胡适(1917)、梁漱溟(1921)、冯友兰(1930)、范寿康(1937)、赵纪彬(1939)、张岱年(1937),以及其他学者。先是在日本,后来在中国,翻译西方典籍、大学学科和课程的名称、早期使用"哲学"这种表述方式的文章和著作,这些都很好地证明了"哲学"这种表述方式发展过程的不同经历。[①]但也有学者称"哲学"的这一发展过程是一个"错误性"的结果。[②]

哲学系的建立所预示的各种含义,以及回过头来将哲学运用于中国古代的典籍,这些都值得我们更多地关注讨论。在这个根本的转变过程中有一种强烈的政治和心理的动机:绝大多数中国的知识分子都认为,为了与西方交流和竞争,有必要对古代的诸子做重新的解释。[③]但是,中国思想是否是哲学,人们还是有不断的疑问:如果是,那么中国思想当中的哪些内容是哲学,是哪一种哲学?与西方哲学相比,它的价值是什么?它对世界的意义是什么?它在中西方范畴的对比中又做怎样的解释?它对哲学概念本身的影响又是什么呢?

三、围绕敏感性的沉默

关于中国哲学合法性的讨论,通常集中在以上所列的十个问题中的某一个或

[①] 许多讨论中国哲学合法性的文章都叙述了这个重要阶段。如,钟少华:《清末中国人对于"哲学"的追求》,《中国文哲研究通讯》1992年第2卷第2期,第159—189页; M. Lackner, "Les avatars de quelques termes philosophiques occidentaux dans la langue chinoise," in *Etudes Chinoises*, 12:2, 1993, pp. 135-160, pp. 137-138; J. Thoraval, "De la philosophie en Chine à la 'Chine' dans la philosophie. Existe-t-il une philosophie chinoise?" pp. 9-10; 葛兆光:《穿一件尺寸不合的衣衫》,第51—52页;郑家栋:《"中国哲学"的"合法性"问题》,第3—6页; M. Friedrich, *De invention Sinarum Philosophiae*, pp. 4-17; 陈文娟:《浅谈"中国哲学"的"合法性"问题》,第44页;陈仁仁:《中国哲学的合法性与中国哲学的自觉》,第16—17页。
[②] 彭永捷:《论中国哲学学科存在的合法性危机》,第26页。
[③] 葛兆光:《中国思想史:七世纪至十九世纪中国的知识、思想与信仰》,第763页;李景林:《西方话语霸权下的中国哲学合法性之反思》,第20页。

某几个，其间的区别并不总是很清楚。我把这些问题归到周边而非核心的位置，这绝不意味着贬低它们的重要性。相反，我确信有关术语的历史发展是非常重要的；同样，反思中国古代思想的价值、其哲学相关性、"哲学"一词的含义，以及哲学专门术语和各种体制的意义，也是非常重要的。我之所以把这些问题归到周边的位置，只是为了将它们与本文的主题区分开来，因为这个敏感性的主题几乎被那些围绕着它的大量的论辩与材料挤占了。

人们也许会感到奇怪，将所有这些周边问题都详细讨论过之后，还有什么可说的呢？也许可说的确实并不是很多，但却足以引起我们的重视。所有这些问题，在某种意义上说，与某个更加重要的问题相比，确实是次要的。我认为，赞同中国哲学的一方在论据上的不足，以及大多数西方哲学家的置若罔闻，不能完全归结为民族主义、沙文主义或种族中心的态度。它们同样也是我们与(中国)哲学的关系的结果，这对双方都是一个敏感性的主题。

敏感性论题的问题在于人们回避这些论题。目前的探索首先就是要指出那不在场的东西，指出那没有被明确言说的东西。寻找缺席者是一项困难的要求，这种要求当然也不会是周到详尽的。① 如果我们阅读标准的关于中国哲学的著作前言和导论部分，那么给人的印象是，中国哲学的合法性在很大程度上已经是不言自明了的。只有很少的一些研究中国哲学的学者才会明确地触及这一问题。关于中国哲学争论的最有意义的两个阶段是：20世纪上半叶中国哲学概念引进的时候，以及20世纪90年代以来的自我反省阶段。尽管这两个阶段的研究者对于中国哲学合法性的关注很多，但是他们并没有提供任何结论性的论证。

（一）20世纪初对一种既新鲜、又古老的事物的引进

对于第一阶段，我将集中讨论胡适和冯友兰这两位思想家，在我们回顾中国哲学的发现或者创建的过程时，他们的著作具有实质性的意义。② 在中国哲学的历史发展过程中，他们对于中国哲学的叙述显示出某种既新鲜又陌生、既古老又非常

---

① 我的观点的来源是：(1)讨论这一问题，并引用了其他相关作者的二手资料；(2)胡适、蔡元培、冯友兰、张岱年、梁漱溟、牟宗三、任继愈等人的著作当中确实讨论"哲学"观念或"中国哲学"的序言、导论和相关章节。当然，我的阅读还远远不够。

② 对胡适和冯友兰著作的讨论，参见 A. Cua, "Philosophy in China: Historiography," in *Encyclopedia of Chinese Philosopy*, New York, London: Garland, 2003, pp. 501–505。

有价值的成分。尽管在东西方的这个新的组合中,"哲学"是外来的,而"中国"的典籍则相对来说是熟悉的,但是,正是这个外来的"哲学"被轻易地忽略了。许多与胡适和冯友兰同时代的中国学者都赞许这两位在中国哲学研究方面杰出的开创者,并且"不知不觉地开始使用'哲学'这个词语"①。有许多学者出于不同的理由对他们提出批评,但是就我所知,只有个别学者一直在质疑他们为什么会轻易地就接受了"中国哲学"的合法性。②

例如胡适,尽管中国哲学的合法性已构成他的著作的基础,但他并没有直接对待这个问题。他在《中国哲学史大纲》的导言中一开始就写道:"哲学的定义,从来没有一定的。我如今也暂下一个定义:'凡研究人生切要的问题,从根本上著想,要寻一个根本的解决,这种学问,叫做哲学。"③胡适接着认为,中国也拥有世界两种主要哲学中的一种,但是他没有做更多的论证。胡适不仅认为他对哲学的定义相对来说并不重要,也是可以普遍接受的,并且他还认为,中国对哲学这个词语的援用并没有任何问题。④

类似的情况也发生在冯友兰的著作当中。在卜德(Derk Bodde)和冯友兰翻译并重写的《中国哲学史》上卷的绪论中,集中讨论了三个问题:中国哲学的特质、中国哲学无系统的主张,以及中国哲学没有进步的主张。书的一开始并没有提出本书要研究的主题是存在的。也许卜德的说明可以解释这个疏忽。卜德说:"我们觉得西方人不太感兴趣的部分都给删掉了。"⑤卜德在与冯友兰商讨之后有意删掉的部分,曾经在那里但现在被略过的东西,也许是一个有趣的阅读的起点。在中文版当中,冯友兰一开始便对哲学的内容做了反思:"哲学本一西洋名词。今欲讲中国哲学史,其主要工作之一,即就中国历史上各种学问中,将其可以西洋所谓哲学名之者,选出而叙述之。"他还指出:"哲学一名词在西洋有甚久的历史,各哲学家对于

---

① 葛兆光:《穿一件尺寸不合的衣衫》,第50页。"中国哲学"这一观念在中国的普遍被接受,参见景海峰:《中国哲学面临的挑战和身份重建》,第93—94页。
② 如金岳霖,他(也许不是巧合)研究西方哲学,并在国外生活了九年。参见《冯友兰〈中国哲学史〉审察报告二》,参见冯友兰《中国哲学史》第一卷,北京:中华书局,1931年,1984年的附录。另一持批判态度的是傅斯年,参见下文(第四部分)。另外还有张之洞、王国维、梁漱溟以及胡适本人。对于胡适的讨论,参见葛兆光:《穿一件尺寸不合的衣衫》,第52页;干春松:《中国哲学和哲学在中国》,第192页。
③ 胡适:《中国哲学史大纲》,第1页。
④ 陈坚在《中国哲学何以能成立》一文中也指出,胡适"并没有直接地阐述哲学在中国古已有之"(第4页)。
⑤ 参见Fung Yu-lan, *A History of Chinese Philosophy*, vol. 1, trans. D. Bodde, Princeton: Princeton University Press, 1937, 1973, pp. 1-6。

'哲学'所下之定义亦各不相同。为方便起见，兹先述普通所认为哲学之内容。知其内容，即可知哲学之为何物，而哲学名词之正式的定义，亦无需另举矣。"① 冯友兰说明了哲学没有固定的定义之后，为了接着进行他所要研究的问题，便对哲学下了一个临时的定义，以此来显示中国古代思想家所做的哲学思考。冯友兰在《中国哲学史》的中文版和英文版中都认为，从柏拉图开始，哲学就包括物理学、伦理学和论理学。② 接着，他就开始搜寻中国古代的典籍当中与哲学的相似之处，或解释与哲学的不同之处。在英文版的另一页，冯友兰将哲学与魏晋玄学、宋明道学和清代义理之学并列在一起，并认为"在相当程度上，我们发现这些问题与西方哲学类似"③。最后，仅仅针对中国读者，冯友兰在《中国哲学史》的中文版中再次指出，我们可以写一部中国的义理之学史，甚至可以写一部西方的义理之学史，但事实上，哲学是个更好的词语，因为它是一个西方现代的概念，更适合于当时引入中国的各种西方现代学问。"此所以近来只有中国哲学史之作，而无西洋义理之学史之作也。以此之故，吾人以下即竟用中国哲学及中国哲学家之名词。"④

这些话的背后所蕴含的是什么呢？正如伍晓明所指出的那样，在冯友兰的著作当中，"'哲学'这个来自西方的名词，从一开始就被认为是适合于中国思想和中国文化的，因此被理所当然地接受了。对于'哲学概念'本身或哲学名称没有提出任何疑问"⑤。确实如此，在冯友兰对哲学和中国古代思想家所做的所有精妙的反思当中，他们之间的基本一致性在很大程度上也是预设了的。综观冯友兰的整个学术生涯⑥，他对哲学的不同定义证实了这个预设。非常明显，在他看来，哲学与对人生和世界本质

---

① 冯友兰：《中国哲学史》，第1页。
② 冯友兰在《中国哲学史》的第2页还接着指出，用现在的术语说，这三个部分又称为："对于世界之道理，对于人生之道理，和对于知识之道理。"在英文版的第1页，冯友兰还提到了以下这样的分类："形上学、伦理学、认识论、逻辑学，等等。"冯友兰在中文版中对中国的读者指出："哲学乃理智之产物；哲学家欲成立道理，必以论证证明其所成立。"参见《中国哲学史》，第6页。
③ 参见 Fung Yu-lan, *A History of Chinese Philosophy*, p. 1.
④ 冯友兰：《中国哲学史》，第7—8页。
⑤ 参见 Wu Xiaoming, "Philosophy, *Philosophia*, and *Zhe-xue*," p. 433。
⑥ N. Standaert and B. Geivers, "Feng Youlan (Fung Yu-lan): Works on the History of Chinese Philosophy," in *Encyclopedia of Chinese Philosophy*, p. 264. 在冯友兰的《中国哲学简史》(Canada: Macmillan, 1948, 1966)第2页，据卜德说，"这也是专门写给西方读者的，这也就是说，他对材料的处理和主题与专门写给中国的读者经常是不相同的"(xiii)。冯友兰把哲学定义为"对于生活的系统反思"。在《中国哲学史新编》的第9—16页，冯友兰用了整整一节讨论了哲学的定义，这在很大程度上是根据列宁的思想而来的。

的一种理性的、系统的、独创的、不断的探求有关。冯友兰著作的核心，他用哲学来对中国古代思想的叙述，就显得模糊不清，并构成循环论证：他基于一种特殊的、西方现代新实在论的哲学观来取舍中国的文献；然后再基于这些文献，他愿意调整他对哲学的探寻。① 例如，古代思想家根本没有表现出系统性，冯友兰解释说，这是他们缺少"形式的"系统，但历史学家的任务就是要寻求他们思想当中的"实质的"系统。

我们并不能因为冯友兰对"哲学"概念缺少论证便来反对他：每一个思想体系都是建立在一些基本的公理和没有证明的原则之上；再者，如果考虑到即使在西方哲学家那里，关于哲学的定义也没有一致的看法，那么，冯友兰著作当中的循环论证也就是不可避免的了。② 与论证的缺乏相伴而来的是敏感性的第二个层面，即情感的出现。冯友兰认为——这只是对中国读者而言——如果不是出于一些实际的、操作方面的不方便的缘故，那么，完全可以用一个中国固有的术语来描述中国思想和西方思想的特征，这就首先表明，作为中国文化的一员，他个人深受中国文化的影响。仔细比较《中国哲学史》中英文版的如下一段话，更可以证实这一点：

> 中国哲学家的哲学，虽无形式上的系统；但如谓中国哲学家的哲学无实质上的系统，则即等于谓中国哲学家之哲学不成东西，中国无哲学……
>
> 依上所说，则一个哲学家之哲学，若可称为哲学，则必须有实质的系统也。所谓哲学系统之系统，即指一个哲学之实质的系统。中国哲学家之哲学之形式的系统，虽不如西洋哲学家，但实质上的系统，则同有也。③

> It may be admitted that Chinese philosophy lacks formal system; but if one were to say that it therefore lacks any real system, meaning that there is no organic unity of ideas to be found in Chinese philosophy, it would be equivalent to say that Chinese philosophy is not philosophy and that China has no philosophy…
>
> According to what has just been said, philosophy in order to be philosophy must have *real* system, and although Chinese philosophy, formally speaking, is less

---

① 关于冯友兰哲学概念的含混不清和循环论证，还可参见干春松：《中国哲学和哲学在中国》，第191页。
② 海德格尔在《什么是哲学》(*Was ist das-die Philosophie?*)一书的第19页也讲到，可以把哲学理解为一个循环，因为这种看法源于哲学内部。还可参见德勒兹和瓜塔里的看法（下文第五部分）。
③ 冯友兰：《中国哲学史》，第13—14页。

systematic than that of the West, in its actual content it has just as much system as does western philosophy.①

为了避免过度诠释的危险,我将尽量不纠缠于这两段文字细微的区别。冯友兰与胡适一样,他也几乎没有对中国哲学的合法性提出特别深刻的证明。很显然,否认中国哲学是不可思议的,并且只能引起人们的愤慨,尤其是中文版中所说的:"即等于谓中国哲学家之哲学不成东西,中国无哲学……"也就是说,如果是这样的话,中国和中国古代的思想传统在文化上就是处于劣势的。②

论述胡适和冯友兰展示了一种强烈的情感与脆弱的论点的结合,这远不是我的目的。相反,由于对中国哲学的存在缺少一种有力的论证,这一现象表明,尽管他们的解释很新颖,但是中国哲学在他们的叙述方式当中只是位于后台的位置,而不是处于前台突出的地位,也就是说,中国哲学在很大程度上是假定了的,而不是需要可靠的证据;它太显然了,太重要了,以至于他们不会对它产生任何疑问。他们最关注的是"中国",而不是"哲学"。他们有时也会参与西方学者关于什么是"真正的哲学"的讨论,但这主要是为了使用"哲学"这个对他们来说已是显然的概念,是为了复兴他们自己的传统,振兴他们处于危亡中的民族和国家。冯友兰的目的是要使西方的哲学家相信,中国也有哲学;同样,在《中国哲学史》的中文版中,他也要教给中国的读者,哲学解释的本质是什么,它有什么便利之处。③

(二)20世纪末对一种亲切的陌生事物的种种反应

如今,在现代中国,中国哲学已经成为一个普通的概念。在这个领域中,几乎经历了近一个世纪的学术活动。在此之后,它又成为一个反思的主题,成为一个悬而未决的问题。在陈坚看来,这个问题对于中国哲学家来说是如鲠在喉。④ 人们越来越怀疑,这个外来的因素在中国思想的体系中是否已被消化。许多专家的日常

---

① 参见 Fung Yulan, *A History of Chinese Philosophy*, p. 4。斜体字为原文所有。
② 郑家栋也讨论了这个问题,参见《"中国哲学"的"合法性"问题》,第7页。
③ 胡适的目的是:"让中国人在这个新世界里感到泰然自若。""我渴望我国人民能看到西方的方法对于中国人的心灵并不完全是陌生的。……利用和借助于这些工具,中国哲学中许多已经失去的财富的就能重新获得。"(Hu Shi, *The Development of the Logical Method in Ancient China*, New York: Paragon Book Reprint Corp, 1921, 1968, pp. 6, 9)
④ 陈坚:《中国哲学何以能成立》,第4页。

研究都潜含有这种外来的因素，但这并没有降低中国哲学合法性这个问题本身的敏感性。大多数的当代学者对这个问题保持沉默，以及另外一些学者对这个问题感情上的投入，如葛兆光所指出的那样，都说明中国哲学的合法性依然是"一种相当严肃甚至神圣的事情"①。

大多数学者对这个问题保持沉默是因为这样一个事实：在这个领域，多数学者其实并没有讨论中国哲学的合法性问题②，他们要么假定中国哲学的存在，要么就会提出像胡适和冯友兰那样给出一个简单的定义——如果被迫要回答这个问题的话。③他们经常在前言或者注释中提到这个问题或作简单的交代，以此作为一个更有意义的研究的基础。④这样做并没有什么害处，因为我们都是在共同的话语、当前的讨论、同样的关注、旧有的习惯和新的潮流这样的背景之下来思考和研究的。⑤没有人期望在讨论具体的问题之前能对所有的问题提出一个理性的基础。同时，这也是不可能的，因为人们会对每个基础提出进一步的质疑，由此需要更多的基础。不过，人们当然可以反思他们的背景，并且可以对具体的习惯和假定提出怀疑。哲学家更是喜欢这样做。因此，虽然中国哲学已经具体存在于学科设置、期刊和学术会议当中了，但中国哲学的合法性依然可以是一个能够被富有成

---

① 葛兆光：《穿一件尺寸不合的衣衫》，第54页。
② 也有一些学者对这一讨论表示愤慨。李宗桂认为："按理，这应是个不证自明的问题。然而，近年来，由于某些一知半解的鼓噪，由于中外文化交流的扩大，西方哲学的流布，部分非专业工作者和大学生受偏见的影响，认为中国没有哲学……这就使'中国没有哲学'成了一个必须加以澄清的问题。"参见李宗桂：《驳"中国无哲学"论》，《四川师范大学学报(社会科学版)》1988年第3期，第47页。张兆民认为，对"中国哲学"合法性的怀疑其实是误解，引起这一误解主要是由于西方文化的傲慢，以及西方学者和中国年轻人的无知，只要一做反思，这个问题就可以很容易地解决。参见张兆民：《中国没有"哲学"吗？》，《中国哲学》2002年第11期，第11页。
③ 一些当代学者对"哲学"概念提出了一个定义或标准。如张立文：《中国哲学的"自己讲"、"讲自己"》，第6页；赵景来：《中国哲学的合法性问题研究述要》，《中国社会科学》2003年第6期，第39页。何中华回避了这个问题，他认为尽管中国古代没有"哲学"一词，但问题还是有的，因为哲学是普遍的。参见何中华：《中国有没有"哲学"——一个涉及文化比较的方法问题》，《中国哲学》2002年第11期，第3页。
④ 一些学者明确提到，当他们研究的领域(以及他们作为哲学家的身份)提出质疑的时候，这一领域的学者会感到不安。参见何中华：《中国有没有"哲学"？》，第2页；彭永捷：《论中国哲学学科存在的合法性危机》，第25页。可以理解，大多数研究西方哲学的中国学者较少认同"中国哲学"，他们倾向于不把中国古代的典籍称为"哲学"，尤其是在狭义的(传统西方的)"哲学"意义上。参见张志伟：《中国哲学还是国思想》，第18—19页；以及在某种意义上张祥龙的《"中国哲学"，"道术"还是可道术化的广义哲学？》，第12页。
⑤ 也有人对这个问题没有什么兴趣，可参见胡军：《"中国哲学""合法性"讨论的合法性问题》，第75页。

地加以反思的问题。

当"中国哲学的合法性"问题成为学术界的热点问题之一时,这便的确是一个20世纪末以来已经发生的事情了。结果是,讨论和由此涉及的情感方面产生了许许多多微妙的变化,在这里不是几句话就能说得清楚的。就这次讨论来说,人们一再提及的一点是,这个问题不可能轻易解决,因为哲学本身没有一个明晰的概念可以作为最终的标准来判断中国古代的文献,也就是说,无"法"来决定"合法性"。这一点是正确的。① 对于中国哲学的合法性不可能提出具有决定性的论据,这并不必然表明论证不充分;相反,它可能表明中国的学者正在越来越多地加入哲学对话当中。在由此涉及的许多情感方面,有一些或是温和,或是强烈的表现:关注中国的文化传统,意识到了危机,感受到了挑战,对于西方文化的傲慢和文化帝国主义以及他们对中国的批评感到愤慨②,对于中国的振兴感到兴奋③,对于中国哲学的地位感到不满④,对于新思潮表现出巨大的热情,以及一种不断增强的自立和自信感。⑤ 总之,这里表现的主要是一种积极的情感,希望提高当代中国哲学的地位⑥,以及希望西方能够承认、尊重中国哲学,并使中国哲学与西方展开真正的对话。⑦

---

① 李明辉:《中国没有哲学吗?》,第144—146页;张立文:《中国哲学的"自己讲"、"讲自己"》,第4页;陈少明:《重提"中国哲学"的正当性》,第34页;陈仁仁:《中国哲学的合法性与中国哲学的自觉》,第17—18页。
② 参见李宗桂:《驳"中国无哲学"论》,第47页;何中华:《中国有没有"哲学"?》,第4页;彭永捷:《论中国哲学学科存在的合法性危机》,第28页。
③ 参见魏长宝:《中国哲学的"合法性"叙事及其超越》,第8—9页。
④ 参见彭永捷:《论中国哲学学科存在的合法性危机》,第31页;陈少明:《重提"中国哲学"的正当性》,第34页;景海峰:《哲学史类型与中国思想的叙述方式》,第16—17页;俞吾金:《一个虚假而有意义的问题——对"中国哲学学科合法性问题"的解读》,《复旦学报(社会科学版)》2004年第3期,第31—32页。
⑤ 对这一点,参见张立文《中国哲学的"自己讲"、"讲自己"》一文当中对"自己讲"和"讲自己"的论述。还可参见郑家栋:《"中国哲学"的"合法性"问题》,第11页;景海峰:《从"哲学"到"中国哲学"》,第31页;彭永捷:《论中国哲学学科存在的合法性危机》,第30页;陈仁仁:《中国哲学的合法性与中国哲学的自觉》,第19页。但是,这种自信通常是与当代意义上的"中国哲学"及其未来的发展相关,而与表述中国古代思想的正确方式无关。
⑥ 就将来研究的一些建议,参见陈多旭:《中国哲学史写作相关问题的讨论述评》,第31—33页;邓兆明:《关于中国哲学的几个问题》,《南京社会科学》2004年第4期,第3页;杨海文:《中国哲学的"合法性危机"与重写哲学史》,第13—14页。
⑦ 参见干春松:《中国哲学和哲学在中国》,第193页;景海峰:《中国哲学面临的挑战和身份重建》,第94页;唐文明:《古典教化思想的现代命运》,第58页;陈文娟:《浅谈"中国哲学"的"合法性"问题》,第47页。

没有支持中国哲学的结论性的论证,没什么不好;与此相似,讨论中牵涉一些感情也不是可以反对的。在面向西方读者的论著当中承认这里牵涉了情感是需要勇气的。只有当他们宣称解决了这个问题以后,一些学者才提到他们过去与西方哲学家交往时的失望与尴尬,这一点不让人惊讶。在《中国哲学简史》的结尾处,冯友兰指出,当被问及中国哲学对于世界哲学的贡献时,他"感到有点为难"。但是,"读者对于中国哲学的各种传统已经有所了解了",冯友兰感觉到更有信心来回答这些问题。①劳思光也认为,"由于具有不同传统的哲学学会之间缺少交流",他也"曾经感到很困惑,很失望",后来他认识到,"困难就在于哲学概念本身";领悟到这一点,困难也就可能随之消失了。②比情感投入更重要的是人们如何接受它。关于这一点,以及哲学一词的模糊性,是我下文将要讨论的问题。

四、作为专名的"(中国)哲学"

围绕中国哲学地位的敏感性,常常被认为是一个缺点,是一种不成熟的东西,需要用更加科学或更加理性的方式去克服它。这种看法与人们对"哲学"概念本质的理解有关。陈坚推断,对于西方人来说,"哲学"这个词是不成问题的,因为是他们首先发明了这个词,他们可以像指称任何一种类型的思想一样随意地使用它。但是,当中国人在一百年前借用了这个外来的称谓之后,它就成为一个普通的名词,他们现在面临的问题是,这个"名"与过去他们指称的那种思想之间是否"名正言顺"③。围绕在哲学与中国古代思想家之间的关系所展开的论争表明,自从"哲学"被引入中国开始,它就被当作一个"类名"(generic noun)。但是,即使在西方,"哲学"从来也不仅是作为一个个人的名称来发挥作用,不是用来指称某人思想的一个任意的标签。假如"哲学"真的是这样,那么再来讨论它的特征和标准就显得无意义了。我们知道,从"哲学"在希腊产生的那一天起,它在苏格拉底的学生中

---

① Fung Yu-lan, *A Short History of Chinese Philosophy*, p. 332. 在这里冯友兰更加明确地写到了现代中国哲学的贡献。冯友兰在晚年所写的话(本文的开头曾经引用过)表明,在冯友兰的整个生命历程中,让西方哲学家认识到中国哲学的价值,依然是成问题的。
② Lao Sze-Kwang, "On Understanding Chinese Philosophy," p. 290.
③ 陈坚:《中国哲学何以能》,第3—4页。

间就是一个有争议的词语,并且从来也没有仅仅被当作一种个人的标签。对理性的争论和讨论的可能性的期望,这与人们对"哲学"的观念有关,即不是把它当作一个个人的名称,而是当作一个类名。①

但是,集中讨论这一点会产生一个有害的结果,即人们的注意力不断地从其他事情上转移开来了。所谓其他事情,是指围绕着这个问题的各种情感以及解决该问题的种种论证的无效性,我关注问题的这一层面,并不意味着取消其他人提出的所有理性的论证,而是以一种对其限制的正面的理解来补充它们。我曾经在别处论证过:维特根斯坦家族相似性的概念不但可以在消极的意义上来使用,为的是停止寻求所有的哲学现象背后的普遍本质②,并且,它还可以说明某些积极的东西。③一个家族的成员们也许并不都拥有一种共同的本质,但是却有另外一种东西可以把他们都联系起来:这就是姓氏。一个类名词的意义也许是讨论的对象,与此不同的是,一个普通的姓氏却是任意的,在很大程度上也是没有意义的。它没有抽象的本质,也不可以被定义。我认为,与哲学有关的讨论的敏感性也在于:在某种(哪怕是很小的)程度上,哲学这个词语的作用也像姓氏一样。④

如此,在西方,哲学的历史可以被理解为一个大家族或者一个部族的历史。子孙后代们通常都是在研究哲学、讲授哲学以及发表与哲学有关的论著的过程中成长起来的。如今,来了一个来自文学、语言学、历史学或人类学方面的私生子,对于

---

① 因此,我不同意俞吾金的看法(《一个虚假而有意义的问题》,第28—29页)。他认为,承认"哲学"是一个普通名词,就像水果的存在方式一样,应该是多元的,就不可能对"中国哲学"合法性产生任何问题。一个普通名词恰好会使理性的讨论变得可能。一些学者也明确地把"哲学"当作一个普通名词,如张岱年:《中国哲学大纲》,第2页; Lao Sze-Kwang, "On Understanding Chinese Philosophy," p. 291。
② 在关于"哲学"的讨论中使用维特根斯坦的"家族类似"概念,可参见陈来:《关于"哲学"的若干问题浅议》,第23页;陈少明:《重提"中国哲学"的正当性》,第34页;赵景来:《中国哲学的合法性问题研究述要》,第39页;杨海文:《中国哲学的"合法性危机"与重写中国学史》,第10页。劳思光明确地拒绝这种看法,他把哲学定义为与生活有关的思想的反思。参见 Lao Sze-Kwang, "On Understanding Chinese Philosophy," p. 269。
③ 参见 C. Defoort, "Is There Such a Thing as Chinese Philosophy?" pp. 407-409。
④ 劳德反对"家族模型"的主要原因是:"在一个家族内部,有权决定谁可以被收养和谁不能被收养的家族首领通常是西方人,接受的标准是不透明的,也是不公平的。"劳德似乎明白我的这一类比是解决问题的一种方式,可以替代讨论当中的其他观点。但是,这种家族的类比并不是规范性的,而是描述性的,即分析这一不可解决的争论的一个原因。像福柯、德里达这样的"哲学私生子"的成功表明,与劳德所设想的相比,家族的组织结构远远不那么有权,家族成员也不是完全服从家族的头领。但是,对于非白人、非男性的思想家来说,哲学学术领域内的家长式的、随意的排斥的确是一个主要问题,这个事实通过家族模型可以得到很好的理解。

家族的姓氏来说,他的权利是不清楚或是有争议的。就像在许多大家族中一样,收养可能会引起反抗,尤其是当许多外来的主人宣称他们也拥有同一个姓氏时。一些家族的成员只是不想让一个外人采用他们的姓氏,即使他们自己也并不是很清楚他们为什么会拥有这个姓氏。他们的反抗并没有充分的理由,因为不让别人采用他们的姓氏不具有恰当的标准或本质的原因。但是,由于缺乏一个明晰的标准来判定到底什么是哲学,这就使问题变得更加敏感。

因此,一个专名无论多么亲昵(intimate),它同时还保留了一些陌生的因素(extimate)。[①] 在魏思克(Rudi Vicker)看来,它的"无家可归"(unhomeliness)是由于缺少控制:人不能选择它,也不能决定它的含义是什么,不能决定它的权利和义务是什么。姓氏的空洞性(emptiness)所保持的不确定性,不仅在于谁对它拥有权利的问题,而且还在于它所赋予的责任问题。"姓氏总是有一些遗留的义务没有完成,它暗示着某个东西时专属于其持有者的,但是,对于这个姓氏,我们永远知道的不足够多,无法知道这个东西到底是什么,但又知道'太多'以至于忽视这个东西所选的。"人们一定要尊重他们的姓氏,但是姓氏的要求是什么呢?我们执着于一种我们无法企及的东西;我们的根基正在于我们的"无根"的情况。每个主体与他的姓氏的这种被动关系迫使他离开了自己的中心:由此,每个主体"都被一个它无法完全了解的东西、一个它无法摆脱的东西所'附着'(attached),因为这就是他的特殊性"[②]。

我们的中国同行发现他们处在不同的困境当中:尽管他们的学术研究也从他们工作的框架内获得意义,但他们也意识到他们的祖先之一是一个被收养的孩子。[③] 他们知道,即使已经过了一个世纪,西方的哲学家们还是常常不把他们看作拥有等地位的家族成员。因此一些中国学者拒绝收养,他们认为不需要"哲学"这个姓氏也可以进行研究。傅斯年曾经在给顾颉刚的书信中说道:"我不赞成适之先生把记载老子、孔子、墨子等等之书呼作哲学史,中国本没有所谓哲学,多谢上帝,给我们民族这么一个健康的习惯。"[④] 他还认为,德国哲学是"德国语言的恶

---

① R. Visker, *Truth and Singularity: Taking Foucault into Phenomenology*, Dordrecht: Kluwer, 1999, p. 19. 引用了拉康的想法。
② 参见 R. Visker, *Truth and Singularity Taking Foucault into Phenomenology*, pp. 1, 11—13.
③ 李景林、乔清举等学者独立研究了合法性危机的想象中的无家可归的状态,参见李景林:《重建哲学与生活的联系》,第14—18页;乔清举:《西方话语》,第68、70页。
④ 傅斯年:《与顾颉刚论古史书》,《傅斯年集》第四卷,第473页。还参见葛兆光:《七世纪前中国的知识、思想与信仰世界》,上海:复旦大学出版社,1998年,第5页,注2。

习惯"的结果。① 但是，冯友兰、胡适之后的大多数中国学者认为，中国古代的思想家们都属于一个哲学的大家庭。在这些中国学者当中，有一些学者要求或期望这个哲学的大家庭会有所扩大，以便能适应它收养来的孩子。②

另一个区别是，在中国，"哲学"也许比在西方更缺少姓氏的种种属性。它更倾向于一个类名词。由于"哲学"已经成为"中国哲学"这种表述方式的一部分，因此，"哲学"对于"中国"这个名称来说，就失去了一部分敏感性：尽管前者还保留有一些外来的特色，但后者则指示着本土。"中国"要比"哲学"这个词更明显地包含有姓氏的特征：它是一个民族的名称。③ 另外，作为美国人或欧洲人，法国人或中国人，都连带着一种情感，尽管我们并不知道这些名称到底意味着什么。根据对于姓氏的执着，魏思克分析了人们对于民族感情的各种态度，涉及姓氏的特征。为了使非中心的主体重新成为中心，人们有两种相反的反应或企图。前者是一种民族主义（或其他类型的特殊主义），它试图要使一个空洞的名词充满意义。它承认人们都与某种东西相关，相信人们可以完全接近它。满怀自信地说明什么是中国人的本质，就是这样的一个例子。与此相反的另外一种企图与普遍主义（universalism）有关，那种普遍主义将特定的名称视为一种不相关之物，因为它是武断的，并且也不可能把它的独特之处描述出来。普遍主义者反对特殊主义的本质主义主张，强调所谓的中国性（Chineseness）其实并不存在，因此拒绝特殊主义的执着的表述，认为那只不过是民族主义的幻觉。在魏思克看来，这两种企图很普遍，但同时又是错误的。它们都表示人们想要重新获得控制，要消除意识到自己已经被附着于我们的姓氏所产生的不安，也就是意识到我们附着于我们不完全明白的，而且没有主动地选择与它联结在一起的东西。我们永远不用能确定"中国哲学"是否是一个恰当的名称（"正名"），其中的一个原因恰恰是因为它具有专名的某些特征。

---

① 这个说法很像维特根斯坦关于哲学本质的一个很好的说法，即哲学是语言的魔力。参见郑家栋：《"中国哲学史"写作与中国思想传统的现代困境》，第4页，注1。
② 他们注重一种广义的、多元的哲学观，这与当代西方哲学思潮是一致的。参见郑家栋：《"中国哲学"的"合法性"问题》，第1—13页；张祥龙：《"中国哲学"，"道术"还是可道术化的广义哲学？》，第12—13页。
③ 参见 J. F. Lyotard, "Le nom et l'exception," in *Tod des Subjekts?* eds. H. Nagl-Docekal and Helmuth Vetter, München: Oldenbourg Verlag, 1987, p. 51.

五、附着于(中国)哲学

我在这里把"哲学"描述为一种专名,并不是要提出一种关于各种名称的理论,而毋宁说是一种对于执着或附着(attachment)的分析。一种专名——一个人的姓氏或民族——可以被看作某种既敏感又不太有意义的东西的范式,恰如一个人的性别、民族或人种。我们附着于它,但又不知道它到底有什么意义。在一定程度上,"(西方)哲学"和"中国(哲学)"都像姓氏一样在发挥作用。我们属于这些姓氏,正如我们都属于我们的家族或部落。① 这种归属的类型既熟悉又陌生,能够说明问题的敏感性。

家族或部落的第一个特征是,它的一般准则和日常习惯在很大程度上是不言自明的。这种地方性的背景先于并决定对象;对一个外人来说,几乎没有什么事情比这些毫无意义的习惯更能惹怒他了。人们对哲学固有的观点就像习惯一样,很多是在一个特殊的背景之下通过学术训练获得的。许多西方的哲学家们并没有仔细思考哲学的定义,就把中国的诸子百家从哲学中排除出去了。这种拒绝属于哲学活动的背景,而中国对哲学的接受也在很大的程度上居于同样内在的生活当中。令许多中国学者、汉学家和一些西方哲学家们所苦恼的是,由于他们仅仅认定西方的,甚至现代的标准,中国哲学就被从哲学中含蓄地排除出去了。② 所罗门提醒西方人"陷入某种陷阱当中,并被我们自己的历史所湮没",因为哲学"已经变狭隘、压抑以及种族中心主义了",所以,不但其他的文化,就连西方现代以前的历史,都有可能被排除在哲学之外。③

但是,当现代西方学者认真反省哲学含义的时候,如哲学家们偶尔所做的那样,他们往往并不赞同这些隐含的标准,也不同意其他学者的观点。在他们的反省中显示出家族关系的第二个特征,即感情的投入,尤其是自豪。例如,胡塞尔、海德格尔、德里达、德勒兹和瓜塔里,他们都把哲学看作一种部落的活动,一种与他们自己的历

---

① 所罗门(Robert Solomon)要批评西方哲学,他把西方哲学比作一种特殊的部落的成见,而不是一门普遍的学科。

② 例如 Lin Tongqi, H. Rosemont, Jr. and Roger Ames, "Chinese Philosophy: A Philosophical Essay on the 'State of Affairs'," p. 748;李宗桂:《驳"中国无哲学"论》,第48页;陈坚:《中国哲学何以能成立》,第8页;郑家栋:《"中国哲学"的"合法性"问题》,第11页。

③ Robert Solomon, "What is Philosophy?" p. 101.

史有关的特殊的事物。① 即使他们认为哲学在它所追求的目标、主张、兴趣、意义或历史发展方面是普遍的,他们以他们的祖先为荣,令他们着迷的还是古希腊。② 就像中国人对太极拳感到自豪一样,哲学也令他们感到自豪。他们不承认古代的"中国哲学",就像中国人否认古代西方也有太极拳一样。研究中国思想的学者往往对中国的思想传统——不管它是否被称作哲学——比对哲学更加感到自豪。

这种含蓄的种族中心主义和明确的文化自豪感结合在一起,听起来是一个令人很舒服的状态。但是,对于姓氏的类比进一步显示第三个特征,即在自己家族内部的陌生感。属于某个特定的家族或部落不是一个人所能控制得了:它不但是一个既定的、不可选择的事实,而且它的意义在很大程度上也是由别人所决定的。从生命的一开始,人就属于那个家族,他的身份就由家族的其他人来确定。我们不能有意识地、仔细地选择一个特定的家族,这一事实不会削弱家族的联系。相反,有意识选择的家族关系——如婚姻或收养——往往是家族关系中最薄弱的。与这种关系牵涉在一起的感情是复杂的。自豪感只是其中的可能之一。但是,人属于一个部落还有其他的情感,如爱、关怀,但也有难堪、羞耻甚至反抗或罪过。人不能选择他自己成为一个美国人或中国人,不过他仍然感到依附于他的民族:或感到自豪,或感到羞耻,或感到舒适,或感到勉强,或者这些情感都有。

第四,最牢固的一种情感类型也许不是人们与他们所出生的家庭之间的情感,而是与他们自己的子女的情感。尽管今天的父母可以选择是否要孩子,但他们(仍然)不能决定孩子将来会长成什么样子。不管孩子会是什么,父母还是很疼爱他。他们知道,这种情感并不取决于孩子的性格或相貌,而仅仅是因为孩子是他们所生的。既然父母都知道,他们对于子女的情感要比他们所能举出的所有爱护孩子的理由还要深厚,因此他们也就能够接受邻居对于他们孩子的相对的淡漠之情。尽

---

① 德里达见前引。关于胡塞尔和海德格尔的讨论,参见 Wu Xiaoming, "Philosophy, *Philosophia*, and *Zhe-xue*", pp. 427–432. 还参见 G. Deleuze and F. Guattari, *Qu'est-ce que la philosophie?* pp. 82–108. 但是,劳德明确地使用了他们关于哲学的定义来支持他所赞同的"中国哲学"。参见 Rein Raud, "Philosophies vs. Philosophy," p. 9.

② 胡塞尔认为哲学就是对于客观的"知识"本身的追求,因此他认为,其他的古代文化,包括中国文化在内,是不存在哲学的。参见 Husserl, "The Vienna Lecture: Philosophy and the Crisis of European Humanity," in appendix of *The Crisis of European Sciences and Transcendental Phenomenology: an Introduction to Phenomenological Philosophy*, trans. D. Carr, Evanston: Northwestern University Press, 1935, 1970, pp. 279–280. 还可参见 M. Heidegger, *Was ist das—die Philosophie?* p. 13; G. Deleuze and F. Guattari, *Qu'est-ce que la philosophie?* p. 92.

管他们有时也会对他们的自豪感提出许多理由来解释,但他们承认太过分地赞美自己的子女也不礼貌。人可以尊敬他自己的传统,也可以描述它的优点,但不能强迫别人也欣赏、尊重他的传统。在这个问题上,经常也会出现论证的失败。过分自信地宣称中国哲学的特质,强调中国哲学在世界上的绝对优越地位,不仅不太礼貌,而且也表明他不能承受魏思克所谓的"去中心化"(de-centered)的尴尬处境。①吊诡的是,更温和与尝试性的反思意味着对这种处境更加自信的接受。②

第五,由于缺少对感情附着的控制和论证的限制,家族关系的另一个特征是不可能有完全的理解。德勒兹和瓜塔里关于哲学本质的反省的时候,很明显地反对一种过于急躁的态度,即当"人们不住地询问这个问题,但是又太间接或太拐弯抹角,太造作,太抽象;人们揭示它,控制它,人们从它身边经过,但却没有留下什么深刻的印象,人们太急切,所以不能做哲学,因此他也没有反问自己什么是哲学"。他们所做的反省并不是像年轻人那样过于自信,而是当他上了年纪,在半夜,他突然感到很迷惑:"我这一辈子究竟做了些什么呢?"③ 也许是因为在法语当中,"philosophie"是一个阴性词,所以作者的态度使人想到一个充满爱情的丈夫,他在经过了几十年的婚姻生活之后,仍然对妻子的独特个性感到惊奇,对他最亲密的伴侣感到神秘。当人们真正试图看穿哲学的神秘之处的时候,哲学也就随之失去了她透明的面纱。在德里达看来,哲学从来也不是一个被给予的事实,尽管哲学产生于我们这片土地之上,但它仍然保留有一些外来的特征:"在她的希腊名字之下,在她的欧洲记忆当中,她总是一个私生子,一个混血儿,嫁接的,多线的,多种语言的……"④ 我们只是在注释或前言当中讲到哲学的简明定义和一般的说法,这种关于哲学的定义并不表明对哲学已经很熟悉了。

最后,我们常常会忘记,"philo-sophia"是"爱""智"。这种"爱"并不总是像人们一生深爱他们的伴侣那样天真,"爱"有时会让哲学家变得对其他人嫉妒、变化无常以及不公平。尽管"爱智"——在汉语的新词当中并没关注这种对哲学的

---

① 中国学者关于中国哲学优于西方哲学的讨论太多,在这出不能详引。我只举出冯友兰、牟宗三、梁漱溟、张岱年等人的著作。参见 E. Ryden and C. Defoort eds., "The Importance of Daoism," in *Contemporary Chinese Thought*, 30(1), 1998, pp. 3-6。
② 如冯友兰:《中国哲学简史》,第1—6页;胡适:《先秦名学史》,第6—10页;Lao Sze-kwang, "On Understanding Chinese Philosophy," pp. 265-271。
③ G. Deleuze and F. Guattari, *Qu'est-ce que la philosophie?* p. 7.
④ J. Derrida, *Le droit à la philosophy du point de vue cosmopolitique*, Verdier: Editions Unesco, 1997, pp. 1, 33.

"爱"①——一般被理解为一种对智慧的不断探求或某种快乐的思考形式，但它也会成为一种痛苦的竞争和不公平的排斥的渊源。②人们很容易就可以看出汗牛充栋的中国典籍对一般的西方教授所构成的危险，这些西方教授永远也不可能掌握如此困难的文字。就像一个忌妒的丈夫一样，他并不需要认识中国这个竞争对手，就把他给拒之门外了。伍晓明在更具哲学意义的层次上分析了这种排斥的结构："哲学与那个努力在化约，但其实是不可化约的他者之间的关系。"③西方哲学的目标就是通过排斥他者——中国——来确定自己的身份。中国思想被描述为是非哲学的，是哲学的限度，是真正的他者。哲学作为"从它自身获取它的名字的唯一的话语"④，因此，它再次占有了那个被排斥了的他者。

我在上文所分析的与"中国"和"哲学"相关的六个家族特征，即隐含的规则、狭隘的自豪感、缺少控制、论证的局限、缺少知识，以及忌妒，这些只是问题的一个侧面。一方面，在这个问题上，关于自豪感、身份认同和承认的作用还有许多可以研究，但另一方面，中国哲学的合法性问题又不能简化为此。当然，正如劳德和许多当代中国学者所提出的那样，理性的讨论和史料依然具有现实意义，只要人们尊重它们的限制和范围。对于这个问题，不同意见的沉默，讨论相对的没有效率，以及感情的投入，这些都表明，还有更重要的事情被忽略了：这就是一个我们永远无法接近的事物之下的令人不安的尴尬处境。尽管不断增加的文化交往使中西方的学者之间彼此不断熟悉，由此也许——当然不是必然地——彼此之间能够更好地理解和欣赏，但是，就像人们对他们自己的子女一样，这里还是有一些与部族习惯相关的东西。认识到我们彼此之间为什么不能完全理解，这或许可以稍为弥补我们之间缺少的完全理解。

（作者单位：比利时荷语天主教鲁汶大学汉学系）

---

① 钟少华：《清末中国人对于"哲学"的追求》，第188页。德勒兹和瓜塔里认为，这种"爱"的缺失是西方哲学和东方智慧之间的一个重要区别。参见 G. Deleuze and F. Guattari, *Qu'est-ce que la philosophie?* p. 92.
② 德勒兹和瓜塔里在一些谈论中提出了这种对"爱"的理解（不定是情色的）。参见 G. Deleuze and F. Guattari, *Qu'est-ce que la philosophie?* pp. 14–15.
③ Wu Xiaoming, "Philosophy, *Philosophia*, and *Zhe-xue*," p. 409.
④ Wu Xiaoming, "Philosophy, *Philosophia*, and *Zhe-xue*," p. 431.

莱布尼茨对是否有中国哲学的讨论*

方岚生 著
唐清威 陈稼丰 译

我们这些被看成是哲学家,且想要了解并弘扬中国传统思想的人不得不回答这样一个问题——中国哲学是否存在?虽然这个问题亟待回答,但此需要却只是老生常谈,没有新意。对此问题的解答已有相当长的历史,但其答案却随着该问题的意义和重要性的改变而改变。本篇论文所关心的并非论证出该问题的答案,而是聚焦于近代欧洲哲学家莱布尼茨,借此考察这个问题的历史。但在细说莱布尼茨之前,我们必须阐明这个问题的复杂性,因为它实际包含了三个问题。最明显不过的是,这个问题是关于中国的——他们在那做过些什么?从一个历史的角度来说,问题的答案取决于当时对中国的了解。但事实上,这与如何回答总的问题关联最小。一个更加根本的问题是:什么是哲学?我们只有在定义了什么是哲学之后才能回答中国是否有哲学这个问题。虽然哲学家们有时表现得似乎可先验地(priori)定义哲学,但是"哲学"是在非常具体的语境产生的——它被用来标记人类行为和社会实践。因此,对其他文化中哲学问题之历史的考量必须注意到哲学概念本身的变化。①不过即便如此,也还没有触碰到这个问题的核心,而那些断言中国有哲学或中国没有哲学的人也仅仅认真考察了这些问题中的一个。事实上,这个问题几乎仅仅在一个情境里被提出来,即包容与排除的权力。故这个问题最终是一个权力的问题,从谁

---

* 本文的英文修改版参见 Franklin Perkins, "Leibniz on the Existence of Philosophy in China," in *China in the German Enlightenment*, ed. Bettina Brandt and Daniel Leonhard Purdy, Toronto: University of Toronto Press, 2016, pp. 60–79. 本文根据英文版的早期版本译出。本期主编白彤东根据英文版对一些(而非全部)有问题的表达略作修改。

① 这点参见 Robert Bernasconi, "Philosophy's Paradoxical Parochialism," in *Readings of Cultural Imperialism: Edward Said and the Gravity of History*, eds. Keith Ansell-Pearson, Benita Parry and Judith Squires, New York: St. Martin's Press, 1997, pp. 212–226。

该被雇用、哪些论文该被发表、哪些课程该被提供或者必修这样的问题里产生出来。这些权力的利益会随时间的改变而改变,他们存在于不同的水平上:国家、精英、特殊的机构如大学,以及个人。因此,有关欧洲之外哲学的历史必须涵盖到三个维度:即其他文化之中的有效信息、所用的哲学的概念,以及各种各样利益攸关的权力及其利益。在这篇论文中,我会关注第二个问题——哲学的定义——并且以其标准是如何随着利益和关注点的变化而变化的,来作为我的结论。

哲学家们常常会用一种十分幼稚且与历史无关的方式去处理"什么是哲学"这样的问题,似乎"哲学"以及和它相匹配的"宗教"可以被先验地定义。事实上,这两个词都有具体的语境,用来标记人类的某些行为和社会实践。这些标签在指出某些确定实践的同时,也将实践划清界限并分门别类。从这个角度看,显然社会实践和关注点发生改变的时候,哲学的概念也在改变。哲学和宗教往往被看成客观实在而非文化建构,但我们知道这并未被普遍认可。如我们所知,哲学和宗教这两个术语是先被引入日本,再由日本传入中国,用来翻译西方的"philosophy"和"religion"这两个术语,但引入之时它们的区别缺失了。但是很少有人指出,我们现在所致的哲学和宗教的区别,于19世纪才出现在欧洲,只比其在日本出现要早一点而已。当然,这两个术语历史悠久,哲学一词来自希腊语"*philosophia*",而宗教一词来自拉丁文"*religio*"。不过,它们的含义在19世纪发生了根本性的变化。这些变化很大程度上颠倒了这两个词的跨文化运用,导致了今天排他性的"哲学"概念,以及多元化的"宗教"概念。①

在这篇论文中,我将致力于讨论哲学含义的变化是如何排斥了其他文化这一点。在18世纪下半叶之前,人们都非常肯定地认为哲学存在于欧洲以外的文化之中。第一本用欧洲语言翻译的中国著作于1687年出版,译名为"*Confucius Sinarum Philosophus*",也就是《孔子,中国的哲学家》(*Confucius, Philosopher of China*)。虽然这些翻译存在争议,但争议之处与把孔子叫作哲学家这一点无关。② 莱布尼茨经

---

① 这个在宗教概念上的转变已经有了很好的研究并且和哲学领域形成了很有趣的对比(哲学概念的转变似乎一直被忽视),如参见 Tomoko Masuzawa, *The Invention of World Religions, Or, How European Universalism was Preserved in the Language of Pluralism*, Chicago: University of Chicago Press, 2005。
② 中国儒家文人被标记为哲学家的路要追溯到第一个在中国成功工作的欧洲传教士利玛窦(Matteo Ricci),他一贯地把中国文人引用为"哲学家们"。如参见 Matteo Ricc, *China in the Sixteenth Century: The Journals of Matteo Ricci, 1583—1610*, Louis Gallagher trans., New York: Random House, 1953, p. 58。

常提到中国哲学以及中国的哲学家；而沃尔夫（Christian Wolff）关于中国思想的主要著作名为《论中国的实践哲学》（*Oratio de Sinarum philosophia practica*）。另外，斯宾诺莎在一份信件的评论中暗示，欧洲以外存在哲学这一点是确定无疑的。阿尔伯特·博格（Albert Burgh）在1675年9月给斯宾诺莎的信中曾写道，其实斯宾诺莎自己不懂他自己哲学的真谛，因为他没有与其他哲学做过比较：

> 暂不提未来可能出现的哲学观点，但您有没有审视过古代抑或现代在印度及世界其他地方所传授的哲学观点？①

斯宾诺莎回信说，他认为这样的比较是无用的——真理通过自身显现而不需要通过比较——但是他并没有质疑哲学存在于印度及世界其他地方这样的假设。② 另外一个文本出版于1707年，由批评中国的尼克拉斯·马勒伯朗士（Nicolas Malebranche）所写，其题目是《一个基督教哲学家与一个中国哲学家间关于上帝的存在与本质的对话》（*Entretien d'un philosophe chrétien et d'un philosophe chinois, sur l'existence et la nature de Dieu*）。从某种程度上说，对话中的中国哲学家其实是斯宾诺莎的化身，其最终也被马勒伯朗士不同寻常的基督教理论所说服。但马勒伯朗士本人却也从未质疑过文中的那位中国的对话者是一位哲学家这一点。我将在此处讨论的是，哲学本身在当时如此广泛的包容性，不仅折射出它对其他文化更大的尊重，更折射出当时与众不同的哲学概念。我们在莱布尼茨的作品中能更清楚地看出这一点，因为他对中国哲学有着非常详尽的讨论。

最让人震惊的是，莱布尼茨多次提到了中国哲学，并与欧洲哲学进行了对比，这一显现出来的差异后来竟被用作把中国哲学拒之门外的理由：欧洲哲学善于理论反思，而中国哲学则善于实践观察和伦理规则。如莱布尼茨在其《中国近事》（*Novissima Sinica*）一书的前言之中所说：在艺术和实用技能上，欧洲和中国不分伯仲，而在知识的深奥程度和学科理论上，欧洲技高一筹。他写道：

---

① Spinoza, *Epistolae Doctorum Quorundam Virorum Ad B.D.S. Et Auctoris Responsiones*, 67, 以下简称Ep; Spinoza, *Letters*, Samuel Shirley trans., Indianapolis: Hackett, 1995, p. 303（方岚生对译文有修改）; Ep 76; Spinoza, *Letters*, p. 342.

② Ep 76; Spinoza, *Letters*, p. 342.

莱布尼茨对是否有中国哲学的讨论

除了逻辑、数学,以及对无形之物(things incorporeal)的理解这些我们所独到的领域外,对于那些从物质中抽象出来之概念的理解,也就是在数学的事物中,比如在中国的天文学和我们的竞争中展示出来的真理中,我们都更出色。中国人对伟大的心灵之光(great light of the mind)、论证的艺术是无知的,他们偏安一隅地享受着一种经验几何,而这样的能力连我们的工匠们都普遍拥有。①

在另外一段中,莱布尼茨认为中国在科学上追求卓越的失败恰恰就是因为他们缺失几何学。他补充道,除了几何学外,欧洲人拥有的"第一哲学"赋予了"理解力,甚至是对于无形之物的理解"②。中国人的理论缺乏精确性的观点在莱布尼茨对中国的讨论中多次出现。比如,他说中国人更容易学习欧洲人,因为欧洲的知识是公众的,并且更多的由理性构成,而中国的知识却是基于经验、按照传统由专门的人代代相传。③莱布尼茨也在其他地方提到欧洲人获益于他们使用逻辑、批判性思维、数学,以及更精确的表达方式。因此,他告诉我们,我们根本不用惊讶于他能够找到《易经》中卦辞"真实"的意义(the "true" meaning of the hexagrams of the Yijing),虽然这些意义在中国人自己那里都已经失传了。④

欧洲人娴熟于理智(reason),而中国人善于实践,这样的区分后来在摒弃中国哲学的时候引起了共鸣。如康德那著名的阐述中说,中国人有好的道德规范来引导行为,但全然缺乏"仁德的'概念'(Begriff)"⑤。在这样的观点下,中国人被逐出哲学界也不足为奇了。然而在莱布尼茨对这些区别的论述中最为重要的是,他承认中国人所拥有的还是叫作"哲学"。他一次又一次提到"中国哲学",而当他说到欧洲哲学的时候,他总是说"我们的哲学家",暗示还有其他的哲学家。他把孔子、朱熹,以及传说中的伏羲都叫作哲学家,并且他始终把那本明代收集的儒家材料

---

① Leibniz, *Novissima Sinica*, p. 2; trans. Donald Lach, in Daniel Cook and Henry Rosemont Jr., *Writings on China*, Chincago: Open Court, 1994, p. 46.

② Leibniz, *Novissima Sinica*, p. 9; *Writings on China*, p. 50.

③ Leibniz, "Leibniz to Bouvet, 18 May 1703," in *Leibniz Korrespondiert mit China*, Rita Widmaier ed., Frankfurt: V. Klostermann, 1990, p. 179.

④ Leibniz, *Novissima Sinica*, p. 68; *Writings on China*, pp. 132–133.

⑤ Helmut von Glasenapp, *Kant und die Religionen des Osten*, Kitzingen-Main: Holzner Verlag, 1954, pp. 103–104. 格拉泽纳普(Glasenapp)引用了 Ms. 2599,它包括普特利希(Christian Friedrich Puttlich)的大概是1785年的讲座笔记。

《性理大全书》叫作"哲学汇编"或者是他们的"哲学大全"。即便中国人真的缺少精确的表达方式、艺术的论证,且最多是对无形之物的了解很微弱,但什么才是中国哲学呢?在莱布尼茨指出欧洲人长处的那一段中,我们能够找到部分答案。他继续比较道:

> 虽然我们认为我们的行为每个方面都遥遥领先,但又有谁能想到,这世界上还会有这样一个民族在理解公民生活的准则上超过了我们?随着对中国人了解的深入,我们逐渐在他们身上看到了这一点。所以如果我们在工业技艺上与他们不分伯仲,在科学冥思上胜过他们,那么他们无疑在哲学实践上,即那些按照人类当前的生活和运用调适过的伦理和政治的规范上,超过了我们(尽管我们羞于承认这一点)。①

莱布尼茨总结道,如果欧洲人没有基督教,那么一个研究人群之优秀与否的专家会不得不认为中国人更优秀。②

我们必须注意的是,莱布尼茨评论中国是有其目的的,即批评和羞辱欧洲人,像他所说的中国人[的伦理和政治规范]已经很好地在大众中实现,而欧洲人的宗教准则还没有在他们自己中间完全推行。③不管这个赞美是否夸张,都不能减弱这样一个事实,莱布尼茨所设想的欧洲的"哲学"和中国的"实践"间的交流,事实上是两种哲学之间的交流:以"第一哲学"换取"实践哲学"。实践哲学由什么构成呢?莱布尼茨这里把它解释为一种规则和政治形式,用来处理常人们的实际情况。他在接下来的两段中对此进行了详尽的阐述并给出了例子。中国的法律出色地指导建立公共和谐与秩序。④中国人服从上级,尊敬长者,孝敬父母。⑤中国农民和雇工彼此尊重和亲近,甚至超过了最文明的欧洲人。⑥中国人从来不冒犯对方,"他们很少表现出憎恨、愤怒和激动"⑦。莱布尼茨总结道,恶是普遍的,至善的美德需要

---

① Leibniz, *Novissima Sinica*, p. 3; *Writings on China*, pp. 46–47.
② Leibniz, *Novissima Sinica*, p. 10; *Writings on China*, p. 51.
③ Leibniz, *Novissima Sinica*, p. 4; *Writings on China*, p. 47.
④ Leibniz, *Novissima Sinica*, p. 3; *Writings on China*, pp. 46–47.
⑤ Leibniz, *Novissima Sinica*, p. 4; *Writings on China*, p. 47.
⑥ Leibniz, *Novissima Sinica*, p. 4; *Writings on China*, p. 47.
⑦ Leibniz, *Novissima Sinica*, p. 4; *Writings on China*, p. 47.

恩典和启示（grace and revelation），但是中国人仍然设法"调和恶的苦果"并且"控制恶的疯狂增长"。①

从当代的视角看，当莱布尼茨把那些都称为哲学的时候，我们就很难对其严肃地对待了。不过，这一论断的奇怪，恰恰展示了"哲学"这个词的意义是如何发生改变的。他仍然认为明智地生活是作为一个哲学家的意义的一部分，在一封给传教士白晋（Joachim Bouvet）的信中，莱布尼茨把这种生活方式称为真实的实践哲学：

> 真实的实践哲学（真实，而非模拟的哲学，如他们所说的我们的罗马法［Roman Juresconsults］）在于人们在教育、对话和社交中良好的秩序，而不是在于美德与权利的清规戒律。②

这样的阐述支持了皮埃尔·阿多（Pierre Hadot）的观点，即传统意义上的哲学作为一种生活方式在现代的早期仍然存在。③ 对于现代早期的哲学家，我们选择性的关注使得我们趋向于掩盖他们思想的一些要素。不过，我们仅仅需要考察笛卡尔写的《灵魂的激情》（The Passions of the Soul）和斯宾诺莎作为他主要著作的《伦理学》（Ethics）④ 就能看出其中的端倪。

明智地生活的哲学家这一概念也有政治尺度。莱布尼茨赞美中国人的伦理，是从他们生活中的律法和风俗的角度。这些本是哲人王如伏羲和哲学家的老师如孔子来设计的，基督徒沃尔夫后来写了一篇关于哲学王之理想的文章，他就把中国作为最好的例子。莱布尼茨通过对清朝康熙皇帝的描写顺理成章地完满了对中国实践哲学的赞扬。令莱布尼茨惊奇的是，尽管康熙皇帝的权力是绝对的，"但他在道德和智慧的传统习俗的教育下，是用一种对法律和提出建议的智者都非常尊重

---

① Leibniz, *Novissima Sinica*, p. 5; *Writings on China*, p. 48.
② Leibniz, "Leibniz to Bouvet, 2 Dec. 1697," in *Leibniz Korrespondiert mit China*.
③ Pierre Hadot, *What is Ancient Philosophy?* trans. Michael Chase, Cambridge: Belknap Press of Harvard University Press, 2002, pp. 263–270.
④ 在《灵魂的激情》（*The Passions of the Soul*）一书中，笛卡尔澄清了他的优先次序："理智首要的作用是在于教我们控制我们的感情，教我们控制它们的技巧，使得它们引起的邪恶是可以忍受的，甚至使之成为快乐的一种来源。"（*The Philosophical Writings of Descartes*, John Cottingham, Robert Stoothoff, trans. and ed. Dugald Murdoch, Cambridge: Cambridge University Press, 1994, vol. 2, p. 404）

的方式来统治他的臣民的"①。在这个段落里，我们看到哲学家的另一个理想——成为一个能给君王提建议和教育君王的"智者"。虽然莱布尼茨几乎没有说过他和他的汉诺威（Hannover）赞助人之间是否扮演着这样的角色，但是很难说看不到他建立这种哲学家理想的企图——成为一个政治顾问，甚至也许是指今天我们所说的"公共知识分子"。

由于莱布尼茨的理性主义，"第一哲学"和"实践哲学"并不能完全割裂。他在《中国近事》这本书的序言中就试图把二者连接起来：

> 几何学现在不应该被看作是工匠的领域，而是哲学家的领域；由于美德源于智慧，而智慧的精神源于真理，因而那些去考查几何学证明的人已经认识到永恒真理的本性，并且能够从不确定中看到必然。②

鉴于理性和美德的联系，中国哲学不能减少到仅仅是良好的行为那么简单。莱布尼茨在另一个关于中国和欧洲间交流的重要描述中说得很清楚：中国应该派遣传教士去欧洲教自然神学（natural theology），就像欧洲应该派遣传教士去中国教天启神学（revealed theology）那样。③ 在现代的早期，"自然神学"和"哲学"这两个术语几乎是可以互换的。在名为《论中国人的自然神学》（Discourse on the Natural Theology of the Chinese）一文中关于中国思想的重要章节里，莱布尼茨两次鉴别了这两个术语。他详细地分析了儒家的形而上学，且并不认为中国人不能够拥有理性。相反，莱布尼茨说中国自然神学的老师们将会是"理性的传教士"④。他把需要中国人把理性带入欧洲的观点也写进了《中国近事》一书的序言中。他认为，欧洲人在伦理上比中国人差，因为欧洲人"不能够习惯于按照理性和规则行事"⑤。

这样的比较暗示了莱布尼茨把中国看成哲学的国土，而欧洲被宗教所主宰。不过他关于欧洲和中国与自然神学的关系的观点即使不是矛盾，也要更加复杂。在《论中国人的自然神学》一文中，莱布尼茨推崇并捍卫了中国自然神学，我们来

---

① Leibniz, *Novissima Sinica*, p. 6; *Writings on China*, p. 48.
② Leibniz, *Novissima Sinica*, p. 9; *Writings on China*, p. 50.
③ Leibniz, *Novissima Sinica*, p. 10; *Writings on China*, p. 51.
④ Leibniz, *Die Werke von Leibniz*, ed. Onno Klopp, Hannover, 1864—1884, vol. 1, vi, 3, p. 301.
⑤ Leibniz, *Novissima Sinica*, p. 4; *Writings on China*, p. 47.

看看他辩护的观点:

> 我们所说的人的理性之光,他们叫作天的律法。我们所说的遵从正义的内心满足和违背正义的恐惧,中国人(也包括我们)称为上帝(Xangti, Shàngdì)的启示(这里是指真正的上帝)。对天的冒犯就是对理性的违背,向天祈求宽恕是改过自新,这也是通过语言和行动的服从对理性律法的一种真诚的回报。对我而言,我发现这些非常的优越,非常的符合自然神学……它将我们心中刻下的自然法则赋予了新的活力,从这个意义上说,它是纯粹的基督教——除了完善我们本性的启示和恩典之外。①

因此,对中国自然神学最根本的辩护是,它与欧洲相同。在这个层面上,可以明确的是,欧洲没什么可学的而只是设置了标准。事实上,莱布尼茨认为中国在自然神学的表达上不够清晰和系统,缺乏精确的表达形式和艺术的证明。而现代② 中国人中有学问的已经完全失去了这些,它完全落入一个接近斯宾诺莎或斯多葛派的立场(但应当指出,这些人肯定会被称为哲学家的)。

在这种情况下,需要中国人来教授自然神学的说法须在某种特殊的意义上来看待。③ 莱布尼茨在给选侯夫人索菲(Electress Sophie)的两封信中充分地表达的他的意思。第一封信,写于1697年9月10日,重申了他提出的中国人作为自然神学传教士的说法,不过,他在这封信中明确指出了以基督教派系冲突为中心的欧洲的道德失败。莱布尼茨指出的这些冲突的基础是于自然神学界所建立的核心真理(上帝的存在、上帝的完满性,以及来世的正义)而言,那些边缘性的教义的不同解释。莱布尼茨在此有所暗示,即中国没有显示出如三位一体那样的困惑,便少有诱惑使琐事掩盖自然神学的基本真理。第二封信,写于将近十年后的1709年4月,信中充实了他的观点,包括中国人当理性传教士的说法。他继续解释道:"宗教的理性是永恒的,并且上帝已经把它刻在我们的心里,[但是]我们的堕落遮蔽了它。"④

---

① Leibniz, *Discourse on the Natural Theology of the Chinese*, ed. D. J. Cook and H. Rosemont, §31, p. 105.
② 意指莱布尼茨的时代。——译者注
③ 关于这些信件更多信息的讨论参见 Franklin Perkins, *Leibniz and China: A Commerce of Light*, Cambridge: Cambridge University Press, 2005, pp. 146-157。
④ Leibniz, *Die Werke von Leibniz*, vol. 1, ix, 3, p. 301.

此处我们看到一种恶性循环——我们的弱点遮蔽了理性,同时对理性的缺乏使我们的道德更加薄弱。莱布尼茨认为,中国已经发展出最有效的方法来限制这种道德缺失,这种能力与他们成为哲学家和"理性的传教士"密不可分。

然而,所有的这些如何调和?莱布尼茨把哲学设想为一个统一体,围绕着数学的抽象真理、逻辑和形而上学,通过政治和伦理的一般性原则,最终成善成德。如关心和尊重他人,把自己从恼火和愤怒中解脱出来。所有的这些都是哲学的范围。从某种程度上说,莱布尼茨在考虑欧洲和中国的哲学时是涵盖所有的这些范围的。中国哲学具有一些系统的形而上学,当然莱布尼茨也会说欧洲人至少在成德上是有一点成就的。尽管如此,中国人在生活的聪慧上比欧洲人要强,而欧洲人在抽象的理论分析上要走得更远一些。这也许是关于中国和欧洲交流争论最根本的意义:整个哲学的可能性从抽象的分析一直下降到生活的明智而有道德。莱布尼茨把康熙皇帝看作一个成功的集大成者,这给了我们一些暗示。这位皇帝的卓越不仅仅是他对民众的公正和慈爱,以及他克己和热爱学习的精神。① 这位热爱学习的皇帝向传教士南怀仁(Ferdinand Verbiest)学习几何学和三角学。莱布尼茨告诉我们,这是在一个中国人的正常教育之外,还求索了"几乎超出了一个人个人能力的学科知识"。莱布尼茨把康熙皇帝融合了中欧文化看成他有卓越判断力的原因,这使他上升到了其他中国人之上,就像一个具有把欧洲的塔尖放置在埃及金字塔顶端那样高度的人。②

有一个关键点必须再次注意,哲学并不能被分割为相区别的两部分,即实践的和理论的。他们实际上是一个共同核心的两个延展的部分,根植于人类生活中对理性的运用。在莱布尼茨看来(与康德和黑格尔相反),哲学和理性的核心不再等同于理论的准确性和抽象性,而是明智的生活;而理性存在于这两者之中。为澄清关于理性的这一观点,我们可以将其放到莱布尼茨哲学更宽泛的两个方面来看,即两者都与不同思想文化的统一性和多样性有关。第一点是他假设所有人类都具有理性的本能。这种本能表达的是所有人类共有的先天观念。其基础在于矛盾律和充足理由律,这两者被称为是人类思想的肌肉和肌腱:"这些基本原则参与到我们的思想中,作为思想的内核和砖瓦。即使我们并没有意识到它们,但他们对于思想

---

① Leibniz, *Novissima Sinica*, p. 7; *Writings on China*, p. 49.
② Leibniz, *Novissima Sinica*, p. 7; *Writings on China*, p. 49.

是必须的,就像肌肉和肌腱之于行走。"①

尽管这些原则在形式逻辑关系上的明晰是哲学发展的重要一步,但这远不如我们已经运用这些原则去理解这个世界的事实重要。莱布尼茨在《论中国人的自然神学》一文中对中国哲学的分析屡次依赖于这一共通性,正是这一点使其根本上能够假想与中国的哲学家们进行对话。我们能在某些他所设想的与一个中国哲学家的争辩之中看到这一点,我们也把它看成一种诠释的策略。例如,当利安当(Antoine de Sainte-Marie)认为中国人从原初质料(prime matter)中生出秩序,莱布尼茨认为这种解释一定是错误的,因为中国人不可能"这样愚蠢或荒谬"②。

另一方面,莱布尼茨认为人类的知识总是有限的和视域性的(perspectival)。如果不是从一个有限的观点出发我们不可能认识整个世界。就连时间和空间都仅仅是有充分根据的现象,表达的是一个不可及的单子的世界,这些单子是无实体的、永远互不影响的。人类总是在媒介物间(in media res)、在事物间推理。但我们从特定呈现的情境向越来越伟大的知识进步,我们对世界的分析可以向任何方向无限延伸,永远不会终止或者有绝对的基础。甚至天使也有更多的需要学习。③ 虽然莱布尼茨认为有些文明相比其他文明拥有更多的知识——就像中国和欧洲就是"人类文明和高雅"④的典范,但也没有什么视角是完备的。这使莱布尼茨的哲学拥有内在的多元性,并且为对话和交流创造了必要性。因此,将欧洲哲学和中国哲学之对立的综合,看成导向一个最终的、完备的系统的观点是错误的。这种综合仅仅会为更深的问题和困难的出现提供新的基础。

我希望我已经说明白了这点,即莱布尼茨对中国哲学的认识取决于他的哲学观点,同样也取决于他对中国的了解。我仍然不能确定这种哲学观改变的具体细节,但是起决定性作用的必然是黑格尔,特别是他那关于哲学史的讲座。关于这些讲座的介绍极其重要,因为他为一种新的哲学的定义而辩,而后运用这些定义排斥了欧洲以外的文化。虽然关于黑格尔的思想不属于这篇文章的讨论范围,但我还是要简要的指出几点。黑格尔特别赞成一种科学的(scientific)哲学概念。为论证

---

① Leibniz, *New Essays on the Human Understanding*, trans. Peter Remnant and Jonathon Bennett, Cambridge: Cambridge University Press, 1981, vol. 1, i, 20, p. 84.
② Leibniz, *Discourse on the Natural Theology of the Chinese*, §12, p. 85.
③ Leibniz, *New Essays on the Human Understanding*, vol. 4, xvii, 16, p. 490.
④ Leibniz, *Novissima Sinica*, p. 1; *Writings on China*, p. 45.

这一观点，他坚决地与早期希腊罗马式的认为哲学是一种生活方式或政治约定的观点决裂。但这并不是说黑格尔不关心政治参与和明智的生活，也并不是说他认为这些与哲学无关。哲学对于这些都极其重要，但仍然是明显不同的。黑格尔认为科学是"自由理性的精神世界"，而不是"政治或日常生活中的其他事务"。①因此，黑格尔认为哲学家的实际生活与哲学史无关，哲学史只应该记录思想的必然发展。②这种观点与希腊罗马式的观点截然相反，在希腊罗马式观点中，哲学被认为是一种生活的方式和政治社会世界的参与，所以哲学家如何生活显得非常的重要。③也许最重要的讨论是黑格尔尝试去区分哲学与他所谓的"大众哲学"（popular philosophy，以西塞罗为代表）。黑格尔阐释说，之所以"大众哲学"不能称为真正的哲学，是因为其假设了人类的状况：

> 大众哲学根源于心中，冲动、能力、我们自然的存在、自我对是非及上帝的感知；这些内容是处于一种仅与自然有关的形式上。④

我们可以认为这是对莱布尼茨的哲学概念，即必然要处于媒介物间的否定。和莱布尼茨一样，黑格尔认为"理性的直觉"是存在的，但是只要这种理性仅仅是隐含的就不能称之为哲学。⑤

作为结尾，我想转向我所提到过的，关于中国哲学存在与否的问题的第三个方面，即利益和权力。需要注意的是，莱布尼茨写作之时正处于哲学区别于宗教的可能性都尚在质疑之中的时代。事实上，这种哲学和宗教的区别仍然被认为是更像"自然神学"和"天启神学"之间的区别；而从一开始，自然神学就与其他文化的思想联系在一起。阿奎那（Aquinas）就介绍过它们的区别，不过是为了解释为什么像

---

① Hegel, *Lectures on the History of Philosophy*, trans. and eds. E. S. Haldane and Frances Simson vol. 1, p. 12.
② 黑格尔说："历史事件和行动因此只是品格和个性没有在任何大的程度上进入其内容和实质之中。"（Hegel, *Lectures on the History of Philosophy*, vol. 1, p. 1）
③ 我们看到最生动的第欧根尼·拉尔修（Diogenes Laertius）的《名哲言行录》（*Lives of Eminent Philosophers*），从现代的观点来看，它甚至不会被看成属于"哲学史"的类型。
④ Hegel, *Lectures on the History of Philosophy*, vol. 1, p. 93.
⑤ Hegel, *Lectures on the History of Philosophy*, vol. 1, pp. 82-83.因此黑格尔排斥了发现于印度宗教、诗歌、哲学的哲学思想，因为"这样的反映只是偶然的出现，他们不会被看作合理的哲学的表达而被接受，哲学只有在思想本身被做成绝对的基础和任何其他事物的根基的时候才出现，可这些代表的模式并非如此"（Hegel, *Lectures on the History of Philosophy*, vol. 1, p. 90）。

亚里士多德——阿奎那简单地称其为"哲学家"——这样的异教徒能够在没有神启（revelation）的帮助下说出那么多关于神性、人性和道德的真理。答案是我们与生俱来的能力允许我们得知这些真理。尽管阿奎那谨慎地把自然神学定义为为揭示神学而服务，这种人类不需神谕而能够得知真理的能力后来被欧洲人用于证明哲学存在的可能性。考虑到这一根源，下面的事就不会奇怪了，哲学家们着手于宣布从天启神学中独立出来，并呼吁普遍的理性，而且假设人类的其他文明也同样拥有哲学。在这个背景下，其他文明同样拥有哲学的这个假设，就不是哲学导向普遍性的结果，而是它的可能性的一个前提。

到黑格尔时代，哲学和宗教间的分裂就确立了。哲学和普遍性的关联仍然存在，但是普遍性被看成欧洲哲学的一项成就，与其他文明没有哲学这一事实毫不排斥。事实上，黑格尔将早期的讨论从理性的普遍性转移到了哲学的可能性上。在黑格尔看来，只有一种方法能使哲学的普遍性与事实上哲学的多样性相协调——超越时间、跨越文化的——那就是哲学能否仅仅从一个地方出发而达到它的完全明晰（explicit）的形式。[①]在哲学的地位从实际上的理性的普遍性中解放出来的同时，欧洲霸权的政治经济的重要性变得越来越明晰，这强烈地刺激了欧洲任何一个学科优越性的合理化。这些变化——反映将露骨的种族主义融入哲学——很大程度上解释了对中国态度的转变。还需要说明的是哲学存在的合理性仍然面临挑战，但来自不同的方面，即学术界的需求。大学结构的变化要求哲学将其自己塑造为一种科学。简言之，要创造一个科学的学科，导向明智的生活或训练大众成为知识分子和政治顾问，这些都会很困难，但这恰巧是莱布尼茨和沃尔夫所称赞的中国的"实践哲学"，也正是大多数古代中国"哲学家"曾试图去做的。

我们仍处在这种变化的遗迹之中，并且它是我们将"哲学"这个标签用在现代以前之中国的最大障碍。即便如此，通过揭示这种变化的历史，我们至少能够看到现在这个排他性的哲学概念是多么的"现代"。一方面，我们曾经承认，我们也必须承认"哲学"这一概念可以被再次修正。当然，自黑格尔以来，这个世界的状况已经变化得足够多，使得可以去证明一个更适应当下世界现状的哲学定义。另一方面，我们对哲学概念史实的关注打开了一个重要的批判空间。这不仅仅包括现

[①] Hegel, *Lectures on the History of Philosophy*, vol. 1, pp. 39-41.

代哲学概念的产生是如何与欧洲帝国主义和种族主义搅在一起的,也包括它如何与资本主义和现代国家搅在一起的。例如,大众哲学从哲学学科的剔除看起来就显然像是中和哲学家可能会有的任何社会影响的方法。哲学上根基于实践的自我修养的根除看上去与消费主义经济系统的崛起相吻合,而这种经济系统显然会被抵制欲望的实践所威胁。即便如此,这类的议题,只有在我们注意到特定的历史文本,并给"哲学"的概念赋予当下的意义以后才会明晰。

(作者单位:美国夏威夷大学哲学系)

作为现代政治哲学的先秦思想*

白彤东

一、给哲学划界：不可能却很必要的任务

中国哲学合法性问题，即中国传统思想中是否有哲学这个问题，自"哲学"这个概念引入汉语、引入中国，一直是引起争议的问题。从"哲学"是一外来概念的意义上讲，传统中国自然就没有哲学，而只有在这个概念传入并有从事哲学工作的人之后，中国才有了哲学。显然，中国传统思想中是否有哲学这个问题不是在这种琐屑的意义上谈的。我们真正关心的问题是，虽然哲学这个概念源自西方，但是，按照对它的某种理解，中国传统思想中是否有属于哲学的部分？由此，我们可以看到，对中国传统思想是否有哲学这个问题，我们首先要回答哲学是什么这个问题，即为哲学划界这个问题。但不幸的是，我们学过一点现当代分析哲学、科学哲学就会知道，逻辑经验主义者曾以为，科学与形而上学之间，或者科学与非科学之间的界限应该非常清楚。但是，这么多年的研究，让我们意识到这个界限并不明晰，或者我们并不能达到对这个界限的共识。如果为科学划界——这个界限在很多人的直觉上讲是显然的——都是如此，我们可以想象给哲学——这个明显比科学的界限要模糊得多的学科——划界的困难。[①]但是，"中国哲学是不是哲学"这样的问题，似乎又依赖于对这个界限的准确勾画。为了解决这个疑难，笔者采取一个"建构"式的策略。也就是说，笔者下面会给出一个哲学是什么的简单定义。如果读者接受这个定义，那么我们可以继续看看中国传统思想是否符合这个定义的规范，从

---

* 本文的早期删节版发表于《社会科学》2014年第10期，第111—121页。本文的研究得到了上海高校特聘教授（东方学者）岗位计划（跟踪计划）的支持，特此感谢。
① 因此，如果在中国哲学合法性的讨论中，一些人没有给他们所理解的哲学划界，或者自以为他们所划的界限是显然的共识，这是思维不清晰或者幼稚的表现。

而在这个定义的基础上,讨论中国传统思想是否是哲学这个问题。

这个定义虽然由笔者给出,但是,它应该尽量地捕捉到我们对哲学是什么的一般理解,而不是完全随意的。特别是,我们不希望我们所给的哲学的界限太窄,也不希望它太宽。如果我们把这个界限放得太宽,会包含了我们一般不归类于哲学的东西。如果这个界限太窄,我们很可能是把哲学内部的一个流派,或某一时段的哲学当成哲学全部。在西方哲学内部,现当代英美传统和欧陆传统经常互不买账,不认为对方所做的是哲学。就中国哲学合法性问题而言,比如,一种常见的错误,是有些人把对笛卡尔以降的西方哲学,尤其是对其本体论与认识论的某种(片面)理解,当作唯一的哲学方式,并因之而否定中国传统思想中有哲学。美国学者方岚生(Franklin Perkins)为此提供了一个很好的也很有趣例子。[①] 他指出,莱布尼茨和黑格尔对中国思想的观察很接近,即西方思想在理论反思上超出中国思想,但是中国思想在实践智慧和生活伦理上超过西方。尽管有如此类似的观察,但两位西方哲学家得出来的结论却很不同。莱布尼茨的结论是欧洲思想在第一哲学上更高,而中国思想在实践哲学上更高,两者应该相互学习。但是黑格尔在《哲学史讲演录》中的著名(臭名昭著?)的结论,是中国没有哲学,至多是西方哲学里已经有的,但不入流的东西。[②] 其原因,方岚生认为,如当代哲学家皮埃尔·阿多(Pierre Hadot)指出的,从欧洲古典时期直到其近代早期,哲学仍然被理解为一种生活方式。到了后来,尤其在黑格尔的哲学系统里面,没有其所谓的第一哲学,一种思想就无法再被当作哲学。因为莱布尼茨和黑格尔对哲学的理解不同,所以尽管他们对中国思想的观察近似,但在中国思想是否是哲学这个问题上却达到了非常不同的结论。[③]

这里需要指出的是,与黑格尔等人不同,同样认为中国没有(某种特定的西方)哲学,一些学者可能因此认为这恰恰是中国思想的优点。郑家栋就曾提到,日本学者中江兆民以批评的态度指出日本无哲学,但是傅斯年却认为:"中国本没有所谓哲学,多谢上帝给我们民族这么一个健康的习惯。"对此,郑家栋认为,原本对哲学有兴趣的傅斯年对哲学态度的转变,来自他对他所接触的哲学,即德国哲学的厌

[①] Franklin Perkins, "Leibniz on the Existence of Philosophy in China," in *China in the German Enlightenment*, eds. Bettina Brandt and Daniel Leonhard Purdy, Toronto: University of Toronto Press, 2016, pp. 60–79.

[②] 黑格尔:《哲学史讲演录》第一卷,贺麟、王太庆译,北京:商务印书馆,1959年,第118—132页。

[③] 举这个例子,并不等于是说笔者同意莱布尼茨和黑格尔对中国思想的观察。下面会讲到,笔者认为,从系统的理论反思上讲,中国思想也是有其优势和特色的。

恶。① 近年来引起中国哲学合法性辩论的导火索之一,德里达对中国思想是否为哲学的否定回答,同样是出于赞扬中国思想的角度上去说的,其根据也是流行于当代欧陆哲学和美国哲学家罗蒂及其支持者中对(西方)哲学的一种特定解释(逻各斯中心主义)。② 有些学者虽然没有那么极端,认为中国有哲学,但是基于对西方哲学的特殊理解,认定中国哲学绝不同于西方哲学。③ 类似的说法,我们经常在各种谈论中国哲学的场合听到,比如中国哲学乃是一种心性哲学、生活哲学、修身功夫,等等。这种说法,如笔者的一位朋友森舸澜(Edward Slingerland)评价安乐哲(Roger Ames)等人的说法时所说,有"逆向东方主义"(reverse orientalism)之嫌。这种通过与后现代思潮为伍来辩护中国哲学合法性的做法,笔者也以为是不自重的表现。并且,这种做法,是对中国哲学也犯下了以偏概全的错误,因为,对中国哲学的如此描述,明显把韩非子这样的思想家排除在外了。

总之,在给哲学划界这个问题上,我们要在宽窄之间找到一个合适的度。这是一门艺术,不是一门科学。在这个问题上,我们有不同意见,其实是很正常的事情。哲学中很多真理都有这样的特征,即它相反的那面不是谬误,而是同样深刻的真理。对哲学划界这个一般问题的不同争论也可能归于此类。因此,在上述划界标准的基础上,在承认上述的所有困难的同时,笔者对哲学给出下面这个定义,即哲学乃是对那些能够超出特定时间(时代)、特定空间(地域)、特定人群的,且是我们不得不面对却又无法根本解决的问题(简称为哲学问题)的系统反思。④ 反思是哲学的根本特征,这意味着哲学不应该是当下行为或是习俗成见之表述,而需要对其有所反思。哲学的反思性特征还接着要求我们对这些反思继续进行反思,因而会让我们的反思不是零散的见解,而是尽可能地成为一个内在一致的系统。需要澄清的是,这里讲的"系统",不是说一套哲学要全面地、无所不包地处理所有重大问题,而是说它的反思之间又有通过反思的反思达到的内在一致性。哲学系统反思的对象,不能局限于特定的人群、时间、地域,否则哲学就成了人类学、社会学、历史

---

① 郑家栋:《"中国哲学史"写作与中国思想传统的现代困境》,《中国人民大学学报》2004年第3期,第2—11页。
② 陆杨:《追思德里达》,《博览群书》2004年第12期,第81—83页。
③ 比如海外中国哲学研究者安乐哲频频提到这种观点。有关文献,参见郑家栋:《"中国哲学"的"合法性"问题》,《世纪中国》2001年,注20。
④ 这与冯友兰先生将哲学定义为"对于人生的有系统的反思的思想"有所呼应,但是更宽泛些,冯友兰:《中国哲学简史》,涂又光译,北京:北京大学出版社,1985年,第4页。

学、地理学。这一对象又关乎人生活之根本,是人不得不面对却有无法根本解决的问题——可以根本解决的问题,已经从哲学里分离出来,成为科学研究的对象了。

二、对中国经典是否有论证的论证

在本文后面,我会对中西哲学的共同或共通问题有所阐发。这里,先让我们假设中西思想有共通的哲学问题,那么,中国思想是否有对这些问题的系统反思呢?有些人会说没有,因为中国经典多缺乏论证。但是,这种说法假设了对哲学问题的系统反思必须体现为论证,但是,这个假设本身被论证过吗?

退一步讲,即使系统反思需通过论证体现,中国经典真的没有论证吗?让我们拿《论语》来做个例子。之所以选择《论语》,是因为认同中国哲学的人多把它当作哲学文本,但是比起其他被当作哲学文本的中国传统经典来说,它似乎属于最缺乏论证的经典之一。[①] 那么,如果我们能展示它蕴含着丰富的论证,那我们就不难想象,我们可以容易地展示其他常常被中国哲学之同情者归为哲学经典的文本也含有丰富的论证。就《论语》来说,比如,在《论语·阳货》中,孔子与其弟子宰我讨论三年之丧的问题。三年之丧,应该是当时的礼俗。如果《论语》不过是对习俗的记录,那么孔子与宰我就不应该对三年之丧有任何讨论,至多只是诉诸权威而已("此乃《礼》之所定,故必守之"云云)。但是,在《论语》中,双方都分别给出了超出诉诸习俗的思考与论证。当然,与三年之丧的讨论相比,《论语》中很多对话都更为简约,似乎不能算论证。比如在《论语·宪问》中,当被问到是否可以以德报怨时,孔子对此的直接回应只有简简单单的四个字,"何以报德",其后又用八个字给出了自己的立场("以直报怨,以德报德")。但是,"何以报德"四个字一针见血地点出了"以德报怨"这个想法的毛病之关键。也就是说,"以德报怨"听起来很高尚、很宽容,但是,这种对恶行的宽容,其实是对德行的不公。

一般来讲,中国传统文献中表面论辩的缺乏不等于说它们不含有论证。它们

[①] 比如,美国中国哲学研究者万百安(Bryan van Norden)就认为《论语》不应该被算作哲学文本,因为他缺乏哲学文本所必需的系统性。Bryan van Norden, "Unweaving the 'One Thread' of *Analects* 4:15," in *Confucius and the Analects: New Essays*, ed. Bryan van Norden, Oxford: Oxford University Press, 2002, pp. 216-236.

这种表面的缺乏可能是因为很多论辩的步骤被省略了、跳过了，而它们给出的是所谓的"论证轮廓"（argumentation sketch），或者论证中最关键、最难的地方。实际上，即使在以论证严格著称的理论物理学和数学的著作里面，很多论证也都是"跳步"的。但是，如果一个读者因此无法理解这些论证，那么结论不是这些著作的作者之论证不严谨，而是这个读者可能没有资质来做物理学或者数学。如尼采所说，"在山群中最短的路是从峰顶到峰顶：但是为了走这条路人必须腿长。格言应该是这些峰顶——而这些（格言）所诉诸的人应该是高远的"①。

那么，这种跳步是为了什么呢？直接的理由包括省事（甚至仅仅是现实条件的约束——一个建于公理系统上的严格式论证可以非人地长！）、炫耀、一种基于贵族式的骄傲（aristocratic pride）的对平庸之不屑，等等。除此之外，还有一个与哲学反思之表达有内在关系的原因：每一个复杂的问题可能都有无数从严格的逻辑上讲需要论证的地方，但是，这种事无巨细的论证，容易使读者迷失于这种琐屑，迷失于"富裕的窘境"（embarras de richesses）；而简约的论证，可以给出读者最重要的路标，其中的细节，合格的读者可以自己来完成。这种一针见血的本领，也正是大思想家（无论是哲学家还是科学家）之所以为大的地方。

简而言之，轮廓式论证与西方哲学常见的步骤更加详细的论证是论证的不同形式，并且前者也许可以更好地激发和引导我们的反思。我们可以把这种想法再推进一步，承认有彻底超出论证体裁的（作者的）表达、激发（读者的）反思的方式，比如《道德经》、尼采的著作里面用到的格言体。这种体裁，尤其是表达对那些可能有着内在紧张的问题的反思的时候，可能是有其优势的。比如，如果所要说的是不可言说的，那么我们是否能有除了静默之外的言说方式呢？这是在柏拉图的《斐德若篇》（Phaedrus）里讲的写作的问题、《道德经》道不可言说的道、《庄子》提到的不落言筌、佛学的说无背后的共同问题。②

因此，中国传统经典文献中是可以找到论证、找到反思的。但是，不可否认的是，这些论证与反思常常看起来很零乱、不系统；而按我们的定义，哲学需要系统

---

① 《论读和写》，《查拉斯图拉如是说》，第一部分，第七节。转译自 Friedrich Nietzsche, *Thus Spoke Zarathustra*, trans. Walter Kaufmann, London: Penguin Books, 1954, p. 40。
② 哲学还可能有其他方式，如胡塞尔讲的理性直观，佛教与宋明理学的体悟。这往往也与不可言说的真理有关。（感谢张祥龙教授提醒笔者要关注这一点。）但这样的直观与体悟本身，很难是哲学反思表达的全部，而需要论证（展开的或轮廓式的）或格言体的阐发。

的反思。西方传统中被当作哲学文献的,常常采取论文体(treatise),是明确针对某一组哲学问题的系统反思。上面提到的《论语》,多是孔子与他人的谈话记录(这也部分地解释了孔子为什么会言简意赅)。其他被同情者当作哲学的中国经典文献,也常常不是为了纯粹的理论讨论而写,而是对统治者的具体建议、与其他大臣和政策顾问的争论之记载、对经典或历史事件的注释与评论,或是更广义的语录。① 如钱穆先生指出的,在秦以后的时代,也许是因为儒家的向上流动思想的贡献,有思想的学人常常成为统治精英的一部分。② 这与春秋战国之前和中世纪(乃至近现代早期)的欧洲不同。因此,过去中国的知识精英可以把他们的政治思想和理论付诸实践,而没有太多需要将它们变成脱离现实的理论。(钱穆先生没有指出的一个事实是,中国士人于政治的深深卷入,也使得他们没有理论探讨所需要的闲暇。)实际上,卢梭说的一段话可以用来支持钱穆的说法。在《社会契约论》的第一段里,他指出:

> 人们要问我,我是不是一位君主或一位立法者,所以要来谈论政治呢?我回答说,哪个也不是;而且这是我为什么来谈论政治。假如我是个君主或者立法者,我就不应该浪费自己的时间来谈要做什么事了;我会去做那些事情或者保持沉默。③

与此不同,中国历史上的很多政治思想家可以通过向上流动进入现实政治的核心。这一点在春秋战国时代已经发生了。比如,西方也许与权力核心最接近的思想家之一马基雅维利,他的政治地位也不及身为韩国诸公子的韩非子。如果我们可以相信《史记》里的记述的话,当时的秦王(即后来的秦始皇)在读了韩非

---

① 中国传统经典很多是要说服君主。与此相对,虽然都以说服为目的(也就是有论辩的成分),但古希腊和古罗马的很多哲学文本,往往是要说服政治上平等的公民。它们的政体,在一段时间内是共和政体,与先秦与秦以后的政体都不太一样。这些不同(对话对象、政体背景)可能在两种传统始发之时,就造成了文体、修辞方式和关注的问题的差别。
② 钱穆:《中国历代政治得失》,北京:生活·读书·新知三联出版社,2005年,第21页。冯友兰先生也说:"著书立说,中国哲学家视之,乃最倒霉之事,不得已而后为之。"(《中国哲学史》,上海:华东师范大学出版社,2000年,第7页)其原因,冯先生诉诸中国哲学家对内圣外王的信奉,但笔者更倾向于钱穆先生的说法。
③ Jean-Jacques Rousseau, *On the Social Contract with Geneva Manuscript and Political Economy*, ed. Roger D. Masters, trans. Judith R. Masters, Boston: Bedford/St. Martin's, 1978, p. 46.

子的东西以后,与韩国打了一场仗,就是为了能把韩非子弄到秦王的身边来("秦王见《五蠹》《孤愤》之书,曰:'嗟乎,寡人得见此人与之游,死不恨矣!'李斯曰:'此韩非之所著书也。'秦因急攻韩。"[1])对这种重视,马基雅维利和其他西方政治哲学家恐怕只有羡慕嫉妒恨的份儿了(不过,他们如果知道韩非子的下场也许会心安一些)。

当然,这一辩护只是解释了为什么中国很多思想家的作品与西方不同,并暗示,如果被给予机会(或者,更准确地说,如果被剥夺了参与现实政治的机会),中国这些思想家也会写出与西方政治哲学著作更相像的、对哲学问题的系统反思。[2]但是,中国经典,尤其是语录体经典表面的日常性,不等于其没有哲学理论的深度,即所谓"不离日用常行内,直造先天未画前"[3]。并且,虽然中国传统思想缺乏表面上的系统,但是这不等于说,其中的经典没有隐含的系统。类似的观点,冯友兰先生早已表达过:

> 所谓系统有二:即形式上的系统与实质上的系统。此两者并无连带的关系。中国哲学家的哲学,虽无形式上的系统;但如谓中国哲学家的哲学无实质上的系统,则即等于谓中国哲学家之哲学不成东西,中国无哲学。……中国哲学家之哲学之形式上的系统,虽不如西洋哲学家;但实质上的系统,则同有也。讲哲学史之一要义,即是要在形式上无系统之哲学中,找出其实质的系统。[4]

因此,能够被当作哲学的中国经典中是有论证的,且论证是有系统的。从哲学角度读这些经典,就是要填充论证轮廓,并发现经典内部的系统。换句话说,一部经典是否为哲学经典的一个必要条件在于我们是否能发现系统论证,或其他表达系统反思之方式。

---

[1] 司马迁:《史记·老子韩非列传》,上海:上海古籍出版社,1981年。
[2] 罗马皇帝奥勒留,以及罗马共和时代末期的政客西塞罗,也都深深卷入现实政治。但是他们的文体,还是更接近论辩体或者论文体(感谢瓦尔德马·布里斯[Waldemar Brys]提醒笔者关注这一点)。这可能是古希腊已经奠定的文体的影响。并且,比如,比起西塞罗引为榜样的柏拉图的《理想国》,西塞罗的《论共和国》明显要更多地关注于实际政治,"理论性"和抽象性上,都远不如《理想国》。
[3] 王阳明:《王阳明全集》,上海:上海古籍出版社,1992年,第791页。
[4] 冯友兰:《中国哲学史》,第10页。据郑家栋,王国维、胡适、蔡元培等更早地提出了类似的区分(郑家栋:《"中国哲学史"写作与中国思想传统的现代困境》,第8页)。

三、对中国思想之系统化与清晰化的批评

但是，如此理解中国哲学合法性，还是会遇到批评。比如，郑家栋所描述的冯友兰对中国思想何以为哲学的理解，与本文的立场极为相似，但同时郑家栋对这种工作进行了批评。① 他指出：

> 清晰性与系统性成为"中国哲学"现代转化的不二法门。……依据冯友兰的说法，由于中国历史上的典籍是言简意赅，通常只是径直地说出结论，所以现代意义上的"中国哲学"或"中国哲学史"研究，在很大程度上也就意味着如何运用逻辑分析方法把古代哲人所省略的推理过程添补出来，这要求既不能够说得太多，也不能够说得太少。冯氏的贡献主要在于逻辑和清晰性方面，当然，此所谓"清晰"是付出惨重代价的，冯氏的"中国哲学史"研究最不相应者可能是对于《老子》的阐释，直到晚年的《中国哲学史新编》，他仍然套用通常所谓"一般"与"特殊"，"共相"与"殊相"来说明《老子》中的"道""有""无"与天地万物的关系。如果我们追随冯先生的讲法，那么老子其人其书压根就谈不上什么"智慧"，至多也只是三四流的形而上学家，或者更惨。②

郑家栋还由此出发，批评了在冯友兰影响下，现当代学者以本体论、形而上学为中国哲学重心所在的做法。③ 像在本节早些的讨论里提到的，常有人说，中国哲学是一种生活方式，强调修身、体悟。更有极端者，坚持中国哲学只能由中国人、由中国人特有的概念来理解。这一立场，堪称中国哲学之神秘主义。

最后这种极端立场，在哲学上讲，不免要落入私人语言的困境，或者一种极端

---

① 本文的立场，虽与冯友兰先生的立场多有契合之处，但是，第一，本文讲哲学需要论证，而回避用可能引起误解的"逻辑"一词（因为它常常被理解成狭义的形式逻辑），更不将论证与科学方法混为一谈（这与冯先生的立场似有分别。参见冯友兰：《中国哲学史》，第5—6页）。第二，本文认为论证只是反思的一种表达方式。第三，也是最重要的区别，如本文下面会论证的，中西哲学之别，并非冯先生所讲的古今之别。
② 郑家栋：《"中国哲学史"写作与中国思想传统的现代困境》，第8页。
③ 郑家栋：《"中国哲学史"写作与中国思想传统的现代困境》。

相对主义的困境。也就是说,我们可以质疑持这种立场的人,他凭什么知道那独特的中国哲学是什么,中国古人脑子里在想什么?如果我们不相信他是灵童转世之类的话,我们就不得不说,连中国哲学也是没有的,某一个人的说法,也只能在他自己的话语系统里才能解释,甚至某一个人在某一时刻的说法,只能在那个时刻里被解释,即我们最后会被引到人连一次踏入同一条河流都不能的境地。并且,按照我们这里对哲学的立场,如果一种思想只属于中国,那它是人类学、社会学研究的对象,而不是哲学研究的对象。

至于认为中国哲学乃是一种生活方式,我们上面已经论述过了,西方哲学里,也有这种传统,而以此来泛论中国哲学,也有以偏概全的危险(韩非子的哲学中生活方式是重点吗?!)。并且,我们这里说的,是作为哲学要有系统反思。在这之上或之外哲学还有生活方式之功能,那也未尝不可。我们甚至可以把哲学之定义改为"哲学是对超时间、地域、人群的根本问题的系统反思,其意图是改进人类之生活",这样就把生活哲学包含进来了。我们这里只是说,有系统反思是一种思想为哲学的必要条件。对此,如郑家栋所批评的,一个进一步的反驳是对中国思想清晰化、系统化的努力有可能使中国思想蜕化成三四流的西方哲学。在这一点上,笔者也认为,用西方哲学的一些系统、概念硬套中国哲学很成问题。如果不同哲学的相通性来自他们面对的共通问题,我们要从问题出发,而不是一下就迷失在概念系统里面。同时,笔者也认为,一些清晰化、系统化的努力是失败的。并且,清晰化、系统化应该采取更宽泛的标准,而不是将一种清晰化、系统化的方式(比如西方近现代哲学的论文体,甚至只关注狭义之论辩的分析哲学之方式,或者德国古典哲学的系统)当成唯一的方式。但是,只要我们不诉诸静默或心灵感应,我们总是要讲出我们的哲学观念。哪怕是对不可说者,我们还是要说出来。《道德经》也没有在"道可道非常道"之后戛然而止,而历代注者也还是在道不可常道之道。只要我们的对象是哲学,我们总要对之清晰化、系统化。一种尝试的失败,不能说明清晰化、系统化的失败。如果这种努力注定失败,那才能说明我们面对的不是哲学。[①]

[①] 安靖如(Stephen Angle)讨论过对中国思想为哲学的类似反对,而他的回应,与笔者的论点也有呼应(Stephen Angle, *Contemporary Confucian Political Philosophy: Toward Progressive Confucianism*, Cambridge: Polity, 2012, pp. 7–9)。

实际上,清晰化与系统化的努力,恰恰是中国历代的注疏所要做的一件重要事情,而并非受西方哲学之刺激而反应的结果。① 在这个意义上,经典的阅读者必须同时也是经典的解释者,是经典的共同书写者。因此,指责中国传统经典没有系统实际上是对传统经典阅读方法之无知或遗忘的结果。另外,传统中国的很多政治思想家有着很高层的政治实践,并因而可以用之以对政治进行反思。这就有可能弥补了他们于建筑在闲暇之上的思辨的缺失(我们已经看到,西方政治哲学家的闲暇可能是非自愿的)。理解他们内含的论证与系统反思因而也会是收获很大的事业。

对以上中国思想何以为哲学的辩护,还有一个温和的批评,即上述辩护也许成功地论证了我们可以用(本文定义的)哲学的方式读中国传统经典,并且这样的工作会发掘出读西方经典时不易发现的独特和深刻的想法。但是,这不等于说中国传统经典本身是哲学经典。② 我们也可以用哲学的方式去解读莎士比亚或者陀思妥耶夫斯基,但我们一般不认为后者是哲学经典。在本文开始,我已经承认,定义哲学是一门艺术,不是科学。哲学的界限,肯定会比科学更加模糊。因此,对一本经典是否是哲学经典的问题,我们有些回答可能不是简单的是或者不是,而是多大程度上是。一本经典,我们要考察是否容易从中读出我们所定义的哲学的内容(对人类根本问题的系统反思),这些内容是否深刻,这种解读是否明显违背了对这本经典的解读传统,是否是明显的过度解读。在这些方面,我想,我们可以论证,《论语》比《哈姆雷特》更可以被当作哲学经典。后者作为文学经典,触及的人类根本问题也许比较单一,通过文学形式给出的回答本身可能也不是特别深刻。但是,这不等于说它就因此比哲学经典的价值低。文学经典的价值之一,是把某些抽象的哲学道理用最贴近日常生活的方式,借助视听、情感等渠道表达出来。这可能是很多哲学经典所缺乏的。当然,即使可以论证我们的解读不过度(比如历史上这是主要的解读方式),我们解读出来的东西有哲学意味,但这也不能证实相关经典本身是哲学经典,它的作者是按哲学经典的想

---

① 由此,以哲学角度阅读中国传统经典就有其特定的要求。关于这一点,笔者在其他地方讨论过,比如,读者可以参见白彤东:《如何阅读经典》,《旧邦新命:古今中西参照下的古典儒家政治哲学》,北京:北京大学出版社,2009年,第一章,第三节,第7—11页。
② 笔者感谢瓦尔德马·布里斯和萨继贤(Hagop Sarkissian)指出这一点。

象写作的。我认为这是一个永远无法彻底回答的问题。在这一点上，我可以接受对本文论证的弱的解读，即中国的很多传统经典可以用哲学的方式解读，其结果也很有意义。①

根据我们对哲学的定义，称中国思想（之部分）为哲学，是认定它是有普世性的。这与先秦诸子的立场应该是一致的，因为他们似乎没有觉得他们的思想只适用于某个特殊的人群，而是将他们的思想当作"普世价值"。那么，是否还有中国哲学，或者我们说中国哲学的时候，其意涵是什么？这触及了金岳霖先生在《冯友兰〈中国哲学史〉审查报告》中的"在中国的哲学"（普适观点）和"中国的哲学"之分②，或是冯友兰先生的"中国的哲学"（普适观点）和"中国底哲学"之分。③ 笔者认为，本文所讲的中国哲学，用冯、金二先生的术语，是指在中国的哲学（金岳霖）或中国的哲学（冯友兰）。它是中国的，因为我们所依据的中国的经典文献，并在这些文献所针对的问题的情境下去理解。它们是哲学，因为它们所针对的问题与西方哲学所针对的问题有共通性。但是，也许，通过对中国经典的哲学梳理，我们发现，中国传统思想家对这些共通问题有不同于西方整体的，但在中国思想家之间共享的处理方式或系统。如果是这样，那么我们就发现了中国的哲学（金岳霖）或中国底哲学（冯友兰）。但是，这意味着我们对中国哲学和西方哲学都要有一个整体的、正确的把握。其可能性看来很渺茫，而对此的说法很可能是大而无当的妄言。并且，即使我们最终想做整体判断，从文献出发也是不可避免的。因此，专注于具体文献，乃中国哲学研究之重要方法。

---

① 与这里的讨论相关，对中国哲学合法性被质疑，还有其他原因。比如，从胡适等开始的整理国故等运动，都使得对中国传统只能从思想史的角度去研究，而不是当成一种活的哲学去研究。西方现代大学体制，将对西方经典的研究之不同路线比较清晰地分开（古典系、历史系等等），而中国现代文、史、哲分野不清，使得一些在当代西方不算作哲学类的工作也被加上了中国哲学的名义。中国传统思想，尤其是儒家，有相应于西方基督教功能的一面，这在西方现代大学的哲学研究与我们这里所定义的哲学里也很难找到位置。
② 冯友兰：《中国哲学史》，第436—437页。
③ 冯友兰：《论民族哲学》，《三松堂全集》第五卷，郑州：河南人民出版社，2001年，第270—280页。对此区分的讨论，参见陈来：《"近代化的中国哲学"——从冯友兰的哲学观念谈起》，陈少明主编，《现代性与传统学术》，广州：广东人民出版社，2003年，http://philosophy.sysu.edu.cn/jdjsx/info_Show.asp?ArticleID=328（2013年5月9日）。

四、对中国哲学价值评估的评估

因此，如果我们在上一节的论证成立，那些(隐)含着系统反思的中国传统思想就可能被归入哲学。下面，为了理解作为哲学的中国传统思想，让我们来看看这些思想面对的是什么问题。根据我们对哲学的定义，理解一套哲学思想，我们不应该从它的概念体系出发，而是要首先理解它所面对的问题。对传统中国是否有哲学的思考，以及做比较哲学，人们常常从概念或概念体系出发。但是，依据本文对哲学的理解，不同时间、地域、人群所可能共享的，是哲学问题。它们也是不同哲学所共通的。但是，不同哲学采取了何种概念体系，却不一定是相通的。① 并且，基于概念的比较，比较会流于零散和随意，也常常因为要将这些概念从不同的哲学系统中剥离出来，有着胡乱格义的危险。从问题出发对比较哲学的另一个重要意涵是，这种比较不应该由时间、地域、人群等外在条件出发，尤其是时间，因为不同时间的哲学有可能面对着相通的问题。比如，即使在认同中国传统思想是哲学的学者中间，先秦哲学常常被理解成所谓"轴心时代"(Axial Age)的哲学。这个概念来自西哲雅斯贝尔斯(Karl Jaspers)。他把中国春秋战国时代的思想和与其近乎同时的古希腊、古印度思想放到一块，称之为"轴心时代"的思想。② 同情儒家的当代学者，如罗哲海(Heiner Roetz)，也以轴心时代的思想来理解儒家。③ 这种说法在肯定中国哲学的合法性上，有积极意义。但是，如果这种理解仅仅是从时间来将各种哲学流派比附在一起，那么它就有可能忽视了这些流派(由于其面对问题的根本差别所导致)的本质不同。

另有论者，从一种哲学普适的观点出发，从哲学内部体系出发，将中国哲学等同于(西方)古代(中古)思想，比如将中国的天人感应思想与西方中世纪的思想的

---

① 在处理中国哲学合法性问题上，黄玉顺批评了一些学人关注于西方哲学之"迹"、之"法"，而不是其"所以迹""所谓为法"。这种做法，忽视了可能是中西之"共在"，即共同的(笔者更愿意说是共通的)生活世界。这一观点与笔者这里的观点相合(黄玉顺：《追溯哲学的源头活水——"中国哲学的合法性"问题再讨论》，《四川大学学报》2011年第4期，第12—19页)。

② Karl Jaspers, *The Origin and Goal of History*, trans. Michael Bullock, London: Routledge and Kegan Paul Ltd., 1953.

③ Heiner Roetz, *Confucian Ethics of the Axial Age*, Albany, NY: SUNY Press, 1993.

类比。① 由此,中西之别实际上就成了古今之别。比如,冯友兰先生指出:

> 在第一阶段,我用地理区域来解释文化差别,就是说,文化差别是东方、西方的差别。在第二阶段,我用历史时代来解释文化差别。就是说,文化差别是古代、近代的差别。②

在《新事论》中,他指出:

> 近数年来,有主张所谓全盘西化论者,有主张所谓部分西化论者,有主张所谓本位文化论者。无论其主张如何,但如其所谓文化是指一种特殊地文化,则其主张俱是行不通底……有一比较清楚底说法,持此说法者,一般人所谓西洋文化者,实指近代或现代文化。所谓西洋文化之所以是优越底,并不是因为它是西洋底,而因为它是近代或现代化底。……我们近百年来之所以到处吃亏,并不是因为我们的文化是中国底,而是因为我们的文化是中古底。③

在《中国哲学史》中,他将先秦哲学与古希腊哲学列为上古哲学,经学与中世纪哲学列为中古哲学,并指出落后于西方,中国尚无近古哲学。并且,无论中西,中古哲学新意不多也不很新,而近古哲学之新意既多又甚新。④

总而言之,在所引的这些段落里,冯友兰先生采取了哲学普世性的态度,认为中国哲学与西方哲学是相通的,但中国只有上古和中古哲学。基于一种历史进步的观点,他认为中国哲学是落后的,是需要现代化的。另外,他还认为中古哲学进步缓慢,对思想贡献不多。对此,郑家栋认为,冯先生的这种中西对比是牵强的,并且忽视了秦以降中国哲学的丰富发展。冯先生讲会通中西,实际上是将西方启蒙、西方的方法引入中国哲学,因此被视为正统派的他骨子里是很西化的。⑤ 确实,对那些否定中国哲学重要性的学者而言,他们会欢迎冯先生这种说法。因为这种理

---

① 与此呼应,对中国医学合法性问题上,中医也被与古希腊医学相类比。
② 冯友兰:《三松堂自序·明志》,《三松堂全集》第一卷,第307页。
③ 冯友兰:《别共殊》,《新事论》第一篇,《三松堂全集》第四卷,第204—205页。
④ 冯友兰:《中国哲学史》,第3—6页。
⑤ 郑家栋:《"中国哲学史"写作与中国思想传统的现代困境》,第7页。

解只是承认了中国思想的哲学性,但是贬低了其意义。

就冯先生的观点本身来说,不但如郑家栋所指出的,他以中古来描述秦以降思想有失偏颇,而且他认为欧洲中世纪缺乏进步的观点——这也曾是西方思想史界的主流观点——也过于陈旧。更重要的是,他的和其他有类似观点的人的一个基本假设是,哲学是进步的,而这就意味着今天的总是优越于古代的。与此相对,其他一些学人,比如新儒家唐君毅先生和言必称希腊与经学的中国的施特劳斯主义者中的一些人,反其道而行,认为古代之思想优越于今日之思潮。这个判断似乎是基于一种历史倒退的观念。比如,在他的《生命存在与心灵境界》一书的后序(《当前时代之问题——本书之思想背景之形成及哲学之教化的意义》)① 中,唐君毅先生将西方乃至人类文化的一大危机,归结于近代之自由与个人独立观念和职业专门化与分化。② 他将问题的最终解决,寄希望于"由西方近代哲学,回到中古哲学之重信心、重灵修之精神,更须由西方哲学通至东方之儒佛道之哲学"③。

以上两种立场,虽然都更正确地注重了不同哲学流派的内在思想,但是,它们的判断都基于今胜古的进步观或者古胜今的退步观。这两种观念本身的正当性,都很值得怀疑。更重要的是,笔者认为,这些说法都未能理解中国传统哲学,尤其是先秦哲学所面对的问题的实质。这将是下一小节讨论的内容。

五、作为现代化的周秦之变

在这一小节里面,笔者会论述,先秦所面对的,是周秦之变局,而这一变局所包含的问题,是实质上的小国寡民之封建制度瓦解后,如何在新的政治现实中,即广土众民的国家内部找到社会凝结剂和建立起统治架构,以及如何处理这些国家之间关系的问题。这与西方中古到近现代的转变所带来的问题更有可比性④,乃更近

---

① 刘梦溪编:《中国现代学术经典·唐君毅卷》,石家庄:河北教育出版社,1996年,第898—956页。
② 刘梦溪编:《中国现代学术经典·唐君毅卷》,第903—905页。
③ 刘梦溪编:《中国现代学术经典·唐君毅卷》,第925页。对唐君毅这些想法的评价,参见黄冠闵:《主体之位:唐君毅论哲学与教化的基础》,2010年文稿。
④ 白彤东《韩非子与现代性——一个纲要性的论述》中有本文下面论证的早期版本。白彤东:《韩非子与现代性——一个纲要性的论述》,《中国人民大学学报》2011年第5期,第49—57页。

似于西方的现代性问题。在这个意义上,先秦哲学乃一种现代哲学。①

处于周秦之变局中的春秋战国时代充斥着社会与政治上的混乱和转变。在这一时代之前的西周的政治架构是一个封建的、金字塔般的、扩张的系统。周王(尤其是最初几代的周王)分封他们的亲戚、忠实和能干的臣下(很多人同时也是周王的亲戚)、前朝的贵族,等等。这些人成为他们被分封的诸侯国的统治者,享有很大的对其封地的自治权。最初分封的目的是在小国周打败商帝国以后,通过所谓"封建亲戚,以藩屏周"②,来迅速消解群敌环伺的局面。因此这些诸侯国往往的设置很有战略考虑,比如经常设在周所不能很好控制的地域,并且经常是几个诸侯国一起设置以便互为援助。这是一种军事殖民与扩张政策。③当这些诸侯国通过蚕食其周围的"蛮夷"之地得以扩张后,它们的统治者常常会做与周王所做类似的事情,即分封他们的亲戚与亲信。就周帝国来说,周王统领诸侯,诸侯统领大夫,大夫统领家臣,而家臣统治他们属地的民众(这些属地因而地小人少)。在西周的制度下,每个层级上都是一个主子统领有限的臣属,而这一统属关系不能越级。这一现实使得统治者通过个人影响与接触和以宗法为基础的礼俗规范来统治成为可能。

以上对西周制度的描述,与我们常听到的西周乃君主专制制度的说法相违背。持后一种说法者也常常以《诗经·小雅·北风之什·北山》所说"溥天之下,莫非王土;率土之滨,莫非王臣"为证。但是,如果通读这首诗,我们可以明显看到,这是一位大臣抱怨工作分派不均,自己承担了太多工作,连父母都无法照顾,因此这首诗不应该被当作对西周的制度的准确描述;而历史研究表明,诸侯对其诸侯国有很高的自治权,在诸侯这个层级之下的诸侯国内部事务,周王无法干涉。

---

① 依笔者的定义,哲学是处理超时间、地域、人群的问题的,但这里又强调先秦哲学所处理的问题之特殊性,似乎是自相矛盾的。诚然,按笔者的理解,周秦之变的特殊问题(即现代性问题)不是人类在任何情境下都要面对的,而只是在笔者所理解的现代性条件下才会不得不面对的。但这一现代性问题不局限于特定人群、地域,并且是只要现代性的条件得以满足时,我们都要处理的问题。在这个意义上,先秦哲学处理的问题,即现代性问题,还是(有条件地)超时间、地域、人群的。当然,先秦儒家哲学所处理的一些问题,比如公私关系问题,可能有超越现代性的层面,是多种性质的人类社会都要处理的问题。
② 《左传·僖公二十四年》。
③ 参见钱穆:《国史大纲》,北京:商务印书馆,1996年,第57页。又参见李峰更详细的论述(李峰:《西周的灭亡》,上海:上海古籍出版社,2007年)。钱穆也指出,这些蛮夷可能与诸夏之间并没有种族上的分别,而只是没有过着定居的农业生活,也不服从周的管制和宗法、礼教约束(钱穆:《国史大纲》,第55—56页)。

但是，也许是因为宗族的纽带经过几代以后被削弱，或是因领土扩张和人口增长使得礼俗不能再起到有效的约束作用，或是整个周帝国已经扩张到当时的极限从而使得内斗变得很难避免，或是西周之制度本身设计的缺陷，这种封建贵族等级、宗法系统在春秋战国时期渐趋瓦解。① 在春秋时代，与西周不同，周王只被给予了名义上的尊重。最终，他实质上变成了诸侯之一（并且是实力很弱的一个）。诸侯国的疆界不再被尊重，通过吞并战争七雄终于产生，也带来了中国历史上的战国时代。在春秋战国时代，随着封建贵族的消逝，诸侯国乃至后来七雄的统治者不得不直接统治其国家，而他们的国家领土越来越大，人口越来越多，且在没有封建约束下流动性越来越高。在没有天下共主及其他封建宗法的约束下，这些国家的存亡以及这些君主在其国内的存亡完全依赖于他们的实力。

上述这种转变与欧洲从中世纪到（西方的）现代的转变多有相似。欧洲中世纪的政治架构也是金字塔般的封建贵族等级制度，其每一级也都处于"小国寡民"的状态，而其约束方式也是广义上的礼法。但是，这一架构在欧洲的现代化转变中也渐趋瓦解了。与封建制度一起消失的是贵族阶级和他们的政治制度与生活方式。中国的春秋战国时代，土地的贵族专有继承和旧有的公田系统被废除，土地自由买卖随之兴起。在西方的现代化进程中则出现了臭名昭著的英国圈地运动。同时，战争形式也因封建贵族制度的瓦解而变化。军队被平民化了，因此贵族的行为准则也消逝了。战争赤裸裸地服务于对资源与霸权的争夺，并成为以砍脑袋为目标的残忍"竞技"运动。如钱穆先生指出的，与封建等级摇摇欲坠但还没有坠的春秋时代的战争相比，战国时代的战争是彻底地残忍与丑恶的。② 相应的，欧洲产生了拿破仑和他的人民战争。这种全民战争使得"无辜"平民成为一个模糊的观念，从而也让我们理解犹如贵族时代区别平民与保护俘虏的《日内瓦公约》在实行上的困难。封建贵族体系的瓦解导致了丛林政治。在中国，本是天下共主的周王也成了这种混战中的（失败的）一员。在各级贵族的消灭与被消灭的斗争中，最终胜出的贵族，以他们为核心，造就了有统一的中央政府的大国。金字塔式的封建结构变成了平面（平等）的主权国家结构。在这些国家之上，再没有政治实体可以合法地干预它们的内政。这是欧洲威斯特伐利亚体系之后出现的主权国家。虽然没有

---

① 李峰有对西周灭亡，尤其是其内在制度缺陷的详细分析（李峰：《西周的灭亡》）。
② 钱穆：《国史大纲》，第88—89页。

"主权国家"的说法,但是战国中的国家也是实质上的主权国家。

当然,说中西转变之相似不是否定其间的不同。比如,欧洲中世纪以前有古希腊和古罗马文明。这给予了他们的转型独特的哲学、政治、文化资源,也给予他们对不同问题的关注。① 更一般地讲,欧洲继承了环地中海文明圈的成果,并且一直与这一文明圈的另一个重要继承者,伊斯兰文明,有紧密接触。相对这个文明圈,中国可以说是在文明的边缘,在很久以前就由相对单一的华夏文明占据了主导地位。与此相关,春秋战国时的中国有"天下共主"式的对自身文明的统一和连续的想象,但欧洲并没有如此强的观念。中世纪欧洲没有世俗君主享有如周王那样高的和长久稳定的地位,并且欧洲中世纪的封建也不如周那么系统、清晰。教皇的位置相对稳定,但是它明显比不上周王意义上的天下共主地位。欧洲与西周封建系统的这种差别的一个深层原因是,西周封建是在顶层设计的基础上从上到下实现的,而欧洲的封建更是从下到上、多种因素斗争和妥协的结果。② 这一区别不但对两者的封建形式,更可能对两者封建之后的转型有深远的影响。③ 在向现代化转变的过程中,欧洲同时有领土的大幅扩张(移民与殖民),而春秋战国时候华夏文明的扩展可能更多是蚕食性的。欧洲的"春秋战国"也没有能够达到中国所达到的统一,尽管它们确实成功地打了两场"世界"大战和很多较小规模的战争。④ 更为重要的是,在欧洲现代化后期发生了工业革命,这也是欧洲现代化的独特之处。

---

① 比如,古希腊哲学中对本体论、认识论的兴趣,在先秦哲学中鲜能找到。前者可能开始是一个偶然,但是随着传统自为的生命,这个偶然渐渐成了某种必然,成了欧洲思想家必然要处理的问题。近代欧洲思想家对此类问题的处理并不与政治意义上的现代性问题直接相关,也是其现代性中独特于中国周秦之变的地方。当然,他们对这些问题的处理,可能还是与政治之变局呼应。比如,从洛克到20世纪逻辑经验主义对逻辑与经验的强调,可能与平等的政治理念相关。关于最后一点,参见白彤东文稿 "The Cushing Thesis and Underdetermination" 中的相关讨论。同时,对本体论、认识论问题的处理,也与现代科学兴起、工业革命等交织,成为欧洲现代性独特之处。笔者感谢李勇博士促使本人澄清这一点。
② 钱穆早已指出过西周封建与欧洲封建的这种差别(钱穆:《国史新论》第二版,北京:生活·读书·新知三联书店,2005年,第1—3页)。
③ 比如,中国与欧洲的区别,并不是像通常说的是以亲缘还是契约组织起来的,而是契约是由上而下的还是由下而上的。欧洲由下而上的契约关系,可能对君主立宪在英国的率先出现有贡献。当然,这不是说宪政的建立必须要有由下而上的契约传统,或者这种传统必然最终导致宪政。
④ 旅美香港学者许田波指出,春秋战国时的中国与现代化开始时的欧洲有深刻的相似。她进一步分析了为什么中国最终走向统一,而欧洲没有这个问题(Victorial Tin-Bor Hui, *War and State Formation in Ancient China and Early Modern Europe*, Cambridge: Cambridge University Press, 2005)。

但是，我们这里所要强调的，不是中西之转变没有不同，而是它们之间有足够的，并且是根本的相似。这种相似的根本，像我们上面已经暗示的，就是封建贵族政体的瓦解和广土众民的独立主权、集权国家的诞生。这种转变，带来了全新的政治问题。一般地讲，政治问题可以分为政治实体内部的组织以及政治实体之间的关系。在封建贵族制中，政治实体之内，各级统治者由贵族充当，而这种统治秩序的维护根据礼法，其金字塔的每一层级上都只有常常是几百或几千个人的共同体（community）。也就是说，每一级都是一个实质上寡民之小国，或"高度同质的熟人共同体"。当一个共同体很小的时候，建立在一种对善的共享的整全理解之上的道德和行为准则是很有可能的。在政治实体内部与金字塔中的政治实体之间，各级统治者通过礼法维护秩序（虽然军事力量很可能也会起作用）。在西周，最高的仲裁者是周王，而欧洲的最高仲裁者并不很清晰和确定。当然，在面对这个金字塔之外的人（戎狄、蛮夷）的时候，战争是最通常的手段。《左传》中所谓"国之大事，在祀与戎"①，很好地概括了封建制下的政治活动。"祀"所代表的是封建礼法，用于维护内部等级秩序，并加强内部连接；"戎"是对这种制度之外的政治实体的战争。②

但是，封建贵族政治体制的瓦解，令上述的政治根本问题又要被重新回答。首先，是谁来充当统治阶级（包括如何选择统治者和这种选择的合法性问题）？其次，是统治阶级内部以及统治者和被统治者之间靠什么来凝结？如果不是恢复封建贵族体制，第一个问题自然是个问题。那么，为什么社会、政治凝结问题也会是个问题？这是因为，在中西封建制瓦解之后出现的国家都是由一个中央政府直接领导的广土众民的社会。这似乎是个不重要的变化，但是，在政治里，大小很重要。那

---

① 《左传·成公十三年》。
② "封建制"是否适用于中世纪的欧洲和西周时期的中国，是个在学界很有争议的问题。关于前者，参见 Elizabeth A. R. Brown, "The Tyranny of a Construct: Feudalism and Historians of Medieval Europe," in *The American Historical Review*, 79.4, 1974, pp. 1063–1088; Susan Reynolds, *Fiefs and Vassals*, Oxford: Clarendon Press, 1994. 关于后者，参见李峰：《西周的灭亡》；《西周的政体》，北京：生活·读书·新知三联书店，2010年。但是，现在似乎也没有一个更好的、对其理解有共识的术语来描述中世纪欧洲和西周时期中国的制度。并且，如文章中所解释，这里的"封建制"的内涵是：上一级政府或统治者除了其直接管辖的小片地域和生活于其上的有限人口外，将名义上属于它的大量人口与土地分派（分封）给下一级政府或统治者，并给予其以高度自治为基础的代理权，并不干涉后者内部的运作（比如再下一级的官员任命）。这个金字塔的每一层级，领导者与其代理者（在最低一级是领导与其直属的人民）构成联系紧密的熟人共同体，从而一个表面上的大国就被分成了无数熟人共同体的、"小国寡民"的单元。各级领导者有血缘意义上的贵族构成。从这个意义上用"封建制"称中世纪的欧洲和西周时期的中国，恐怕是争议不大的事情。

些能够用来凝聚小共同体的(亲情、宗法、礼俗、个人契约、对善的分享)不再能够凝聚大的陌生人社会,除非使用行之有效的压制(oppressive)手段。也就是说,在非压制的情形下价值多元就不可避免。对后一点,一些西方近现代思想家和先秦思想家如韩非子都有所把握。① 再次,金字塔式的封建架构垮台后涌现出来的独立主权国家之间关系如何处理,即所谓我们现在所说的国际关系问题,也成了问题。

在欧洲,上述问题是其近现代政治思想家所面对的问题,可以说是现代性问题,或至少是现代性问题的一部分。那么,这是不是说明中国的周秦之变也是一种现代化呢?这一论断的前提是"古今之变"的实质是(或部分地是)建筑在贵族血缘继承与宗法契约基础上的,在每一层级上都是高度同质的,小国寡民的熟人共同体的封建等级制的瓦解,与异质的广土众民的陌生人社会的出现。现代性的问题就是如何处理转变带来的各种政治、社会问题。如何理解现代性是一个很大的问题,而上面的这种阐释的正当性自然也需要仔细的考察,包括与各种现代性理论的比照。这里我们无法对此进行详细考察,而只能在说明我们的预设是什么之外,回答一些明显的反驳。

有人会说,欧洲现代性表现为市场经济、平等、自由、权力合法性等观念。但是,贵族体制不再存在的一个结果就是土地市场化(自由买卖),这恰恰是春秋战国中发生的事情。至于平等与自由,它们本身是复杂的概念(何种意义上的平等、关于什么的自由)。贵族体制瓦解,意味着人不再因为血缘而天生不平等,也意味着人不再天生就有固定的职业,而有了选择的自由。这种观念也反映在先秦诸子的思想中。先秦儒家大多认为人们在潜能上是平等的,或至少应该是"有教无类"。这与西方启蒙运动以来的大众教育(mass education)思想有呼应。② 韩非子也提出了法律面前(除了人主之外)人人平等的想法。如果我们对他将人主放在法律之上有所不满,我们要知道,在西方宪政之初,君主也常常是不受法律约束的。先秦儒家、法家、墨家都有各自的以机会平等为基础的选贤举能的安排,他们所认可的这

---

① 对西方自由主义思想家如何理解多元性与共同体大小的关系,参见周濂:《政治社会,多元共同体与幸福生活》,第12届中国现象学年会会议论文,2007年11月;《最可欲的与最相关的——今日语境下如何做政治哲学》,《思想》第8辑,2008年1月,第237—253页。我们这里当然不是说韩非子是自由主义者,而是他与自由主义者对超越共同体之上的社会形态中的道德多元性有着类似认知。

② 关于儒家与启蒙以来西方教育思想的区别,参见 Tongdong Bai, "Against Democratic Education," in *Journal of Curriculum Studies*, 43(5).

种社会与政治的流动性是一种自由的表现。

关于权力合法性的问题,"古代"(欧洲的中古与中国的春秋战国之前)统治者的权力也有其合法性基础,只不过它诉诸某种神意。权力合法性的"现代性"表现在不再诉诸这种神意,或用韦伯的术语,现代经历了祛魅(disenchantment)的过程。一个明显的原因是当旧的封建政权坍塌时,旧有的神意当然不能再起作用,因而或者要被重新解释,或者要被彻底放弃。同时,这一变化也可以看作是现代性所包含的多元主义和某种平等主义(所谓"王侯将相宁有种乎"①)的结果。现代西方对政权合法性的探求导向了社会契约与民主政治。在中国,西周时"天命"可能已经被"人化"了,民意化了(所谓"天听自我民听,天视自我民视"②),而先秦儒家,尤其是孟子进一步发挥了这种权力合法性来自满足人民物质与精神需要以赢得民心的想法。③当然,像我们提到的,西方的现代化有古希腊和古罗马的资源(比如民主等观念),而周秦之变中的中国没有。这可能导致了不同的制度设计。

另外,作为西方现代化的一个重要的、看似独特的世俗化(去基督教化),也许是上述一些根本变化的合力(新的权力基础与权力架构的要求、非压制情形下的不可避免的多元化、民众教育的提高,等等)外加西方中古之独特现实的结果(宗教及其组织是维系欧洲中古封建制的重要纽带),而并不是现代化的本质特征。④

对周秦之变的现代性的另一个强有力的挑战是,声称个体性是现代性的本质特征,而传统中国没有这种个体性,所以传统中国没有现代性。⑤这里的个体性指的是霍布斯和洛克所讲的,个人作为个人,不需要有任何其他资质,就有天生的权利或者自由。对这个挑战的根本回答,要考察现代性的本质,但这是我在这篇小文里无法充分处理的,而只能给出一些简单的回答。第一,我想我们都会承认,日本

---

① 司马迁:《史记》,上海:上海古籍出版社,1981年,第229页。
② 《尚书·泰誓》。这里只说"可能",因为《尚书·泰誓》是否为西周文献可以争议。
③ 需要指出的是,儒家的政权合法性观念虽然强调民意,但是它同时也强调精英作用。它对民意的理解(同时强调人民的物质与伦常需要)也与当代西方民主国家的理解有不同。白彤东《旧邦新命》的第二章到第四章对此有详细的讨论(白彤东:《旧邦新命:古今中西参照下的古典儒家政治哲学》,第21—94页)。
④ 另外一个常被当作西方现代性的重要而独特的概念是个体概念及个人主义。对此,一方面,中国先秦思想中也有个体的想法,比如《庄子》里的"各""自""独化"等观念;另一方面,西方现代后期个人主义的滥觞也许与其希腊传统,尤其是与工业化这一欧洲现代化的独特发展有关系。
⑤ 笔者感谢孙向晨对这一点的强调,以及对个体性的含义的阐明。

与德国在其现代化的过程中似乎没有弘扬个体,作为只有在现代才存在的极权国家也不强调个体。这似乎意味着,个体性不是现代性的普遍特征。第二,当代社会所接受的个体性观念,到底是早期思想家如霍布斯和洛克宣称的结果,还是工业化造就的? 如果是后者,而下面我会讲到,工业化之后的现代,是现代的2.0版,也是传统中国没有达到的。也就是说,这样的西方的个体性与我所声称的周秦之变的(早期)现代性并不矛盾。第三,即使个体性是现代性(早期或是晚期)的共同特征,在周秦之变中,中国已经有了很强的个人有为的观念。[①] 中国魏晋时期对礼教反抗,更是公认的个体性的张扬。第四,即使中国缺乏西方现代意义上的个体性,但只要这种个体性不是现代性唯一和根本的特征,而周秦之变有现代性的其他特征,那么周秦之变也还是可以与现代性做大范围的比较。第五,我们可以承认,对每一个人(仅仅作为人,而不是需要有四端或者什么其他更高的要求)的尊重,对一些基本权利的强调,虽然不一定是现代的,但可能是现代价值的一种重要的善。就此,传统中国哲学可能没有给出像霍布斯、康德等人的形上学根据。但这不等于说,我们不可以论证比如儒家可以认可权利。[②]

总之,我们不是否定欧洲的现代化有其特殊性,而是要指出,欧洲的现代化与周秦之变有足够的相似,有些我们以为是欧洲现代化的特殊的东西,其实也可以在周秦之变里找到,并且这些特征是更深层的社会政治转变(即本文强调的封建制下的小国寡民向广土众民的大国过渡)的表征,而不是现代化的实质。

六、现代政治哲学、心性哲学,抑或封建专制之糟粕?

面对这些共同问题,先秦思想家与欧洲现代思想家提出的解决,有些相似,有些不同。老子与卢梭似乎都认为现代化的前景是不可接受的,因此都号召"回到"某种小国寡民时代。[③] 其他的思想家似乎都是要向前看。上面已经提到,儒、法、墨

[①] 张朝阳:《中国早期民法的建构》,北京:中国政法大学出版社,2014年,第194—204页。
[②] 参见白彤东:《旧邦新命:古今中西参照下的古典儒家政治哲学》,第四章。
[③] 参见 Tongdong Bai, "How to Rule without Taking Unnatural Actions (无为而治): A Comparative Study of the Political Philosophy of the *Laozi*," in *Philosophy East and West*, vol. 59, No. 4, October, 2009, pp. 481-502. 中文版参见白彤东:《旧邦新命:古今中西参照下的古典儒家政治哲学》,第五章。

都希望在平等基础上建立其一套选贤举能的办法，用贤能替代贵族来充当统治阶级。他们之间的争论之一，是贤能的标准。西方近现代思想家也不断挑战血缘意义上的贵族制，在其政治中也引进了建立在平等基础上的选贤举能制度（"民主"制度）。但是，现代西方民主制度的选贤举能的成分被很多人遗忘了，导致了平等与自由被一些近现代西方思想家当成独立的、根本的价值，而西方自由民主制度中的贤能政治（meritocracy）或被遮掩起来，或被在理论与实践上否定。这种对选贤举能背离的优劣，值得争议。① 关于在陌生人社会寻求内部凝聚的问题，西方的民族国家、马克思的阶级理论，都可以被理解为对这个问题的回答，而儒家则提出了以恻隐之心和夷夏之辨为基础的国家认同理论。儒家的这一理论也成为他们的国家关系理论的基础。儒家的这种国际关系理论又与西方现代以来的主流理论（以民族国家为基础的强权政治和后来的世界主义）不同。这些理论之间相对的优劣还是有争议的。②

如果我们的理解是对的，那么，中国先秦经典所蕴含的，不仅有哲学，而且因为其关注的问题乃是现代性问题，乃是政治问题，所以它还是现代政治哲学。③ 在当代承认中国哲学合法性地位的人（比如新儒家）中间，其主流观点是将中国哲学，尤其是儒家哲学之根本理解为（中古的）心性哲学，因此本文的观点可以说是异端。但是，就周秦之变乃一种现代化这一看似大胆的观点而言，前面提到，独立于本人的工作，旅美政治学者许田波也提出过这个观点。④ 著名政治学者福山也指出，秦国是"一个早熟的现代中央集权国家"，并且"即使不是所有，也是有很多马克斯·韦伯所定义的根本性的现代特征"。⑤ 并且，虽然笔者在这一节里批评了冯友兰先生将中国哲学等同于上古、中古哲学的观点，但是，笔者对周秦之变的

---

① 对此的批评，参见白彤东：《旧邦新命：古今中西参照下的古典儒家政治哲学》，第三章。
② 对这些问题的具体讨论见白彤东：《仁权高于主权——孟子的正义战争观》，《社会科学》2013年第1期，第131—139页；《现代国家认同与国际关系——儒家的理论及其对民族国家与自由主义范式之优越性》，《知识分子论丛（第11辑）：多维视野中的个人、国家与天下认同》，2013年；《恻隐之心的现代性本质——从尼采与孟子谈起》，《世界哲学》2014年第1期；以及徐英瑾：《演化心理学对〈1844年经济学—哲学手稿〉之"异化"观的"祛魅"》，《学术月刊》2013年第6期。
③ 当然，这不否认有些先秦思想家可能没有理解到时代巨变的内涵，或是对此不甚关心。
④ Victorial Tin-Bor Hui, *War and State Formation in Ancient China and Early Modern Europe*.
⑤ Francis Fukuyama, *The Origins of Political Order: From Prehuman Times to the French Revolution*, New York: Farrar, Straus and Giroux, 2011. 但是他认为周秦之变只在中国带来了政治的，而不是经济的和社会的现代化。这一点我当然不同意，但无法在这里展开。

理解,也是受了冯友兰先生对这一变局的理解所启发(虽然他没有说这一变化是一种现代化)。① 就中国先秦哲学之政治本性来讲,司马谈早在《论六家要旨》中就已指出:"夫阴阳、儒、墨、名、法、道德,此务为治者也。"② 今人如萨孟武,也是说"先秦思想可以说都是政治思想"③。其实,哪怕是现在被理解成以心性为本的宋明理学,根据有的学者的说法,其政治性也是被今人所掩盖。钱穆先生,也专注于中国思想的政治层面。

那么,为什么中国哲学的政治层面会被认同中国哲学的主流所忽略?笔者认为,其主要原因,乃是中国近百年来反传统的结果。④ 在这种浪潮下,中国思想(尤其是儒家)常被污名为"两千年封建专制的糟粕"。即使号称文化保守的新儒家,虽然可能措辞没有这么极端,但是其实也分享这种否定中国传统政治的想法。出于这种否定,新儒家将儒家讲成一套心性哲学,不但夸大了宋明理学的心性向度的核心性,更是对先秦与两汉儒学的政治性视而不见。⑤ 这里要澄清的是,我不是说新儒家的儒学没有政治向度,而是说他们的政治向度是心性/伦理向度的副产品,是在后的;而我所强调先秦儒学首先是政治哲学,心性层面只是政治哲学的副产品。⑥

回到"封建专制的糟粕"这个判断,我们撇开"糟粕"这个情绪性字眼不谈,首先,按我们这里的解释,"封建"指的是西周的制度,这个意义下的封建制恰恰允许地方(诸侯)自治,因此"封建专制"是个自相矛盾的词汇。其次,中国秦以降的两千年的历史的主线并非封建,而是郡县制。再次,这两千年的制度虽有专制的

---

① 冯友兰:《中国哲学简史》,第184—186、195—196页。
② 司马迁:《史记》,第229页。《淮南子·氾论训》中有类似的说法("百家殊业,而皆务于治")(刘安著,高诱注:《淮南子》,《诸子集成》,上海:上海书店出版社,1986年,第213页)。
③ 萨孟武:《中国政治思想史》,北京:东方出版社,2008年,第1页。
④ 中国思想的政治哲学维度被忽视可能还有其他原因。比如,郑家栋指出:"形上学、本体论是现代'中国哲学'的重心所在,这既与回应黑格尔对于'中国哲学'的批评有关,也与思考康德批判哲学所提出的问题有关。"(郑家栋:《"中国哲学史"写作与中国思想传统的现代困境》,第9页)
⑤ 比如,刘述先就多次指出,儒家分精神性的(即新儒家的心性哲学)、政治化的(意指给专制做走狗的)、世俗的(刘述先著,郑家栋编:《儒家思想开拓的尝试》,北京:中国社会科学出版社,2001年;《论儒家哲学的三大时代》,贵阳:贵州人民出版社,2009年)。哪怕是所谓后新儒家林安梧,对传统政治亦持同样的贬斥态度(林安梧:《道的错置——中国政治思想的根本困结》,台北:学生书局,2003年)。
⑥ 这一区别,会导致对儒家哲学的不同解释。作为一个例子,参见白彤东《恻隐之心的现代性本质——从尼采与孟子谈起》中从政治哲学在先的角度,对孟子之恻隐之心的解释。

一面,但是用"专制"描述它有失片面。① 是什么原因会导致这么如此错误的想法呢？笔者认为,这种说法,乃是"胡说",即用胡人的视角看中国产生的说法。中国近代受辱于西方,中国学人之主流就因此认为,中国一定落后于西方。西方进入了现代,那我们自然就处于前现代。西方走向自由与民主,那我们自然就是专制社会。西方在现代之前是封建制度,那我们两千年有的自然是封建制度。后来的五阶段论也再次强化了这种对中国历史的曲解。但是,如果我们这里的理解正确,反而是中国率先进入现代社会。因此,中国思想在欧洲启蒙乃至近代影响了一些西方思想家这一事实,就可能不是偶然的,或仅仅是欧洲思想家曲笔来批评本国统治者能充分解释的了。②

这种对中国历史与传统政治的理解对世界历史与思想史之影响的另一个例子,是对日本历史的理解。我们经常把明治维新之前的日本与传统中国类比。实际上,中国传统是封建专制这一说法,其实更直接地是受到这种类比的影响。的确,日本明治维新之前的制度确实是封建的,它更像西周的封建制,其政治现状更像周王室大权旁落的春秋时代,而不是秦以降的传统中国的制度与现状。明治维新相当于周王室统一列国,进入现代社会。③ 但在上述那种错误类比之上,日本和中国的一些学人的结论是,中国本来与日本同是封建,但中国在现代化上落后于日本,因此20世纪上半叶的中国仍然处于前现代的封建社会。

总之,本文的中国早期现代性的观点,不只是出于一种文化自尊(或因自卑而产生的自尊),而是给出了论证。我们已经看到,这一观点会对我们哲学史、思想史,乃至历史的研究产生巨大影响。并且,中国很早就进入了现代社会,但是其传统政治又不同于现代西方政治,这意味着可以有不同的处理现代性的方式,而中国

---

① 参见钱穆:《中国历代政治得失》,北京:生活·读书·新知三联书店,2005年。
② 最近关于这个问题的一个有趣工作是《西方文明的东方起源》(John M. Hobson, *The Eastern Origins of Western Civilization*, Cambridge University Press, 2004)。谢文郁在他最近的一篇文章中也指出了中国思想对康德的可能影响(谢文郁:《康德的"善人"与儒家的"君子"》,《云南大学学报(社会科学版)》2011年第3期)。
③ 在1908年的《民报》上发表的《代议然否论》一文里面,章太炎指出了日本与欧洲封建的类似,以及中国脱离封建已经很久的事实(章太炎:《代议然否论》,张勇编,《章太炎学术文化随》,北京:中国青年出版社,1999年,第128—141页)。韩东育在其专著中指出,日本并非如很多人所认为的是儒家资本主义的代表。在其现代化之前,有一个对中国先秦思想的反思,并有一个脱儒入法的过程(韩东育:《日本近世新法家研究》,北京:中华书局,2003年)。当然,日本现代化与周秦之变所不同的,是它引进了西方现代化中独特的工业化因素。

秦以降的两千年政治可以为我们反思多种现代性与现代政治提供很好的资源。当然，像我不断强调的，周秦之变乃一种早期现代化这一观点并不否定欧洲的现代化有其特殊之处。比如，像已经提到的，欧洲现代化后期的工业化是其独特之处，这使得封建贵族政体垮台后所导致的流动性极大地深化。虽然中国传统社会中有流动性，但是工业化使得社会最下层的人民也更加彻底地流动起来。这一变化有着深刻的社会与政治的意义。我们可以说，有了工业革命的现代化乃是现代化的2.0版本。[①] 中国传统政治里很多社会政治组织（比如宗庙）需要进一步调适才可能适应工业化、全球化后的世界。这些是我们要向西方学习，也是政治哲学家所要反思的。这种学习与改进的前提，也是要建立在我们对中国传统政治及其哲学的真正缺陷的理解之上的，而不是中国近一百五十年来病急乱投医的做法（它不但没修正好中国的缺陷，还把中国传统中好的东西给杀死了）。也就是说，中国传统一些做法无法适应工业化社会要求，自然要抛弃（如果我们不拒绝工业化的话），一些需要调整，但还有一些不受工业化影响。那么，后两者所提供的，如果仍然与西方主流政治理论与实践不同，这就意味着对工业化后的现代社会，依然有着不同的应对方式，而我们要考察这些不同方式的优劣。也就是说，在探索现代世界更好的政治治理方式这个问题上，历史没有终结。用先秦诸子来类比，现在的世界，是个放大版的新诸子时代。

（作者单位：复旦大学哲学学院）

[①] 白彤东《恻隐之心的现代性本质——从尼采与孟子谈起》中对此有更详细的讨论。这里要注意的是，"早期现代化"或者"现代化的1.0版本"并不意味着进入这个阶段的国家会自然走向"晚期现代化"或"现代化的2.0版本"。

1958年港台新儒家宣言

心性之学与当代儒学的世界化
——评《为中国文化敬告世界人士宣言》*

倪培民

今年是唐君毅、牟宗三、徐复观、张君劢四先生发表《为中国文化敬告世界人士宣言》(以下简称《宣言》)六十周年。六十年前的今天,起草此宣言的四先生在中华文化面临西方的冲击而花果飘零的境况下,出于中华文化之承担者的共同责任感,挺身而出发表见解,呼吁中外人士肯定中华文化之生命及其内在价值,其文化担当精神跃然纸上,读来依然鲜活如初,令人肃然起敬。就凭这一点,《宣言》也应该被看作中华文化史上的一个里程碑式的事件。而且,作为宣言的作者,四位先生都是当代中华文化研究之大家,代表了一代学术之最高水平,所以《宣言》本身也成了中国当代文化史的组成部分,成为研究当代中国文化史的重要材料,其价值自不待言。

笔者以为,纪念《宣言》的最好方式,莫过于对《宣言》本身之目标以及当代中华文化发展的方向作一反思,以进一步促进对整个中华文化之命运的关注。

一

按照《宣言》执笔者唐君毅先生的解释,此《宣言》之缘起,是作者们看到"西方人士对中国学术之研究方式,及对中国文化与政治前途之根本认识,多有

---

* 本文乃基于在复旦大学"宋明理学国际论坛暨上海儒学院第二届年会"(2018年8月22—23日)上的发言稿整理扩充而成。原载于《杭州师范大学学报(社会科学版)》2018年第6期(11月),第40—48页。

未能切当之处",需要"纠正西方学者对中国文化问题的偏见"。此文既为"为中华文化告世界人士宣言",则其初意当是对全世界,尤其是西方人士所言。《宣言》"本重在先由英文发表",然而它在起草过程中,先成中文,定稿后"因循数月,未及翻译。诸先生又[认为]欲转移西方人士之观念上之成见,亦非此一文之所能为功。最重要者仍为吾中国人之反求诸己,对其文化前途,先有一自信。故决定先以中文交《民主评论》及《再生》二杂志之一九五八年之元旦号同时发表。"由此可见,此宣言既是告世界人士,也是告中国人士自身,为国人明确其文化上、精神上的寄托和安顿。《宣言》的目的因此可以概括为两条:纠西人之偏见;立国人之自信。

  作为后人,我们能否告慰四先生,他们发表《宣言》的目标已经达到?具体而言,六十年以后的今天,中国人对其文化前途有没有获得自信?西方人士对中国文化的偏见有没有得到纠正?

  首先,有关中国人对其文化前途的自信,四先生发表《宣言》的背景与今天当然大不一样。他们面临的是中华文化花果飘零的局面,需要面对西方为自身的文化辩护,要寻找全球四分之一人口的精神安顿。《宣言》里一种悲情和忧患意识溢于言表。六十年后的今天,中国经济高速发展为世界第二,中国官方提倡四个"自信",号召复兴中华传统文化,承载中华传统文化的国学在中国也成了显学,中华民族的自信与当年相比显然有了大幅提升,但实际状况其实并不乐观。传统文化的复兴尚未普遍落实,国人对中华文化的内在价值的认识并未发生实质性改变。当下国民中表现的文化自信,其实更多的是来自民族自尊,离对中华文化真正价值的自信还有相当的距离;而被民族自尊和经济快速发展所带动起来的文化热,容易出现走向另一个极端的危险,即空洞自信变成盲目浮躁的自大,变成商业运作和炒作表演,变成对官方宣传的表面呼应和迎合,或者变为原教旨主义式的复旧和与世界文化的对立。上述的种种倾向,不仅无法使中国文化成为世界文化,而且会伤害中华文化,使之从内部丧失生命力,造成比当年的花果飘零更加危险的处境。

  其次,六十年后的今天,西方人士对中国文化的了解肯定是有了一些进步,但也主要表现在道家和佛教的影响上,而非作为中国传统文化主流的儒家文化。走进西方国家的书店,就可以发现东方哲学和宗教类的书少得可怜,即便有,也多数是佛教和道家文化的读物,而且是偏向于神秘浪漫色彩,满足猎奇者文化消费需求的那种。① 西方对中华文化更多的还是处在出于"政治正确"而包容的层面。在今日的世界上未见有其他国家民族积极吸收中华文化，以其为参照来发展和构建其自身的未来。国际上只有很少数的人士把儒家文化当作具有现代应用价值的宝贵文化资源看待。或许是因为《宣言》本身从来没有被正式翻译成英文发表，它在西方几乎没有产生任何影响。多数西方学界的人士都没有听说过这个《宣言》，遑论仔细读过，当然更谈不上因此而被振聋发聩。

究竟需要怎样才能完成《宣言》所欲达到的目标？在《宣言》的作者们看来，要立国人之自信和纠西人之偏见，必须要揭示中国文化之最有价值的核心。这毫无疑问是正确的。文化自信必须是建立在对自我的文化之价值的认识上，有此认识才能有真正的自信。西人对中华文化的偏见，也需要通过展示中华文化当中真正有价值的内容来予以纠正。但什么是中国文化之核心呢？《宣言》的作者们认为，"中国之学术文化，当以心性之学为其本源"，"此心性之学，正为中国学术思想之核心，亦是中国思想之中所以有天人合德之说之真正理由所在"。《宣言》的作者们认为，从思（子思）和孟（孟子）以来直到王阳明，儒学主流皆以人的善性或良知连接天理、天道，把价值本体论化，又以这样的本体论作为理据，支持儒家的基本价值体系和功夫修炼。这就是中国的"道统"，是中国人精神的安顿之处，也是中国文化能够对世界文化做出主要贡献之处。当代新儒家从熊十力到牟宗三等先生高举"心体""性体""道体"，认为中国文化的根柢就在儒家的心性学。徐复观关于中国哲学史的主要著作就是《中国人性论史》，认为中国文化可以概括为"心的文化"。近年来，陈来先生提出"仁本体论"，将此道体、心体直接概括为"仁"，接续着这一传统。此说更得到了杜维明先生的支持。在2017年一次以"当代儒学发展的回顾与展望"为主题的学术会议上（嵩阳书院2017年6月24—25日），杜先生郑重地把从思孟心性学说为基础来构建世界伦理作为其近年来主张的"精神性人文主义"的主要内容推出，认为这种仁道坚信"人禽之辨"所揭橥的人之所异于禽兽的"几希"，也就是王阳明的"良知"，即人的独特性之所在，是人最真切内在、最有价值、最能普世化的核心。他把这个古典传统在宋明时期的波

---

① 有人认为西方对道家和佛家文化的兴趣在很大程度上是一种"东方主义"的表现，即将其当作一种"另类"文化来消费，而不是真正对佛道文化的接受。参见 J. J. Clarke, *The Tao of the West: Western Transformations of Taoist Thought*, London and NY: Routledge, 2001。

澜壮阔的发展,联系到当今世界遇到的种种困境,认为它可以成为世界哲学考虑人类最核心问题的一个重要参照。他把这种"几希"的良知称作为"本体"和"源头活水"。通过这个源头去把他所说的四个面向,即人与自我、人与群体、人与自然、人和天道都关联起来,甚至联系到宇宙大爆炸,即以人的良知本体的根源性和独特性来认识人在宇宙中的地位。在会后的小范围座谈中,他再次提到:"从人禽之辨到宋明,到牟宗三、唐君毅、徐复观等的那个宣言,有一个信念,就是人的存在是有价值的。这是个共识。是不是这样?这是我最近的一个思考。"在2018年8月的世界哲学大会上,杜先生在其以"精神人文主义——己、群、地、天"为题的主题报告中,再次重申了他"坚信'思孟心学'所体现的仁道必能扬弃启蒙心态所突出的凡俗的人文主义,而成为人类21世纪探究和平发展不可或缺的参照"。这样的思考,就其气魄和视野而言,显然超过了四君子的《宣言》,但其核心的观点,依然继承了《宣言》之思想,即仍以思孟心性之学为本。如果说《宣言》的主调还是为中华文化做辩护,杜先生的"精神人文主义"的主调则是基于对世俗人文主义所造成的精神层面的失落,要以中华文化的心性学为参照,为世界文化做出建设性的贡献。

这里,我们首先可以反思的是,心性之学是否是中华文化之本?"本"字可以有多种不同的理解,如作为来源("本源","本根"),作为根据或者基础、立足点("根本"),作为核心内容或者原则("基本"),作为本来面貌("原本"),作为与现象相对的真实存在或者存有("本体")。《宣言》的作者既把它称为中华文化的"本源",又说它是中华文化的"核心",还是"中国思想之中所以有天人合德之说之真正理由所在",可见在《宣言》作者心中,思孟心性学兼具"本"之若干含义。这涉及心性之学在中国文化本身发展的历史上的地位问题和它与中国文化其他各部分或者各个方面的关系问题。对心性之学本身的内容和性质应当如何理解才为恰当?只有通过对这些问题的反省,才能回答在21世纪的今天,以心性之学作为中华文化之本来推广,是不是复兴和发展中华文化的最佳方向。

二

我们知道,在孔子那里心性论只是显示了一些萌芽。孔子虽然也说"知天命"①,但他没有解释是如何知天命的,也没有解释天命是什么。从孔子思想的总体倾向而言,这个天命其实可以理解为就是他所追求和践行的仁道。他有时好像显示了强烈的信心,是上天把品德赋予了他,因此即便别人想加害于他,也"其如予何"②,奈何不了他,但这更像是他在给学生们鼓气。其实他非常现实,所以他会"微服过宋"③,而不是仗着天命在我而无所顾忌。他更相信的是"人能弘道,非道弘人"④。整本《论语》记录孔子言性之处只有"性相近也,习相远也"⑤这一句话。另一出现"性"字之处是"子贡曰:'夫子之文章,可得而闻也;夫子之言性与天道,不可得而闻也'"⑥。可以推见,对孔子来说,成为一个君子、仁人,与其说是某种天赋、天意,不如说是学习和践行修炼的成果。《论语》之首章以"学而时习之"开篇,历代学者多认为不是偶然。它反映了孔子所代表的,不是强调天赐而具有合法性的倾向,而是相信通过自己的学习和修炼,以人配天,展现天道的倾向。

心性论之成为一种学说,始于孔子之孙子思和孟子。子思所作的《中庸》开篇就说"天命之谓性,率性之谓道",所以知性就是知天命,属于最高的知;率性就是道,是行天道。这里,"性"与"天"相关联,天地正气和人格生命,宗教信仰和道德实践合而为一。孟子进一步提出他的性善论,把人性当中的"四端",即恻隐之心、羞恶之心、辞让之心、是非之心,当作天赋于人的"性"。思孟之心性说在很长时期内一直不是中华文化的主流,甚至不是儒学的主流。其成为儒学主流,是直到思孟之后一千多年,通过宋儒的重视,并将其与《尚书·大禹谟》中"人心惟危,道心惟微,惟精惟一,允执厥中"的所谓"十六字心传"联系起来发挥,使之上接尧舜,构成一道统⑦,又相应地将《中庸》和《孟子》列入《四书》,作为儒家核心经典,取代以前《五经》的位置,才促成了思孟心性之学在儒学和整个中华文化中地位的大幅提升。而宋儒使心性理论最终成为儒学的核心话语,其中当然有学理上的脉络,但更

---

① 《论语·为政》。
② 《论语·述而》。
③ 《孟子·万章上》。
④ 《论语·卫灵公》。
⑤ 《论语·阳货》。
⑥ 《论语·公冶长》。子贡的话常被理解为孔子对此隐秘不发,但孔子说过,"二三子以我为隐乎?吾无隐乎尔。吾无行而不与二三子者,是丘也"(《论语·述而》)。其实最为合理的解释是他故意避而不谈性与天道,以强调后天之"习"的重要性,强调"人能弘道,非道弘人"(《论语·卫灵公》)。
⑦ 参见陈良中:《"十六字心传"理论的形成及内涵》,《兰州学刊》2007年第4期。

为直接的动机是以此回应来自佛老的挑战①,弥补儒学自身仅仅作为社会日用纲常而在"上达"天道方面之不足。整个宋明儒学对心性问题的探讨,都是在佛老心性论广为流传的背景上,以重新诠解和发挥先秦儒家心性理论而展开的。宋明儒学家们一方面吸收佛老理论当中的思想和话语,一方面又从先秦儒学中寻找资源,将儒学拔高到天道、天理的层面,在"理""气""心""性""天道"等本体论概念上展开论证,成就了儒学的复兴。

当然,孔子的倾向与思孟心性学所代表的倾向之不同,并不意味着它们相互矛盾。孔子的途径可以说是"下学而上达",但它并不排斥"上学以下贯"之可能。在宋明的特定历史条件下,通过论证"天命"之性来应对佛老的挑战,实为高明之举。它既可以由此建立儒家的形上理论来与佛老之学当中的相应部分抗衡,又可以借助佛老在这方面的丰厚资源来建构自身。但心性之学在宋明时期的成功,更多的是在社会层面,即从社会影响而言,它确实促进了儒学的复兴。这与其学理思想上的成功与否不能混为一谈。学术思想之社会影响并不完全取决于其内在的理论价值和说服力,它往往也取决于许多外在因素,如社会的需要、思想家的语言技巧、追随者和出版者的重视和推荐等等。宋明时期心性学之兴起,其性质与商周时期的君主以"天命"来论证其政治上的合法性相似。古代君主以"王权天命"来宣示其统治的合法性,后来周朝取代殷商,以"皇天无亲,惟德是辅","天命无常,惟德是从",敬德修德以配享天命的思想取代纯粹依赖上天赋予的权力,来为自己取殷商而代之正名。虽然同是天命,后者显然加入了人的主动性,而且把天命看作每个人都有可能得到的。如果说古时政治权力意义上的"天命"只属于个别的君主所有(无论是天赋的还是人自己修来的),思孟心性学则把天命看作每个人都具有的,天所赋予每个人的"性"。通过把人的"性"与天连接起来,从思孟到宋明儒这一道统为儒家学说作为正统文化的"合法性"提供了依据,或者按牟先生的说法,是给周公的文制以"超越的安立"(transcendental justification)。

从学理思想上来说,思孟以降乃至宋明的心性理论是否成功,则另当别论。毫无疑问,心性之学是一种形上理论。就其表达方式而言,对其最为直接的理解便是

---

① 朱熹在其《中庸章句序》中明确阐述了建立此道统的意义在于应对当时"异端之说日新月盛,以至于老佛之徒出,则弥近理而大乱真"的局面,"以斥乎二家似是之非"(朱熹:《四书章句集注》,北京:中华书局,1983年,第15页)。

把它当作形上的存有论(即对形上实在的描述性理论)。笔者在十多年前就已提出[①],孟子的性善论虽然从表面看来是对人性的事实描述,但是其中除了存有论的层次,实际上还蕴含了语言定义的层次、价值认同的层次和功夫指导的层次。脱离了后面几个更为深层的内容,其描述性的存有论结论就会因得不到恰当的理解而显得相当粗率,不但会丢失本来丰富立体的理论当中最为核心的内容,而且会使心性之学像康德之前的西方形上学理论那样显得独断,经不起严格推敲。就孟子而言,中外学术界早有评论,指出孟子在论辩之中常常显得不够严谨。[②]其实孟子性善说的真正的动机是提供一种功夫的推荐,即鼓励人将"四端"当作自己的天赋本性来认同和弘扬。他和告子、荀子的分歧也必须从功夫推荐的角度来看,才能领会其真意并给予恰当的评价。

三

这里,我们可以将孟子人性论的一个核心论据"人禽之别"来作为例子,做一些分析。这个后来在儒家主流传统里被不断引用,却从未得到认真质疑的理论,蕴含了这样一个逻辑推论:人与禽兽之区别在于人有仁义礼智"四端",而动物没有,因此,该"四端"乃人之性;由于"四端"乃人之性,因此人应当存养"四端",按照"四端"来生活。

从纯逻辑的角度看,这个推理非常成问题。首先,人禽之别在于人有四端就是一个可以争议的命题。经验告诉我们,禽兽并不都毫无恻隐之心。至少在比较高级的动物当中,就不乏同情、爱悯之类的表现。学界早有人指出,动物界在亲属

---

① 倪培民:《作为功法的孟子人性论》,方克立主编,《中国传统哲学的现代诠释——第12届国际中国哲学大会论文集之二》,北京:商务印书馆,2003年,第484—495页;Ni Peimin, "A Comparative Examination of Rorty's and Mencius' Theories of Human Nature," in *Rorty, Pragmatism, and Confucianism*, ed. Yong Huang, New York: SUNY Press, 2009, pp. 101–116, with Rorty's response, pp. 285–286.
② 在中国思想史上,由于一方面思维方式的相同,另一方面在《孟子》成为经典以后,儒家学者多将孟子的言论当作权威来理解而不敢从批判的角度去审视,所以较少有人指出孟子论辩逻辑方面的问题,而海外汉学界则由于一方面逻辑分析的传统较强,另一方面,相对而言比较容易从旁观者的立场来审视,所以对《孟子》当中所牵涉的逻辑问题讨论较多。可参见韩振华:《孟子是个讲"逻辑"的人吗?——基于对西方汉学视角的考察》,《复旦学报(社会科学版)》2014年第1期,第65—75页。

和非亲属之间,乃至不同的物种之间都存在利他行为。恻隐羞恶等都不足以真正展现人禽之别,而人所达到的残忍程度,事实上远远超出了任何禽兽。[①] 从事实而言,人和禽兽的区别也许从语言能力、理智能力、自由意志、创造力等方面来看更为明显。

其次,也是更为重要的问题是,即便承认四端是人与动物的区别之所在,就能得出人应该按照四端这一本性来生活的结论吗?这个推论之不安之处是,它把人性的确定建筑在了外在于人的事实上,那就是禽兽没有四端(姑且不论前面提到的对此的质疑)。它无异于说,因为禽兽没有四端,所以我的独特性就在于有四端,所以我就必须按照四端来定义我的"性",并按照这个性来生活。反过来说,如果禽兽恰巧也有此四端的话,我们的人性就因此而不是四端了,因此我也就不一定要按照四端去生活了。借用美国哲学家普特南(Hilary Putnam)在语言哲学方面用过的一个假想实验,假设地球有一个孪生"兄弟",那个"地球二"与我们这个"地球一"在各方面都非常相像,只是在"地球二"上,禽兽都有四端,那里的人和禽兽的区别在于反而人有残忍之心,喜欢欺负弱小,残害同胞;仅仅由于社会法律和道德规范的约束,"地球二"上的人才理性地控制着自己,不至于灭亡。按照"人禽之辨"的逻辑,既然在那"地球二"上,人之有别于禽兽之处就在于人有残忍之心,那么那里的人岂不是就应该残忍,并且应该存养这种特质,并通过修养把残忍发挥到极致,把魔鬼奉为楷模?可是难道在那个星球上的人不应该放弃自己的独特性,向"地球二"的动物学习,争取让自己进化到动物的水平?

更进一步看,从一个事物的自然本性去规定其价值取向本身就有问题。《中庸》试图打通人心与天命,说"天命之谓性,率性之谓道,修道之谓教"。这在儒家传统当中似乎从来就是一个定论,人们只是讨论如何去理解它,而没有人对此发生过质疑。但假如孪生地球上的一个强盗说,我天生就想抢夺别人的东西,因此我的天命之性就是做强盗。我抢夺财物时率性而行,从不犹豫,所以我是按照道在生活;而且我不断修炼我的偷、抢的技艺,这就是我的"修道之为教",这为什么不行?

再看宇宙和天。儒家从《易传》开始就把仁与天地之"生生"联系起来,把仁

[①] 参见杨泽波:《新"人禽之辨"》,《云南大学学报(社会科学版)》2017年第3期;王觅泉:《进化论伦理学视野下的孟子人禽之辨》,《天津大学学报(社会科学版)》2016年第3期,第252—256页。

赋予了宇宙论和形上学的意义。但凭什么说天之德是"生生",而不是"杀生"?举凡天下所有生命,天无不令其生,也无不令其死。天既有生生之仁,也有杀生之不仁。"天地不仁,以万物为刍狗"[①],很难想象儒学的创始人们不知道这一点。宋明儒视天地万物为一体,有万物一体之仁。确实,万物本来就处于"一气流通"的联系之中,但万物也因为有分而成为万物,不然就只有一物了,何来万物?既然万物有联系也有分别,为什么说一体才是仁,是本体,万体分殊不是仁,不是本体?严格说来,万物有关联而又有区分,有生也有死,而无论合与分,生与死,都各有相关的、无法先验确定的利弊。一对连体婴儿恐怕更希望他们不是一体。脱离了儒家修炼的目标而谈论本体,将儒家的宇宙论和天道当作对世界的纯客观的描述,理论上很难说通。

从逻辑上讲,包括人禽之辨在内的试图从事物自然性状当中推出其价值的观念,蕴含了被摩尔(G. E. Moore)称作为"自然主义的谬误"(naturalist fallacy)的问题。这个问题的核心就在于自然的并不一定就是好的。从实然命题中引出应然命题需要一个过渡的理由或者解释。历史上许多物种因为其种种弱点而湮灭了。如果进化论是对的,那么许多物种正是因为它不按照既定的自然本性去生活,而是面对生存的挑战,发生了进化变异,才得以生存下来。所以我的本性如何并不说明我应该按照这个本性去生活。儒家不是也认为人应该要修炼才能成人吗?在这一点上,荀子的逻辑反而显得更加合理。荀子虽然认为人性本恶,但这不妨碍他认为人应该有仁义,因为人"是什么"与人"应该成为什么"并不是一回事。

人禽之辨这样的观念在西方也很普遍。亚里士多德就也曾把人的独特性作为确定人的目的(telos)的方法之一,并且把他的德性伦理理论建立在由此得出的目的论形上学之上,但正是因此亚里士多德的观点同样需要质疑。黄勇在一篇书评里对这类观念背后的理由作了颇为有力的概括。黄勇认为,如果我们不知道我们所评论的对象是什么,我们就无从评价它是好的还是不好的。评价一株仙人掌是不是好与评价一头狼是不是好的标准不一样。要评价仙人掌的好坏,我们先要了解什么是仙人掌。同样,要评价人的好坏,也需要先知道人是什么。换句话说,我们需要首先有一个客观的人性观念,不论这种观念是目的论的、功能论的、自然科学的,还是本质主义的,才能有关于人的好坏的标准。一颗好的橡树籽是能够长成

---

① 《道德经》。

橡树的，同样，一个好的幼儿是能够成长为有仁义礼智的人的。①但是这个论证需要考虑到一个重要区别，即"有一关于X之性的观念"和"X之客观本性"的区别。当我们说一颗好的橡树籽是能够长成橡树的，我们需要有"这是一颗橡树籽"的观念。如果我们把面前的这颗东西看作"松鼠的食物"，那么判断其好坏的标准就成了"它能不能变为松鼠的一部分"了。同样，我们可以有各种对人性的观念。如果我们把人看作理性的动物，那么人之"善"就取决于理智能力；如果我们把人看作能从事创造性活动的动物，那么人之善就取决于其创造力。所以，与其说人之好坏标准取决于人之客观本性，不如说我们的自我认同就包含了我们的价值选择。换句话说，"我们是什么"的形上学观念通常与"我们希望把自己看成什么"密不可分。用维特根斯坦对于那个著名的"鸭兔图"所作出的观察来说，我看到一个鸭子和我把面前的图像看作鸭子是同一个过程。②

人禽之辨能够起作用的关键不是人和禽兽的区别在哪里，而是它包含了人对自我身份的认同，这个认同本身是价值观的表现。一个人对自我身份的认同包含了他的价值认可。中国文化正是在人禽之辨的那个理论上建立起了自我身份的认同。虽然在事实上，人禽之间在这一点上的区别并不太明显，而且能够找到反例，在逻辑上，此说有漏洞，但是通过人禽之辨，孔孟以来的中国传统已经牢固地树立了人之为人在于我们有仁义的观念，所以反过来，我们才说没有仁义的人"禽兽不如"。其实身份认同并非表现价值观的唯一方式，有时候，我们的价值观恰恰是通过发现自身的不足和外在的榜样来表现的，即儒家提倡的"见贤思齐"。孟子通过人禽之辨来做出这个价值认同，其实是自己心里已经有了一个需要认同的价值，然后基于在我们这个星球上人恰好大部分有四端这样一个偶然的事实③，以此来表述

---

① Huang Yong, "Confucian Ethics: Altruistic? Egoistic? Both? Neither?" in *Frontiers of Philosophy in China*, 2018, 13(2), pp. 217-231.

② Ludwig Wittgenstein, *Philosophical Investigations*, New York: Macmillan, 1953, pp. 194-195.

③ 孟子既说人皆有四端，又说无此四端者"非人也"（参见《孟子·公孙丑上》），如果前者是基于客观观察而得出的归纳，后者则是把它变成了规定性的定义（stipulative definition），即便在经验世界发现有人生而无此四端，亦不能作为"人皆有四端"之反例了。事实上，按照哈佛大学心理学家（Martha Stout）的研究，人类当中大约有百分之四是所谓的反社会人格（sociopath），即没有同情心的人（Martha Stout, *The Sociopath Next Door*, New York: Broadway, 2005）。这些人生来就不会对别人的痛苦产生同情感，但是他们可以通过其他的经验而学会如何表现得有同情心的样子，以便得到周围的人的接受。按照孟子关于无四端者"非人也"的说法，那些人就不能算作人了。在休谟和康德以后，我们都知道，经验永远不会给我们提供普遍性和必然性。那么孟子的普遍性和必然性来自什么？他的论断是不是因为反社会人格的存在而被证伪了？

人应该发扬此四端。可以设想,如果孟子生活在我们前面假设的那个孪生地球上,他就不会去讲人禽之辨,或者至少会换一种讲法。他会论证人应当通过学习而去改变自己,缩小人禽的差别,"见禽兽思齐",从而让人能够进化到像动物一样。

总之,人禽之辨本身就是价值认同的行为,或者说是功夫的运用。如果把它当作一个逻辑推论,在其前提中排除了价值认同,它就是不能成立的逻辑推理。如果不排斥其中的价值认同而又把它作为价值认同的根据,它就陷入了循环论证。整个儒学的心性理论,在被看作对形上世界的纯客观描述的时候,就已经被放到了一个本不该属于它的,基础不稳的位置上了。所以,尽管宋明儒一面大力提倡心性之学,把人心与各种意义上的"本"打通,提高到"天理""天道"的高度,建构其心性理论,一方面又时时有人点出天地本无心,是人"为天地立心"(张横渠),点出"心之体"本身"无善无恶",善恶乃"意之动"(王阳明),点出"心无本体,工夫所至,即其本体"(黄宗羲)。当程朱过分强调"天理",强调"性、命"之分和"大体、小体"之分,从而使儒家学说带有超越性和普遍性,但同时产生了抽象化的倾向(即脱离经验内容,把人性理解为抽象的理性,忽视现实人生的感性存在)和外在化的倾向(即理性在被赋予了超越普遍的性质以后,蜕变为异己的外在制约,成为官方意识形态的理性专制,切断了人心这个道德源泉和外在的道德原则要求之间的关系)的时候,王阳明提出"心即是理",重新将道心落实到人心,将超越重置于经验,将普遍体现于特殊。从功夫而言,这是让人可以直接在源头上用力,重新确立每个个人作为道德主体的自信和自决能力,但是在这样做的同时,阳明学说也因而对作为主体的个人提出了更高的要求,因为他的哲学更可能会使人把主观意见当作良知,拒绝助缘,一意孤行而发生危险。但这正是功夫的特点——任何功法都有其特定的局限,而不是超时空的纯善。可见,从功夫角度去理解儒家心性论,则其心性论之理由和得失可以得到恰当安置,而如果离开了功夫论去理解心性论,试图以心性论作为功夫论之基础,则是本末倒置,其整个体系也就不能稳固了。

四

《宣言》的作者在论及心性之学的时候,确曾着意将其与西方一般意义上的形上学区分开来。他们写道:

> 西方一般之形上学，乃先以求了解此客观宇宙之究极的实在与一般的构造组织为目标的。而中国由孔孟至宋明儒之心性之学，则是人之道德实践的基础，同时是随人之道德实践生活之深度，而加深此学之深度的。这不是先固定的安置一心理行为或灵魂实体作对象，在外加以研究思索，亦不是为说明知识如何可能，而有此心性之学。此心性之学中自包含一形上学。然此形上学乃近乎康德所谓道德的形上学，是为道德实践之基础，亦由道德实践而证实的形上学。而非一般先假定一究竟实在存于客观宇宙，而据经验理性去推证之形上学。

此语既是解蔽又是遮蔽。它所揭示的是，儒家心性论与西方一般的形上学有相似处，即它也包含一形上学，但此形上学是"近乎康德所谓道德的形上学"，因为它也是"道德实践的基础"。它不是外在研究思索的结果，而是必须由道德实践而得到证实的。牟先生在其自己的著作中特地用"道德的形上学"（moral metaphysics）与"道德底形上学"（metaphysics of moral）来表述这种区别。前者以"道德"为形容词，是需要通过道德实践而得到呈现的形上本体；后者则是理论的形上学，是站在一旁客观了解作为对象的道德的形上学。① 而此语遮蔽的是，心性之学本质上不是一个知识体系，而是一个功夫体系，因而其合理性最终不在于被证实为真，而在于其显现的功效！它之作为道德实践的基础与康德所谓的道德实践的基础是不同的。在康德的体系里，道德形上学的论证要解决的是有关道德实践之可能的条件的问题，这本质上依然是个"实然"的问题，即道德的根据事实上究竟是什么的问题。这个问题在康德之前的哲学传统当中被认为只有两种可能的途径，即综合的经验归纳或分析的理性推论，而康德则发明了第三种论证法，即先验的（transcendental）的论证法。它避开了对事实究竟如何做出任何直接的判断，而是问：我们所说的事实（道德实践）必须具备什么样的形上条件才有可能？通过其先验论证揭示出来的道德实践的基础，回答的是道德实践之可能的必要条件。它之由后天的道德实践所"证实"，只能是在"先验的"意义上，即"如果我们进行的是道德实践的活动，那么这样的活动必须依赖那些条件才有可能"。儒家心性论之为道德实践的基础，当然也可以从康德的角度去理解，并得出它们有一致性的结论，因为儒家所说的心性，也是道德实践之可能性的必要条件。但同时，它又与康德所说的"基础"有一个重要的不

---

① 参见牟宗三：《牟宗三先生晚期文集》，第220页。

同,即它的最终依据不是在"良知自我呈现"的那种作为本体之存在的存有论意义上的证实,或者说是"实在",而是在其后天的允许人生能够"发而皆中节"的功效上的"实效"。儒家心性论中的"择善而固执之"不只是通过内观而发现良知本体,像康德式的"绝对命令"那样,理性按照自身的法则做出自我决定并固执之,而更是突破自我封闭,进入实践的领域,就像射箭者那样,"失诸正鹄反求诸其身"[1],按照射箭的效果来确定什么是善,然后固执之。儒家心性之学作为一种自我认同,当然可以成为道德实践的出发点(基础),但这个出发点的合理性的证明不在理性自身当中,而是在实践的结果所显现的"弘道"当中。

把那完全不同意义上的"基础性"作为类似而放到一起,笼统地使用"证实",会导致对儒家心性论的严重误解。好比把一首唐诗交给一份科学杂志的编辑去评审,在唐诗里"黄河之水天上来"是绝佳妙句,可是其真正的妙处,不在于比"黄河之水青藏高原来"看得更深一步,看到青藏高原的水也是天上降雨而来,而在于通过对自然现象的夸张想象,导致人心情感的特殊呼应。儒家心性论与康德心性论的区别,在于儒家的心性论是从属于其功夫论的,是以功夫看到本体论之必要性,甚至是为了取得特殊的功效而设计构造出来的,而不是相反,以本体论出发去论证其功夫之可能性或者以本体论来作为其功夫论的理据。前者的目的是证本体功夫之实效,后者的目的是证功夫本体之实存。

其实牟先生在《心体与性体》中说,"'心性之学'亦曰'内圣之学'"。"此内圣之学亦曰成德之教"[2],并且将儒家的本心性体称作"直接而自然"呈现的"具体清澈精诚恻怛之圆而神的境地",是圣人才有的"襟怀"。[3] 这些话语已经非常接近从功夫论的角度来解释存在论意义上的本体。唐先生在谈到孟子人性论时曾说道:

> 吾初意从宋明儒之说,……惟以人之心是善,故人皆可以为尧舜,而有其良贤,遂得言民贵。……然近忽有会于孟子言心性之善,乃意在教人缘此本有之善,以自兴起其心志,而尚友千古之旨。……吾对整个孟子之学之精神,遂宛然见得其中有一"兴起一切人之心志,以自下升高,而向上植立之道"。……

---

[1]《中庸》,第十四章。
[2] 牟宗三:《牟宗三集》,北京:群言出版社,1993年,第308、309页。
[3] 牟宗三:《牟宗三集》,第356、357页。

斯道也,简言之,可姑名之为"立人"之道。①

此语道破了心性之学的实质:虽然表面上它是一个形上学、本体论,但它实际上是功夫论。或许唐先生在起草《宣言》的时候,尚处于"从宋明儒之说"的阶段,未达到那"忽有会于"的觉悟。

五

《宣言》的作者所面临的历史背景,与宋明时期有一共同点,即儒家文化再次面临巨大的挑战。在宋明时期,以本体论形式出现的心性之学可以对应佛老的心性之学,形成对后者的有效回应。但《宣言》的作者面对的不是宋明时佛老盛行的中国,而是一个以起源于古希腊,经历了休谟、康德的近代启蒙而集聚了巨大物质能量的西方文化为主流的世界。这个文化不是以形上理论引导人走向消极离世,而是肯定人欲人生,以逻辑计算理性见长。面对这样的新的挑战,《宣言》作者重新祭起思孟心性学理论的大旗,以为中华文化确立其"超越的安立",为世界文明重新建立其精神的维度,是否能够取得与宋明儒一样的成功?在《宣言》发表后六十年的今天,情况又有了变化。近代西方理性在实践领域的黄金时期已经渐渐过去,其本身所包含的种种局限正通过日益深刻的全球性危机而暴露。经过德里达等后现代思潮的解构和宗教极端势力的反弹,世界正在进入"后现代""后殖民"和"后世俗"的时代。在这个世界里,一方面人们感觉到真理的缺席和价值的失落,连人类持续存在所要求的最基本的道德底线都难以维持,所以亟须提倡精神性,另一方面却广泛存在着对形上语言的本能的抵触和讥讽,对任何"精神性"、超越性和普遍性抱有深度的警惕和怀疑。在当代的语境中通过复兴形上学存有论来发展儒学并为世界文明注入活力的理想显得美丽但却不切实际,因为它势必会被当作已经被后现代哲学所否弃的形上学、独断论一类。以那样的形式出现的精神性,出于政治正确性,或许会被"容忍"而在世界哲学舞台上保留一席之地,但很难成为世界文化发展的资源。

更为重要的是,以形上本体论形式出现的心性理论为中华文化之核心,会导致

---

① 唐君毅:《中国哲学原论·原道篇》卷一,香港:新亚书院研究所,1974年,第212页。

对儒家心性学真实价值的遮蔽。在笔者看来，当今儒学的复兴，应该从功夫的角度去把中国文化中的心性论讲透，而不是简单重复宋明儒的做法，去致力于建构超越的形上心性理论。有人可能会以为笔者有关儒学心性论的功夫解读是为了迎合世界化的要求。这完全是误解。是的，笔者确实是主张要放弃从存有论、本体论的角度去论证心性学，但这不是要否弃儒家的心性论。儒家心性论的真正内容从来就不是西方意义上的形上学理论。李泽厚先生说，整个宋明儒学的心性论在哲学上是失败的，我想也就是这个意思。但李先生没有指出的是，它作为功夫的指导，作为提升境界的杠杆，是极有意义的。作为功夫指导的儒家心性论，才是心性论的真正内容，因而也是中国文化的核心内容！而且，它也正是过分理智化的西方哲学所最为缺乏的。在后现代的理论对西方近代理性主义哲学全面解构以后的今天，实际上世界范围内的哲学亟须注入新的建构资源。对心性论的功夫解读不但不是放弃中国文化的核心以迎合世界，而是揭示和弘扬中国文化的核心，以改变世界哲学的图景。

也许一个更有哲学深意的问题是，笔者的这个功夫解读是不是意味着对本体论的消解，把儒家解释为萨特式的主体选择。这样说又对又不对。它可以说是对的，因为在功夫论的解读里，本体即功夫，本体论的意义也是被从功法上来理解，并且通过其功效来予以评价的。在这里确实不再有离开了功夫含义的本体本身的地位和意义。这样做可以防范形上学的独断论，因为一旦明确表面上的形上学之争实质上是功夫论的分歧，就可以避免独断的危险和无谓的争论，直达问题的实质，诉诸经验来检验其功效了。归根结底，儒学的合理性在于使人能成为"见而民莫不敬，言而民莫不信，行而民莫不说"[1]那样的君子，而不在于个人内心对自己形上本体的"自证"。但上述说法又可以说是错的，因为这不是否认心性论的价值，不是要简单地回到日用纲常，而是要纠正把心性论简单地当作形上学理论的那种倾向。在功夫论的解读里，本体论的观点是决定人生态度和生活方式的重要思想基础和概念框架，因此不但不能消解，而且要很认真地予以取舍。这在形上学被解构的后现代，为形上学找到了其恰当的位置：它不是反映客观世界的镜子，而是指导生活方向的杠杆。它的目的不是提供超越的理据，而是提升和指导功夫。作为人生的艺术，功夫绝非只是"主体选择"的问题。

（作者单位：美国格兰谷州立大学哲学系）

---

[1]《中庸》，第三十一章。

从1958年的《宣言》看港台新儒家的
问题意识*

干春松

在现代新儒学的发展历史上,由唐君毅、牟宗三、徐复观和张君劢签署的《为中国文化敬告世界人民宣言》[①]是一篇具有重要的影响力的文字。虽然,据包弼德(Peter Bol)的说法[②],这个本意是要纠正国际学术界对中国文化偏见的文本并没有在西方世界产生影响,但是,该宣言却在中文世界产生了持久的影响。

据唐君毅先生的说法,起草《宣言》的最初缘起是想改变西方人对中国文化的认识的偏差,在唐君毅和张君劢商议之后,由唐君毅执笔起草了最初版本的《宣言》,并经过徐复观等人的修改意见而定稿。本来想以英文发表,但考虑到中国学人对中国文化特别是儒家也有类似的"偏见",所以,就以中文先发表。

这个《宣言》也被人认为是以"新儒家思潮"来标举新儒家思想流派的开端性事件。但《宣言》的签署者中并没有当时在港台地区极具影响力的钱穆先生,这也引发后来有的学者专文讨论了钱穆先生与唐君毅、牟宗三等人对于儒家核心内容的理解的差别。为此,学者专门提出了两个新儒家的概念,即"广义新儒家"和"狭义新儒家"[③],并以此来强调钱穆先生并不属于这一以"熊十力先生的弟子"为主体的"新儒家"学派。

《宣言》在发表前也曾请钱穆先生合署,但被钱穆先生拒绝,根据学者的解释,

---

* 原载《孔学堂》2018年第4期,第4—16页。
① 下文以《宣言》来指代。
② 该说法并不来自文字,而是来自录于2018年8月22—23日在复旦大学召开的宋明理学国际论坛上的交谈。本文最初为该论坛而做,会议期间以1958年《宣言》发表60周年而做了专题纪念分论坛;而据说在台湾和香港地区都将举行以《宣言》发表60周年的纪念活动。
③ 也可参见干春松:《如何理解"现代新儒学"思潮》,《光明日报》2016年11月17日。

钱穆先生之所以拒绝签名是基于这样的思考,即许多人联合签署《宣言》容易给人"宗派"感,而学问要有宗主,却不可以有宗派。但实质上是因为钱穆先生并不同意唐君毅和牟宗三等人的儒学观。

按照该学者的说法,钱穆先生之所以在一段时间里跟熊系新儒家关系密切,固然有共同坚持中华文化本位性这样的基本立场做基础,也因为"偶然的历史机缘",就是客观的政治形势,让他们在香港有了密切的接触的机会。但该学者说,从钱穆先生拒绝在《宣言》上签字,就明确地可以看出他们之间的差异。

钱穆先生与狭义新儒家的差异从学术上看,主要是对儒学的形态和核心精神认识的差异。与狭义新儒家所主张的儒学第三期发展的儒学史认识不同的是,钱穆先生将儒学史分为六期,并认为儒家是包含文学、历史、经学和政治等在内的复杂系统,并非只有"哲学"这一面向。由此,钱穆先生并不认同宋儒所提出的"道统"思想,认为整个文化大传统即是道统,而非一脉心传的抽象道统。

之所以从钱穆和新儒家的差异角度来进入这个话题,关键在于我们可以看到在儒家花果飘零的时期,对于儒学的不同认识也意味着对于儒家的使命的不同认识,也就是说,本文通过《宣言》对于港台新儒学的讨论,主要只涉及熊十力一系的"狭义"的港台新儒学,并不能涵盖同一时期所有的新儒家学者的观点和倾向。

一、强调中国文化的生命力

中华民国的成立和"五四"新文化运动的爆发是对儒家在现代中国的命运的双重打击。中国民国所确立的政治原则和政治法律制度基本上剥离了儒家价值作为政治合法性和制度资源的基础。从解释国家合法性基础的宪法原则来说,无论是《临时约法》还是《天坛宪草》,所接受的都是西方现代的政治法律原则,比如个人自由和平等,以及权力制衡的原则,这样的转变否定了长期以来作为价值原则的儒家伦理纲常;而以陈独秀、胡适和鲁迅等为代表的新文化运动参与者,认定儒家价值与现代政治原则的对立性,强调孔子思想与现代宪政是"非此即彼"、不能共存的,并从袁世凯尊孔引申出复辟和尊孔之间的关联。新文化运动提出"民主"和"科学"的口号,民主所对应的就是传统中国的封建专制,而科学原则的提倡反衬中国传统思维方式的"非科学性"。

不过,"五四"新文化运动中激烈的反传统思潮有其批评者,比如学衡派所代表的人文主义思潮,更为直接的批评者是梁漱溟先生。

受全球性保守主义思潮的影响,儒家思想作为中国保守主义思潮可资借鉴的资源而具有批判"西化"论或证证中国自己发展道路的可能性。对此,梁漱溟先生的《东西文化及其哲学》和《乡村建设理论》是最具代表性的作品。虽然,梁漱溟先生并没有否定民主和科学的价值,然而他是以"路向"不同而宣告那些制度和价值在中国的"失效"。在梁漱溟看来,中西文化的差异决定了中西会形成不同的发展道路和政治制度体系,因此,中国不能照搬西方的模式,而应从中国的实际出发,探索自己的建国之路。

儒家价值在民国时期得以被看重,还在于民族主义一直是民国以来政府和知识界大多数人所共同持有的倾向,民国政府的主流意识形态一直存有"民族主义"的底色,这很大程度基于外国侵略所带来的抵御外侮的所激发的民族凝聚力。西方列强的经济和军事压力,特别是日本的侵略唤起国人追求民族独立的重要精神力量。无论是冯友兰先生的《贞元六书》还是钱穆先生的《国史大纲》等,都是这样的精神导向下创作的经典。这也是现代新儒家的重要精神向度。

1949年后,民族主义已被世界主义所取代,在中国意识形态版图和知识版图中,儒家被判定为与"新社会"相对立的"旧价值"。基于此,无论在中国人的心目中,还是在世界上关心中国文化的人士那里,都判定儒家价值不可能再对中国人的价值世界和生活方式产生作用,而只能是成为一种"凭吊式的古迹"。

在这样的情势下,生活在海外的新儒家们深感中华文明遭遇到"花果飘零"的境地,为了让更多的人意识到儒家文化所遭受的困境并思考摆脱困境的方法,《宣言》的写作也可以看作唐君毅等人文化使命感的体现。

如前文所说,《宣言》写作的直接目的是要矫正西方汉学界研究中国文化的人士的一些错误方法。因此,宣言罗列了几种西方的中国研究范式,比如传教士模式、考古学家模式和国际政治模式,这几种模式有一个共同点就是"对象式"的研究,因而难以真正了解中国文化的生命力之所在。《宣言》劝告他们不要被一段时间以来中国的变革所"遮蔽",并由此得出对中国文化前景的错误判断。

新儒家证明中国文化依然具有生命力的理由,主要有两点:一是提出历史文化中贯注了参与这些进程的人的生命力;二是依然有人在为这个历史倾注生命力。这两点着眼于批驳中国文化已经"断裂"的看法。

> 历史文化之本身,亦是无数代的人,以其生命心血,一页一页的写成的;总易忘了这中间有血,有汗,有泪,有笑,有一贯的理想与精神在贯注。因为忘了这些,便不能把此过去之历史文化,当作是一客观的人类之精神生命之表现。遂在研究之时,没有同情,没有敬意,亦不期望此客观的精神生命之表现,能继续的发展下去;更不会想到:今日还有真实存在于此历史文化大流之中的有血有肉的人,正在努力使此客观的精神生命之表现,继续发展下去,因而对之亦发生一些同情和敬意。①

在这两条理由中,第一条并不一定有反击力。任何历史都贯注了参与者的生命力,但有许多文明在历史的发展过程中消失了。不过第二条则十分重要。无论政治体制和价值观发生怎么样的转变,只要承载文明的人群依然存在,那么文明的基因会让文化价值透过各种方式呈现出来,文明的基因不灭,那么,这种文明就会"活下去"。《宣言》说,因为有许多以这种文化作为信仰的人在研究和继承,所以,儒家文化生命力并没有消失。

因为还有人在研究中国文化,所以,中国文化是活的。唐君毅他们是以文化生命的续命者自居的,他们都有一种态度上的一致性,即他们在用同情和敬意来对待自己的文化传统。

> 因为客观上的历史文化,本来自始即是人类之客观精神生命之表现。我们可以说,对一切人间的事物,若是根本没有同情与敬意,即根本无真实的了解。因一切人间事物之呈现于我们之感觉界者,只是表象。此表象之意义,只有由我们自己的生命心灵,透到此表象之后面,去同情体验其依于什么一种人类之生命心灵而有,然后能有真实的了解。②

要认识到中国文化是一种活着的文化,并了解其生命力之所在,理解文化的方法十分重要。对此,《宣言》认为"同情和敬意"是让我们具备透过表象的认识能力的基础。此认识方法的提出,显然是要纠正西方汉学家和"五四"以来的学者所要

---

① 唐君毅:《中国文化与世界》,《唐君毅全集》第四卷,台北:学生书局,1991年,第11页。
② 唐君毅:《中国文化与世界》,第12页。

求"客观化"的研究方法所造成的对于中国文化缺乏感情的态度。所以,《宣言》提出,同情和敬意增加一分,认识和了解就能增进一分。唯有对儒家文化抱有同情和敬意,中国文化生命力才能得到彰显。《宣言》说:

> 要成就此客观的了解,则必须以我们对所欲了解者的敬意,导其先路。敬意向前伸展增加一分,智慧的运用,亦随之增加一分,了解亦随之增加一分。敬意之伸展在什么地方停止,则智慧之运用,亦即呆滞不前,人间事物之表象,即成为只是如此如此呈现之一感觉界事物,或一无生命心灵存在于其内部之自然物。①

二、道统、超越性与心性之学

《宣言》最具争议性也是最核心的关切点是对儒家精神传统的"心性化"定位,并认为儒家的"道统"延续主要系于"心性"传统。《宣言》指出:文化传统的生命力存在于道统之中,道统是中华文化的根,其他的都是枝叶而已。

《宣言》也意识到中西方的许多学者和知识分子并不喜欢"道统"这个概念,因为经由"五四"新文化运动的批判,"道统"往往被理解为帝制的合法性证明,"道统"论也与近代以来的科学主义新思维不符。但在唐君毅等新儒家看来,文化的延续性必然需要其支撑点,这就是"道统"。所以,《宣言》提出我们应该建立起有别于新文化运动所确立的"客观化"的思维,以"同情和敬意"的方式来认识"道统"这个"事实"。"道统"确立了中国精神传统的一贯精神,也就是中国文化的"一本性"。与西方文化在发展过程中不断吸收异质文化而使文化发展的形式和方向不断产生变异所不同的是,在中国历史上,其他文化的传入并没有从根本上动摇乃至改变中国文化的基本精神,中国的政治、法律、伦理、道德,也没有发生根本性的变化。这样的"一本性"在政治上体现为"政统",在哲学上则体现为"道统"。《宣言》说:

---

① 唐君毅:《中国文化与世界》,第12页。

> 中国文化之性质,乃指其"一本性"。此一本性乃谓中国文化,在本原上,是一个体系。此一本并不否认其多根。此乃比喻在古代中国,亦有不同之文化地区。但此并不妨碍,中国古代文化之有一脉相承之统绪。殷革夏命而承夏之文化,周革殷命而承殷之文化,即成三代文化之一统相承。此后秦继周,汉继秦,以至唐、宋、元、明、清,中国在政治上,有分有合,但总以大一统为常道。且政治的分合,从未影响到文化学术思想的大归趋,此即所谓道统之相传。①

《宣言》强调,应该摆脱西方哲学的成见来看待中国哲学的特征,不能因为中国哲学著作中的论证过于简单和思维形式不够严密而忽视其内在价值,而是要从道统和政统的关系来理解中国哲学的独特性,以及中国文化与西方文化的差异性,从而发现其独特的意义。

《宣言》所要凸显的中国文化的独特价值是什么呢? 也就是绵延久远的"道统"所承载的主要内容是什么呢? 对此,《宣言》从中国人的宗教观和伦理观出发展开分析。

宗教观在近代中国的思想中有其独特性,一方面,宗教与科学之间存在着冲突,因此宗教被视为是前科学的。另一方面,宗教又是西方文化的基础,由此,中国是否存在宗教,中国是否需要宗教是一个争论激烈的议题。根据《宣言》序中的描述,徐复观先生对于《宣言》中的宗教部分的内容提出了许多修改意见,因为徐复观先生认为殷周之间的思想转变,将中国人对于宗教的情感人文化,"把传统的宗教,彻底脱皮骨为道德的存在"②。但宣言的起草者唐君毅先生并没有采纳徐复观先生的意见,唐君毅先生认为儒家即使不具备西方宗教的形式化系统,但在超越性和永恒性上,儒家具有"宗教性"。从《宣言》中对于儒家宗教性的表述来看,其对于儒家与宗教关系的论述更为接近唐君毅和牟宗三先生的宗教观以及对儒家宗教性的强调。

《宣言》指出,中国并没有产生类似西方的那种制度性的宗教教会,在历史上也没有出现因为信仰分歧而导致的宗教战争,也就不需要从政教分离来推动启蒙运

---

① 唐君毅:《中国文化与世界》,第14页。
② 徐复观:《中国人性论史(先秦篇)》,北京:九州出版社,2014年,第56页。

动。但与"五四"诸公所不同的是,他们并没有将宗教视为要被"科学"取代的一种"迷信",也没有如"五四"时期的梁漱溟那样,提出以"道德代宗教"。《宣言》不是从"理性"的角度来否定宗教的价值,而是看到了宗教的超越性维度对于确立西方文明的价值观所产生的意义。这一点对于唐牟一系的新儒家而言十分重要。唐君毅和牟宗三一直要为他所要接受的西方民主制度找到一个价值基础,也就是说要处理儒家传统与民主政治之间的关系。作为民主制度的有力支持者,唐君毅和牟宗三要为形成于西方的民主政治制度找到一个中国本土的"超越性"资源,也就是说,要反对"五四"新文化运动将儒家视为民主的障碍的成见。既然儒家的制度性传统并不具备民主的现实化可能,那么,如何从精神层面来弥合儒家与民主之间的关系就是当务之急,基于此,儒家的宗教性成为重要的落脚点。据此,《宣言》提出:中国民族的宗教性的超越感情及宗教精神,与它所重视的伦理道德,乃至政治,是合一而不可分的。

《宣言》中对于儒家宗教性的维度的认识建基于对先秦思想中的"天"的复杂性的理解。《宣言》认为"天"的观念在古代指有人格的上帝,古人对天的宗教信仰贯注于后来思想家关于人的思想中,成为天人合德、天人合一、天人不二、天人同体的观念。儒家天人交贯的思想一方面使天由上彻下以内在于人,另一方面使人由下升上而上通于天。这样的天人观造就了中国人的信仰,比如气节之士杀身成仁、舍生取义这样的伦理态度都体现了天所带来的宗教性特质。

儒家义理之学、心性之学是打通人的生活之内外、上下、天人的枢纽。在一定意义上,唐牟称儒学为道德的宗教、人文的宗教或成德之教,充分论证其既超越又内在、既神圣又凡俗的特性。按照郭齐勇教授的概括:"第二代新儒家潜在的背景(或潜台词)是:西学最有价值的是宗教,中国却没有宗教的传统。因此他们从强势的排斥性的启蒙心态中摆脱出来,掘发儒学资源中的宗教精神价值,分析了儒学与世界上其他大的宗教的同一与差异,并开始试图与各宗教对话。"[①] 的确,唐君毅等人对于儒家宗教性的挖掘具有一箭双雕的作用,既可以以此对启蒙思潮进行反思,又可以突出儒家的精神性。

因此,唐君毅等人对儒家宗教性的认识,与前代新儒家有很大的差别。从梁漱溟开始,就特别强调讨论宗教与社会制度之间的关系。在梁漱溟看来,西方宗教的

---

① 郭齐勇:《当代新儒家对儒学宗教性问题的反思》,《中国哲学史》1999年第1期。

团契，构成了西方社会生活中团体生活的基础，成为西方民主制度的基础。梁漱溟由此得出的结论是中国既不可能走向民主制，也不能走向苏联式的社会主义，而是应该走乡村建设的道路。唐牟等的宗教性论述旨趣与梁漱溟几乎相反，他们是要通过对儒家超越性的强调，而化解儒家与新制度之间的"不合拍"。

《宣言》批评了西方学者和中国近代以来的启蒙思想家认为中国缺乏超越性的宗教情感的成见，并认为这样的观点会导致将人们将中国人的伦理道德系统贬低为仅仅是行为规范或道德教条的做法。的确，缺乏超越性基础的伦理道德原则是苍白的和难以打动人心的。

《宣言》作为一部立场性的文本，其对儒家宗教性的论证虽然略嫌粗疏，但这可以被看作唐牟宗教观的一种更为直接的表达。《宣言》通过对于天人关系的"思孟式"[①]的发挥，从而将主宰式的"天"和"道德化"的"天"之间的关系做了一定程度的模糊化处理，这样的模糊化也体现在《宣言》所喜欢采用的"宗教性"概念上，即存在着一神宗教所具有的超越性，但并不存在宗教的形态。这个理路在港台新儒家内部也引发出一个巨大的争论，比如许多人质疑没有此岸和彼岸区分的儒家思想是否可以称之为超越性，而"内在超越"这个概念本身是否有矛盾。在《宣言》中，"天人交贯"所强调的是现实世界和超越世界之间的统一而非隔绝。

《宣言》强调"天人交贯"就是要解释古代中国人对天之宗教信仰是如何贯注于后来思想家之对于人的理解中，并发展成为天人合一的观念的。也要通过"天人交贯"反过来在论述中国古代文化之宗教性因素是如何融合到诸如宋明儒者的人生伦理道德的思考中的。

《宣言》的观点是："天人交贯"让人的生命世界以完成个人的道德理想作为其目标。"一方面使天由上彻下以内在于人，一方亦使人由下升上而上通于天。"这样的道德境界论经由宋明时期的思想家阐发而完善，形成"义理之学"。

> 中国人之人生道德伦理之实践方面之学问，此乃属中国所谓义理之学中。此所谓义理之学，乃自觉的依义理之当然以定是非，以定自己之存心与行为，此亦明非只限于一表面的人与人之关系之调整，以维持政治社会之秩序，而其

---

① 所谓"思孟式"的路径，也就是强调人的活动与天地之化育的一致性，也认定人心、人性与天道之间的内在一致性，这样尽心知性可以知天。

目标实在人之道德人格之真正的完成。①

义理之学的核心是心性思想,既然西方学者和近代中国的启蒙学者错误地认知了中国人的超越性宗教层面,他们必然也会忽视中国的"心性之学",当然也就不能把握心性之学作为中国思想核心的地位。"心性之学,亦最为世之研究中国学术文化者,所忽略所误解的。而实则此心性之学,正为中国学术思想之核心,亦是中国思想中之所以有天人合德之说之真正理由所在。"②

《宣言》分析了知识界忽视心性之学的原因,认为科学主义、清代考据学的后果、共产主义之存在决定意识、西方宗教上的原罪思想和性善论之间的矛盾,如此种种都使他们看不到道德伦理的天道基础。虽然清末以来许多思想家对于佛教有很多的借助,但他们接受和看重佛学之重心亦主要在心性问题上。尽管都注重心性,但佛教之心性之学与儒家之心性学有根本差别,佛教之解脱是个人式的,而儒家的心性完善则是要以为社会贡献力量作为其最高层次,对此,接受了佛家心性之学的清末以来的经学家并不真正了解宋明心性之学的内在理路。

做了如此辨析之后,《宣言》又从康德的"实践理性"所产生的"判断力"中找到了儒家伦理与康德的道德形上学之间的亲缘关系。

《宣言》认为把儒家的心性之学当作心理学、灵魂论和一般性的哲学形而上学来看,都是不合适的。科学的心理学和认知科学,都是把人当作一个"自然"的存在物,而中国的心性之学,则是一种包含着人性成长的"各种可能性"。心性之学在形而上的意味上比较接近康德的道德形而上学,"为道德实践之基础,亦由道德实践而证实的形上学"。

> 中国由孔孟至宋明儒之心性之学,则是人之道德实践的基础,同时是随人之道德实践生活之深度,而加深此学之深度的。这不是先固定的安置一心理行为或灵魂实体作对象,在外加以研究思索,亦不是为说明知识如何可能,而有此心性之学。此心性之学中自包含一形上学。然此形上学,乃近乎康德所谓的形上学,是为道德实践之基础,亦由道德实践而证实的形上学。而非一般

---

① 唐君毅:《中国文化与世界》,第21页。
② 唐君毅:《中国文化与世界》,第22页。

先假定一究竟实在存于客观宇宙,而据一般的经验理性去推证之形上学。①

与人的道德活动不能分开的认知活动,不是一种科学的认知,而是道德体悟(杜维明教授后来发明了一个词叫"体知"),其道德意识的自觉和道德实践的高度决定于道德主体的"功夫",一种既包含一般意义上的认知又包含实际的道德活动的知行合一的"过程"。对此,《宣言》说:

> 我们必须依觉悟而生实践,依实践而更增觉悟。知行二者,相依而进。此觉悟可表达之于文字,然他人之了解此文字,还须自己由实践而有一觉悟。此中实践如差一步,则觉悟与真实之了解,即差一步。在如此之实践与觉悟,相依而进之历程中,人之实践的行为,固为对外面之人物等的。但此觉悟,则纯是内在于人自己的。所以人之实践行为,向外面扩大了一步,此内在之觉悟,亦扩大了一步。②

对于人的道德本体的觉悟显然就不单是一种对道德规则的了解,而是一种富有宗教情感的道德实践,在这种道德意识中的人,绝不会将其所体会到的价值理想看作可有可无的,或者可以在实践中随意调整的,而必然是带有一种宗教式的"牺牲"精神在内的。

> 当知在此心性学下,人之外在的行为,实无不以其为依据;亦兼成就人之内在的精神生活,亦无不兼为上达天德,而赞天地之化育者。此心性之学乃通于人之生活之内与外及人与天之枢纽所在,亦即通贯社会之伦理礼法,内心修养,宗教精神,及形上学等而一之者。③

唐君毅等人在将"心性之学"作为道统之具体表现而加以强调和说明的同时,进一步从道统的延续性来证明中国文化的生命力。中国文化的持久性是现代新儒学所一直用来证明其价值的十分重要的理据,按我的理解来说,如果说强调心性之

---

① 唐君毅:《中国文化与世界》,第25页。
② 唐君毅:《中国文化与世界》,第26页。
③ 唐君毅:《中国文化与世界》,第27页。

学的超越性和内在性呈现出一定程度的"隐微化"的特征,那么中华文化的持久发展能力则是可以由历史的"事实"来论证的。这一"事实"一直被"五四"以后的新儒家思潮所看重。比如说梁漱溟在《东西文化及其哲学》的系列讲演中,一方面通过文化的不同路径和不同时段需要不同文化这样的方式来证明孔学在未来的"有效性",但另一方面,他从历史上的文明关系来说明中国文化所具有的融合而非冲突的对待方式,保证了其文明的持久和拓大。①

港台新儒家虽然并不认同梁漱溟的文明"路向"论,但他们依然将中华文化"之所以长久"作为一个重要的条目。注重保存历史,存亡继绝,注重保存文化,珍惜自己的文化传统。之所以如此,应该从学术思想去探究。

《宣言》认为中国思想虽有超越性,却注重现实生活,虽偏重保守,却是要求人们向内用力;与其注重生育而强调种族繁衍,不如说是重视生命的价值。如此,"我们与其说中国民族文化历史之所以能长久,是其他外在原因的自然结果,不如说这是因中国学术思想中,原有种种自觉的人生观念,以使此民族文化之生命,能绵延于长久而不坠"②。

《宣言》认为注重宇宙和人类生命的延续并非只是儒家一家的倾向,道家的超越肉身存在的精神和儒家所包含的生生不息的精神,在保证中国文化的长久上有共同的作用。在儒家之《易传》《中庸》中有所谓"可大可久"及"悠久成物"之观念,老子中有要人法"天地长久"及"深根固蒂长生久视"之观念,都导向文化生命的长久不息。

三、民主与科学乃是民族文化发展的内在要求

以我个人的解读,《宣言》前七部分可以看作对中国文化精神的一种"界定",这样的"新"界定可以看作唐君毅、牟宗三等新儒家对于儒家文化的一种独特的解释。我们知道任何新的解释都有其现实的目的,对于孤悬海外的新儒家而言,当时他们忧心中国传统文化在大陆的情况。

---

① 梁漱溟先生认为未来的文化必然是以礼乐来代替法律的,所以中国文化在将来将发挥更大的作用。梁漱溟:《东西文化及其哲学》,《梁漱溟全集》第一卷,济南:山东人民出版社,2005年,第522页。
② 唐君毅:《中国文化与世界》,第29页。

如果说，新儒家思潮的早期是在进行现代性的批判和中国特殊性的证明，但是，当中国成为社会主义大家庭一员的时候，港台新儒学转而舍弃了梁漱溟等人的多元现代性的思路，转而开始证明"五四"启蒙思潮的合理性，而他们对于儒家的心性之学的肯定与"民主建国"的目标和"科学"观念的确立互为表里。这样，早期新儒家对启蒙的批判到了港台新儒家这里，变成接受启蒙观念之后再努力证明儒家与民主、科学之间的协调性。这样的转折固然与中国大陆的政治变革有关，也与港台新儒家在失去大陆这样的文化土壤之后，必须在新的政治环境中找寻"一枝之栖"（刘述先生语）的处境有关。他们把儒家的生命力"系于""民主建国"和"科学精神的建立"之上，并将之看作"儒学第三期发展"的使命。

这些使命在牟宗三先生的"外王"三书中，表述为"良知坎陷"和"内圣开出新外王"，或道统、政统、学统的"三统并建"。① 在《宣言》中则比较抽象地表述为"道德实践的主体"必须自觉地成为"政治的主体"和"认识的主体"。

《宣言》指出，中国古代思想因为过于强调正德、利用、厚生，缺乏纯粹的知识兴趣。科学精神的建立就是要抛弃价值判断而纯求其对象的客观呈现。不过，前文所推崇的心性之学中注重知行合一、认识活动与道德实践不可分离的特征，使我们在思维方式上欠缺科学理论的创立。

所以，在论证超越性的时候所推崇的心性之学，难以发展出民主和科学，因此，《宣言》需要做一个理论上的"转圜"。与前面讨论心性之学的特殊性有所不同的是，《宣言》中说："中国人如不能兼使其自身，自觉为一认识的主体，则亦不能完成其为道德的主体，与实用活动之主体。"② 这是《宣言》最为复杂的部分，心性之学要求道德的主体性要仰赖自觉为一个认识主体才能"完成"自己，虽然道德主体的价值判断的重要性依然被强调，但是，在进行是非判别之前，先必须"暂忘其为道德主体"，这样才能建立"纯理论的科学知识世界，或独立之科学的文化领域"。③ 为什么要暂忘呢？是因为科学时代需要中国的心性之学在保持其超越性的一面的同

---

① 据蔡仁厚先生的研究，牟先生的三统说继承弘扬儒家与中国文化的核心理念，肯定道统，即肯定道德宗教的价值，护住孔子所开辟的人生宇宙的大本大源；开出学统，即转出"知性主体"，融入古希腊传统，发展出学术的独立性，重心是发展科学；继续政统，即由认识政体发展的意义，而肯定民主政治的必然性，重心是发展民主政治。参见蔡仁厚：《牟宗三先生学思年谱》，台北：学生书局，1996年，第123页。
② 唐君毅：《中国文化与世界》，第37页。
③ 唐君毅：《中国文化与世界》，第38页。

时,又发展出其客观性的一面。

> 中国思想之过重道德的实践,恒使其不能暂保留对于客观世界之价值的判断,于是由此判断,即直接的过渡至内在的道德修养,与外在的实际的实用活动,此即由"正德",直接过渡至"利用厚生"。而正德与利用厚生之间,少了一个理论科学知识之扩充,以为其媒介;则正德之事,亦不能通到广大的利用厚生之事。或只退却为个人之内在的道德修养。由此退却,虽能使人更体悟到此内在的道德主体之尊严,此心此性之通天德天理——此即宋明理学之成就——然而亦同时闭塞了此道德主体之向外通的门路,而趋于此主体自身之寂寞与干枯。①

在《宣言》看来,心性通天德天理,却也闭塞了认识客观世界的纯粹立场。前文中,《宣言》着力要让人们用同情和敬意来体认道德认识和道德实践的结合,但在这里,却又说如果失去客观性认识的一面,主体的自身就会"寂寞与干枯"。所以,原有的学统必须接续新的科学为主体的"学统"。"在中国传统之道德性的道统观念之外,兼须建立一学统,即科学知识之传承不断之统。而此事,正为中国文化中之道德精神,求其自身之完成与升进所应有之事。亦即中国文化中道统之继续所理当要求者。"②传统儒家独有的"学统",是"道统"之存在并体现中西差异的关键,何以新学统反而成为道统的自我发展的基础呢?这便是牟宗三所说的"曲统"的矛盾之处。

在这样的思路下,道统所开出的"政统"也需要在新的形势下将道德主体转向"民主建国"之路。梁漱溟先生认为民主制度有其合理性,但中国这样的伦理本位、职业分途的文化特性,必然导致中国人既不能走西方民主道路,也不能走苏联式的阶级斗争的路。港台新儒家则在政体选择中,则开始肯定民主制度的建立是儒家的内在要求。《宣言》说:"不能说中国政治发展之内在要求,不倾向于民主制度之建立,更不能说中国文化中无民主思想之种子。"

对于儒家与民主自由之间的关系,港台新儒家中以徐复观、张君劢与钱穆的研

---

① 唐君毅:《中国文化与世界》,第36页。
② 唐君毅:《中国文化与世界》,第38页。

究最为深入。但钱穆的倾向与徐、张很不同,钱穆反对将中国古代政治视为"专制政治",并认为宰相制度和科举制度提供了政权制衡和平等参与政治的可能性,对此遭到张君劢、徐复观的严厉批评,这也是双方产生裂隙的重要原因。而《宣言》则主要体现了徐复观和张君劢等人的政治观念,认为传统儒学的民本观念虽与民主观念之间存在着亲缘关系,但必须转化才能成为真"民主"。

> 中国政治制度中,仅由政府内部之宰相御史等,对君主权力所施之限制,必须转出而成为:政府外部之人民之权力,对于政府权力作有效的政治上的限制。仅由君主加以采择与最后决定,而后施行之政治制度,必须化为由全体人民所建立之政治制度,即宪法下之政治制度。只是由篡窃战争,始能移转之政权,必须化为可由政党间,作和平移转之政权。此即谓由中国君主制度本身之发展,及中国文化对于君主制度下政治之反抗与要求,中国政治必须取消君主制度,而倾向于民主制度之建立。①

要让儒家的"天下为公"的理想真正得到落实,就必须确立起道德主体,必须人人平等地成为"政治的主体"。但儒家的政治理想难以在现实中落实,因为在世袭的君主制度下,君民之间不能实现平等的政治地位:

> 此中即有中国文化中之道德精神,与君主制度之根本矛盾。而此矛盾,只有由肯定人人皆平等为政治的主体之民主宪政,加以解决,而民主宪政,亦即成为中国文化中之道德精神自身发展之所要求。今日中国之民主建国,乃中国历史文化发展至今之一大事业,而必当求其成功者,其最深理由,亦即在此。②

在这个论述中,儒家的精神被认为与君主制完全矛盾,这并不是历史的事实。我觉得徐复观先生的"双重本体论"更能体现传统社会中儒家与政治的关系。即儒家在理想上是坚持民本思想的,但在现实中也会替统治者想办法。

---

① 唐君毅:《中国文化与世界》,第40页。
② 唐君毅:《中国文化与世界》,第42页。

《宣言》将建立民主政治和新学统视为儒家在现代社会的使命,但他们又想从儒家的思想传统中找到源头,这样,心性之学的独特性反而要嫁接到西方启蒙运动之后的社会政治思想之上。

在现实的选择中,民主政治和新学统事实上是对儒家传统的"背离",因为,在制度层面和知识层面需要落实民主制度和科学精神,这样,《宣言》将儒家的新的发展阶段嫁接到西方文明那里,作为文明自信的基础的"内圣"层面的价值事实也难以确立。另一方面,西方的民主和科学的精神作为其文化发展的内在产物,与其超越性的宗教精神之间存在着密切的关系。由此,《宣言》将儒家思想中最具有超越性的面向凸显出来,客观上是将儒家的形态"西方化"。

进一步说,西方的民主和科学是政教分离的启蒙运动的成果,这样,强调心性之学和落实中国的民主科学之间的关系又需要有一个重新分离的过程,这个问题被牟宗三先生最为典型地描述为"内圣开出新外王"和"良知坎陷",这样,《宣言》所宣称的儒家的生命力和儒家的未来之间的关系是曲折甚至分离的。

四、中西之间

《宣言》的最初写作动机就是写给外国人看的,所以,《宣言》也可以看作是唐君毅和牟宗三这一代新儒家对中西问题的新看法。很显然,与梁漱溟、冯友兰等人是有一些差别的。

我们知道,近代以来中国文化的危机来源于西方文化的冲击,由此而生发出中西、古今问题。从某种角度看,古今问题是中西问题的延伸。当西方的军事和经济优势十分明显地呈现在我们面前的时候,传统文化中处理中国与外部世界的夷夏观念被华洋、中西这样的名称所取代,并在新文化运动时期转变为新旧和古今。沿着这样的名词的转变的历史,我们可以看到一个轨迹,即由中西初遇时的文化中心主义逐渐转变为文化自信的逐渐丧失,到最后变成文明的自我否定。所以,新儒家从其产生之时起,就担负重建文明自信的使命,因此从梁漱溟的"三路向"到钱穆的"为故国招魂",都体现出试图通过多元主义的策略来表达文化民族主义情怀的倾向。

港台新儒家当然也继续着这样的使命,但从前文看,他们的战线已经空前收缩。《宣言》将文化精神立基于心性之学，然而，心性之学的现实目标却是开出民主的"新外王"和"良知坎陷"后的"新学统"，因而实际上造成了文化精神性因素和文化实体性、制度性呈现之间的脱节。因此，当新儒家列举中国文化的优点的时候，虽然将心性之学置于很高的地位，但在功能上并非由此导出基于自身价值的制度体系，其功能主要集中于对于西方文明的"补充"和"矫正"。这最终会导致一直推崇的文化优势"虚无化"。

《宣言》的第十部分"我们对中国现代政治之认识"主要是分析中国在社会主义国家建立之后的政治状况，多是对当时的政策的批评，在此搁下不表。第十一和十二则主要可以看作通过中西文化的比较来说明中国智慧的优势。这部分的核心就是在肯定西方政治和学术是符合社会发展的趋势，而中国独特的心性之学可以为之提供价值引导。

《宣言》提出西方之宗教、科学、哲学、文艺、法律、实用技术，都值得我们学习，但西方文化并不能独自引导世界文化的发展，而东方文化也可以提供其独有的价值。

东方文化的价值体现在对西方科学、民主和社会发展中的种种弊病的"矫治"上，《宣言》所罗列的西方文化的种种问题包括：

> 如由宗教改革而有宗教之战争；由民族国家之分别建立而有民族国家之战争；由产业革命而有资本主义社会中劳资之对立；为向外争取资源，开发殖民地，而有压迫弱小民族之帝国主义行动；及为争取殖民地而生之帝国主义间之战争……在今日科学已发展至核子武器，足以毁灭人类之时期，人类之前途乃惶惶不可终日。此皆近代西方文化之突飞猛进所带来之后果。则我们今日对西方文化，毕竟应如何重新估价？并对之应抱有何种希望？应为吾人所认真思考之问题。①

很显然，这些问题的确是西方历史发展中真实存在的问题，宗教战争和民族国家之间的冲突其实对应的也是欧洲文明不同发展阶段的最为尖锐的问题。《宣言》很客观地指出，这些欧洲文明自身的问题经由历史的发展由其逐步克服，比如宗教

---

① 唐君毅：《中国文化与世界》，第50页。

战争已不复存在,民族国家的问题也因为联合国的设立而缓解,但有一个关键的问题没有解决,即当时所存在的以苏联为代表的社会主义阵营和以美国为主导的西方资本主义国家阵营的长期对峙。

以西方文明的世界里出现的对立来指出西方文化的缺点,这多少是一个比较奇特的结论,西方文明因为宗教和社会经济发展水平的不同,并非如中华文化一样的"一本性",所以,这只能算是多样性,而不能说是优缺点。而且,从总体而言,欧美的模式和苏联的模式体现了对如何解决大规模生产之后的分配不平均的方法上的差异,姑且不论这两种社会体制的差异正好体现了不同的"自由观念"和"经济模式"的关联。所以,儒家并没有直接对应这些问题的现实的方案。

因此,《宣言》接下来的分析如果抛开政治因素,在学术上并不具备说服力。新儒家人士认为美苏的冷战对世界文明的最大危害是这样的分歧影响到非西方世界,他们认为亚非民族接受了唯物主义的思想,不接受西方那一套,这值得西方人士深刻反省。

> 本来亚洲之中国文化、印度文化……在先天上皆非唯物主义,在理论上正应与西方之自由民主文化相结合,然其今日何以尚未如此,实值得西方人士作深刻的反省。①

西方文明内部一直具有很强的自我反思传统,《宣言》提出的劝告用心良苦,却缺乏实践性的方法。

《宣言》过于担心大陆的政治变革所导致的"文化危机",但并没有看到亚非各国接受唯物主义背后所包含的一种对西方侵略的抗拒情绪,由此产生的对于苏联模式的接受其实是对资本逻辑所造成的不平等的社会秩序的反抗。虽然有人认识到殖民运动的问题,但并没有反省殖民运动背后的精神因素和资本的力量。即使从文化保守主义的立场,亚非各国无论是接受民主自由还是接受苏联式的政治制度,其实,都不是基于自身文明的制度设计,如此,新儒家们的批判并不是从文化的角度,而是站在西方文化普遍性的立场上的制度反省,事实上也失去了梁漱溟那一代新儒家的制度批判和文化多元立场。

---

① 唐君毅:《中国文化与世界》,第51页。

唐君毅他们批评西方精神缺乏对其文化膨胀的反思：

> 真正的西方人之精神之缺点，乃在其膨胀扩张其文化势力于世界的途程中，他只是运用一往的理性，而想把其理想中之观念，直下普遍化于世界；而忽略其他民族文化的特殊性，因而对之不免缺乏敬意，与同情的了解，亦常不从其他民族文化自身之发展的要求中，去看西方文化对其他民族文化之价值。①

其实，文化的多元立场并不应该向西方人"讨求"，而是儒家如何从社会发展中找到自己的发展之路。虽然"东方主义"的概念在当时并没有被萨义德所提出，然而，《宣言》明显带有一种"东方主义"的立场来批评东方主义。这种批评更接近于文化的批评，实质上构成了对于西方文化中心主义的"曲通"，所以《宣言》的最后更多接近于对于西方的"规劝"而非儒家立场的自我宣示。

接下来，《宣言》具体提出了西方人所应该吸收的中国文化的优点，共有五个方面。

第一点，是"当下即是"之精神，与"一切放下"之襟抱。核心是要强调中国文化以心性为一切价值之根源，所以对于人生价值和宇宙价值有肯定。这样可以克服西方文化知进而不知退所造成的人生之危机，可增加西方文化自身之安全感与坚韧性。

第二点，是一种圆而神的智慧。所谓一切放下之智慧，是消极的。圆而神的智慧，则是积极的。"这种智慧之运用，最初是不执普遍者，把普遍者融化入特殊，以观特殊，使普遍者受一特殊之规定。但此受某一种特殊之规定之普遍者，被人自觉后又成一普遍者；仍须不执，融入特殊中，而空之。于是人之心灵，得再进一步，使其对普遍者之执，可才起即化。"② 他们有时以柏格森的"直觉"来比照这种智慧，概言之，就是与理性所建构的概念性、确定性思维所不同的具有灵活性和适应性。这与其说是中国智慧的特点，还不如说是告诉西方人，要想真正了解中国人和中国文明，需要这样的认识范式的转变。"西方人亦必须有此圆而神之智慧，乃能真与世界之不同民族，不同文化相接触，而能无所阻隔，并能以同情与敬意之相遇，以了解其

---

① 唐君毅：《中国文化与世界》，第51页。
② 唐君毅：《中国文化与世界》，第56页。

生活与精神之情调与心境；亦才能于其传统文化中所已认识之理型世界、知识世界、上帝世界、技术工业世界，分门别类的历史人文世界之外，再认识真正的具体生命世界，与人格世界与历史人文世界中一切，而与之感通。"①

第三点，是一种温润而怛恻或悲悯之情。西方人之热情与爱，与权力意志相纠缠，所以要便绝去其权力意志与占有之念之根。要去此根，则爱必须真正与敬同行，而不应该有宗教上的优越感或其他的优势形态，需人与人之间的爱要通过"礼"来表达。"于是爱中之热情，皆向内收敛，而成温恭温润之德。而人对人最深的爱，则化为仁者之恻怛之情。此可通于佛家之悲悯。恻怛悲悯，与一般之爱之不同，在一般之爱，只是以自己生命精神之感情，视人如己的向人流注。此处之视人如己，即可夹杂'对人加以占有之念'之泥沙并下。而恻怛悲悯，则只是自己之真实存在之生命精神，与他人之生命精神间之一种忐忑的共感，或共同的内在振动，此中，人对人自然有真正的同情，亦有情流，向人流注。"②

第四点，是如何使文化悠久的智慧。《宣言》指出："中国文化是世界上唯一历史久而又自觉其久，并原于中国人之自觉的求其久，而复久的文化。"现代西方近代文化，固然极精彩灿烂，但如何能免于如希腊罗马文化之衰亡，已有不少的人忧虑及此。"中国人在一切文化生活上，皆求处处有余不尽，此即所以积蓄人之生命力量，使之不致耗竭过度，而逆反人之自然的求尽量表现一切之路道，以通接于宇宙生生之原者。"③

第五点，是天下一家之情怀。《宣言》坚信凡未能民主建国之国家，都最终会走上民主建国之道路。不过民主建国并非人类历史的终结，人类最后必然归于天下一家。所以人们不仅要有国民意识，还需有天下情怀。中国人总说天下与天下国家。以"天下为一家，中国为一人"，本仁心以相信"人皆可以为尧舜"，本仁心以相信"东西南北海，千百世之上，千百世之下之圣人心同理同"。儒家之讲仁爱，与基督教讲爱一样，都有普遍性的一面。

基于这五个优点，所以《宣言》提出了他们对于世界学术思想之期望，这期望就是将上述五个优点发展成为西方学术研究的期待。这种期待包括期待西方人克

---

① 唐君毅:《中国文化与世界》,第57页。
② 唐君毅:《中国文化与世界》,第59页。
③ 唐君毅:《中国文化与世界》,第60页。

制其文化中心主义的态度,而发展出以人类为"视野"的价值观,为未来的大同世界做准备。

> 人类还须发展出一大情感,以共同思索人类整个的问题。这大情感中,应当包括对不同民族,不同文化之本身之敬重与同情,及对于人类之苦难,有一真正的悲悯与恻怛之仁。由此大情感,我们可以想到人类之一切民族文化,都是人之精神生命之表现,其中有人之血与泪,因而人类皆应以孔子作春秋之存亡继绝的精神,来求各民族文化有价值方面之保存与发展,由此以为各种文化互相并存,互相欣赏,而互相融合的天下一家之世界之准备。①

这种"大情感"的建立,只凭西方文明中的理性态度是不够的,儒家的心性之学所确立的成己成人的态度是不可或缺的。如果只是用人之理智的理性,去对各种自然社会人类历史做客观的冷静的研究,只能解决认识领域的一部分问题。而儒家的心性之学"则在人之主体的存在之真正自作主宰性之树立,而此主宰性之树立,则系于人生存在自身之超化升进。此一种学问,亦即中国之所谓立人极之学问。人极立而后人才能承载人之所信仰,并运用人之所创造之一切,而主宰之。这是这个时代的人应当认识的一种大学问"②。

最后,《宣言》提出了完善的人格问题,也就是融合了世界各种文化的"人"该有什么样的综合素质。《宣言》认为希腊文明培育出了理智、理性的精神。希腊的自由观念和罗马法中的平等观念,建构处理近代西方的民主政治精神。希伯来的宗教精神和儒家的天人合德思想,则保证了天下一家的情怀。这样,儒家价值的在"成人"的历程中,与希伯来精神一起,担负起超越性的使命。将这几种文化精神凝聚在一个人身上,这个人既是道德的主体,也是政治的主体(公民),更是超越性的主体(天民)。在这个人格模型中,人类文明的各个要素被抽象地糅合在一起。很显然,《宣言》所昭示的文化图景是各种文化的优质资源的叠加,而不是各个文明体在自身的文化的基础上吸收别的文化的特性来成就自己,而是以失去自己为代价而去构建一个抽象的"混合主体"。在这样的体系中,我们发现儒家的伦理历史和

---

① 唐君毅:《中国文化与世界》,第63页。
② 唐君毅:《中国文化与世界》,第65页。

制度历史被抽空。

《宣言》作为现代儒学发展史上一个里程碑式的文献,力图唤醒人们对于儒家生命力的认可,并阐发儒家心性之学的资源,这对于处于"花果飘零"时期的儒家来说,堪称有"续命"的功用。

但《宣言》过于"受制"于"五四"以来民主和科学的强势话语,将儒学发展的方向收束于民主建国和确立科学思维上,由此,心性之学的超越性取代了儒家其他经典在确立儒家价值时的基础地位,从而使儒家"修己治人"的整全性体系被拆解。《宣言》通篇没有讨论儒家经典系统在现代学科体系中的地位,从而实质上置经学于"科学"的对立面,这样的新儒学剥离了经学的负担,却使儒家道统去承接西方的民主制度,这样儒学既失去了自己在制度设置上的可能性,也难以成为民主的必要项而存在。

我们承认儒学在面对三千年未有之大变局过程中进退失据的困境,但是透过《宣言》,提醒我们去思考这样的问题:第一,现代儒学如果不在其自身的经典系统和历史中去建构自己的现代思想品格,那么这样的新儒学是否还毫无疑问的是"儒学"?第二,儒学在未来的发展中的真正生命在哪里?是将其伦理精神贯注在现代的制度建构的过程中,还是去论证其与民主制度之间的一致性?或者说,儒家是否丧失了建构新的制度形态的可能性?第三,儒家的人格的独特性是要建立在儒家的义理基础上,还是与其他文明的人格理想构成一个"优秀人格综合体"?

已经有许多人宣称儒家失去了生命力,但儒家思想一直在发展,在西方文明的冲击下,我们能否真正达成儒学的第三期发展,儒学第三期的使命究竟为何,这是《宣言》留给我们的问题,而思考这些问题是表达对《宣言》的"同情"和"敬意"的最好方式。

(作者单位:北京大学儒学研究院)

理学与世界

朱熹存在网络与存在意识的缘起型态

——朱熹的亲属网络及其内涵与影响之分析

吴展良

如同一些前辈学人所指出的,传统中国人的存在方式,不以独立的个体为基础单元,富有一体难分的整体性[①];而笔者在长期研究中国历史与文化的过程中,则进一步深感中国社会的存在状态与人们的存在意识,既具有一体难分的整体性,同时还具有"网络性"。个体与其周围的亲人、同侪、朋友及其他关系形成亲疏远近不同的多重网络。这些网络,不仅维系其生存,也是其生命意义的根基。以宗族、宗法、家族、家庭、五伦与三纲为中心所组织起来的传统中国社会的强烈网络性,反映了华夏政治社会的基本组织方式,也是其伦理、价值、道德与文化的根源。具有"网络化存在意识"的人,倾向于视整体网络的存在先于也重于个人的存在,因此为其所属的网络而努力才是生命的真谛。此与现代具有"个体化或原子化存在意识"的人,强调生命的终极意义在于个体完成,主张个人的主体性与自由、独立的优先性,有根本性的不同。这种倾向,从三代以降,一直影响至今。

只要是人类社会都有其网络性,然而中国社会的家族性、整体性以及政治社会的整合度却特别强,因而其网络性也特强。个体独立运作的部分较小,融入家族与社会、政治网络运作的部分较多,因而不能不深入研究其网络性。中国文化传统上从父子、君臣、夫妇、兄弟、朋友的关系来定义人之所以为人。是以就古人而言,生命与文化的根基为伦理与网络关系而不是个体化的生命或灵魂。此处可见中西方文化的根本不同,所以特别值得我们用实证的方式加以深入探究。

---

① 参见钱穆:《中国学术通义》,第44—45页;及梁漱溟所说的"伦理本位社会"与"家人一体",《中国文化要义》,《梁漱溟全集》第三卷,济南:山东人民出版社,1990年,第83—84页。

中国社会强大的网络性似渊源于上古三代的邑族式血缘社会组织与封建及宗法体制，而宗法家族化的周朝又是中国古典时期最重要的代表。所谓儒学，大体即建立在周代的政教与礼制之上。中国人的存在方式，也因而长期具有高度网络化的特色。此种网络化存在方式与网络化存在意识的具体内涵，从三代、秦汉至隋唐均有不少变化。宋代的网络化存在方式与网络化存在意识，既继承了前代也与前代颇有所不同。宋代士人的存在意识，一般以个人、家庭与家族为中心，进而扩大至乡里、国家、以及天下。基本上认为人首先与家族，其次与乡里、国家、天下形成一体难分的关系。宋人一般以父系男性亲属为基底，纳入女性，形成一以男性家长为锥尖的网络锥形体，所有人的存在意识均联系且从属于此一点。上下尊卑的关系清楚，家内成员的份位与职责亦明确。其中父子一伦尤为关键，是为其建构一切关系的基础。家人一体难分的同体感一般颇为强烈，然而因为家庭与家族结构庞大，关系亦较复杂。

朱熹是规范中国近世伦理、道德、政教与人际关系最重要的人物。他对于三纲五伦的极度重视，更使其学说及行谊，对于上述议题有关键性的意义。不仅如此，朱熹本人的思想与意识，亦深受其家庭与家族背景影响。是以本文拟以"朱熹存在网络与存在意识的缘起型态"为题，分析朱熹的早期亲属网络与家庭和家族背景，深入探讨其具体内涵，作为从上述观点出发的一个重要个案研究（case study）。

一、五世业儒的家族与继体的关系

朱熹出于一个宗族与忠孝观念深厚的家族，并且在其中培养出深厚的"继体"观念：意即个人，尤其是嫡长子的生命其实继承了父母与先人的遗体、遗业与遗志，当延续并发扬光大，且传之子孙。[①]更深沉地说，作为家中仅存之子与嫡子的朱子之生命，与其先人一直有一体不可分的密切关系，这与现代人相当不同。这种继体的心理与思想，不仅要延续先人，还要传诸子孙，并推及门人及更广大的继承其学

---

① 黎靖德编：《朱子语类》卷42，"乾道是创业之君，坤道是继体守成之君。"《周礼正义·地官司徒》："礼：十五为成童，以次成人，欲人君之早有继体，故因以为节。"（此句又见于《春秋谷梁传注疏·文公十二年》）

说思想的后人。这是朱熹与儒家传统建立其稳固而广大的存在网络与存在意识的核心做法。本文先记朱熹继体先人与父亲的部分,日后再及于他传诸子孙与门人的部分。

朱熹的祖父、曾祖、高祖皆业儒,但"三世皆不仕"①。朱熹的曾祖朱绚"毕生业儒,曾应科举,未中,一生未仕。家有田产,小康,后衰落渐贫"②。祖父朱森"少业儒,科举未中,一生未仕。别无生计,故贫"③。他爱好理学,"安贫乐道","忠孝和友"④,并曾反复告诫儿子朱松:"吾家业儒,积德五世矣,后必有显者,更当勉励以无坠先世之业。"⑤这里的"吾家业儒,积德五世",是对于自家最根本的定位。"后必有显者",则是对于后人深切的盼望。"更当勉励以无坠先世之业",则表现出家人之间密切的继承关系。朱森本人雅好道义,超然于世务,并有不顾家庭生产的倾向。但他对于儿子是否能够提升德行,则非常在乎:

> 家人生产,未尝挂齿。子松游乡校,时时少得失,无所欣戚。家既素单,久而益急,或劝事生业,曰:"外物浮云尔,无庸有为也。使子贤,虽不荣,于我足,不然。适重为后日骄纵之资尔。"独见松从贤师友游,则喜见言色,其笃于道义而鄙外浮荣,盖天资云。⑥

是以外物不足挂心,唯念子女之贤与否。朱森娶了歙县程丞相的孙女五娘为妻。程五娘个性严格,子女稍有违背规矩,即遭训斥,由此而可以想见朱熹早年所受的家庭教育。⑦朱森晚年好佛,"读内典,深解义谛,时时为歌诗,恍然有超世之志"⑧。儒佛兼修的特色,也为朱松与朱熹早年所继承。

---

① 朱熹:《皇考吏部府君迁墓记》,《晦庵先生朱文公文集》卷94,《朱子全书》22册,上海:上海古籍出版社,2002年,第4341页;陈其芳:《朱熹家世考》,邹永贤主编,《朱熹思想丛论》,厦门:厦门大学出版社,1993年,第256页。
② 陈其芳:《朱熹的亲属》,钟彩钧主编,《国际朱子学会议论文集(下)》,台北:"中央研究院",1993年,第8页;又见《朱子家世考》,第256页。
③ 陈其芳:《朱熹的亲属》,第8页。
④ 陈其芳:《朱熹的亲属》,第9页。
⑤ 朱松:《承事府君行状》,《韦斋集》卷12,《四部丛刊》景明嘉靖本,合肥:黄山书社,2008年,第89页。
⑥ 朱松:《承事府君行状》,第89页。
⑦ 陈其芳:《朱熹家世考》,第258页。
⑧ 朱松:《承事府君行状》,第89—90页。

朱子的父亲朱松,继承了四代以来的家庭传统,以儒为业,"安贫乐道"。他于政和七年由徽州郡学贡入京师,入太学,政和八年(1118)中进士,而后娶祝氏为妻。朱家数代均未曾中举,所以朱松考中进士与之后参加礼部诠试,封迪功郎,初授建州政和县尉而正式任官,都是扭转朱家社会地位与命运的大事。[①] 然而随着朱松因授建州政和县尉,从而携全家入闽,朱家的家庭与家族型态却也随之彻底改变。

二、流亡中的家庭、有限的家族和残缺的宗族网络

朱熹最切身的存在网络起源于家庭,但他拥有的,却是一个流亡中的家庭。这个家庭颇有家族与宗族意识,但是因为颠沛流离而且远离祖居地,除了三代直系亲属外,五服之内的家族及其姻亲都不在旁边,所以只具有残缺的家族网络,更遑论原来的宗族网络。身为外来之人,朱家与本地的主要联系,最后只能建立在学术、思想与政治关系之上。这一切种种,对于朱熹一生的学术思想与性格,似有重大的影响。

朱熹的父亲朱松,因受命担任政和县尉,同时也可能因为家乡附近不平静,于北宋宣和五年(1123)携父母、妻、两弟与两妹,亦即其"三代直系亲属家庭",由江西婺源迁居至福建建州政和,这决定了朱子日后的原生家庭型态。[②] "三代直系亲属家庭"虽然为宋代家族组织的基本单元,然而脱离了原来的大家族基底,并备遭艰困,则为朱熹成长背景的独特处。这虽然是宋代家系,但并非传统的大家族。朱松在政和任官两年,宣和七年遭父丧,因贫困而不能归葬江西,只好葬父于政和,并在此居家守制三年。[③] 祖父坟墓所在确立了朱家对福建的地域认同。祖父为迁闽的始祖,朱熹日后的家族与地域认同,乃以建州政和及后来所定居的五夫里为中心。[④] 他因祖父母墓在政和,曾多次去政和"展墓"。晚年重修墓地,则将其父亲所写的《承事府君行状》刻石于墓左[⑤],并为此写了《跋大父承事府君行状》说:

---

① 陈国代:《朱熹在福建的行踪》,北京:作家出版社,2007年,第8—9页。
② 陈其芳:《朱熹家世考》,第257页。
③ 陈其芳:《朱熹的亲属》,第10页。
④ 陈其芳:《朱熹家世考》,第258页。
⑤ 陈其芳:《朱熹家世考》,第258页。

熹窃惟念吾家自歙入闽而府君始葬于此。不可使后之子孙不知其时岁月与其所以积德之意,敬立石表刻(状)下方立于墓左,先世坟庐在婺源者及祖妣孺人以下别葬所在刻于碑阴,使后来者有所考焉。①

大父《行状》刻在碑阳,先世种种刻在碑阴,可见他心理上是由其祖父开始了一个新的家族网络与地域认同。至于"不可使后之子孙不知其时岁月与其所以积德之意",则表示了他们重视家族延续与"积德"的家风。

朱松服除后于建炎二年(1128)至三年任尤溪县尉。建炎三年又派任石井镇监税,事杂官小而俸薄。事实上,从建炎二年一直到绍兴四年(1134)与六年之间,因为金兵迫近、叛兵四起与家中变故,朱家常在播迁与逃亡。他们曾依序住过政和、尤溪、长溪、浦城、政和、尤溪等地,中间并曾企图举家赴福州未成,真可谓居无定所。②建炎三年底,因叛兵迫近,朱松弃石井镇监税之职携家逃归政和尤溪。建炎四年九月,朱子出生。朱子出生时,家中只有祖母、父母、两位叔叔与两位哥哥,人口相对简单。次年冬,他们又因"避寇"举家移居长溪龟龄寺。③这段时期,朱家家无恒产,朱松官小俸薄且为政清廉,加以播迁逃亡,所以朱家过得非常艰辛。④绍兴三年,朱松寄其家于浦城,只身奉召赴临安,同年全家迁回政和。⑤到了绍兴四年,朱熹五岁,祖母也过世,朱松守丧,居政和尤溪,期间"尽室饥寒",朱熹的长兄、二兄均夭亡,可见其家庭状况之恶劣。⑥绍兴七年,朱松服除,举家迁居建州州治建安。⑦同年朱松受到左相张浚、御史胡世将等人的推荐,奉召入对中兴大计,除秘书省校书郎,家中景况转佳。然而翌年却又因积极反对和议,得罪于当道。⑧绍兴十年春,朱

---

① 《跋大父承事府君行状》,《朱子文集》。
② 参见陈其芳:《朱熹家世考》,第261—262页。另外总计宣和五年至绍兴元年冬,举家在政和和尤溪间往来搬迁了三次,绍兴三年、四年间又分别举家迁往政和及尤溪。
③ 陈其芳:《朱熹的亲属》,第12页。
④ 陈其芳:《朱熹家世考》,第259页。
⑤ 陈其芳:《朱熹的亲属》,第12页。
⑥ 束景南:《朱熹年谱长编》,上海:华东师范大学出版社,2001年,第34、39页。
⑦ 陈其芳:《朱熹的亲属》,第12页。
⑧ 《朱松行状》:"秦丞相桧始颛政事,遂决屈己和戎之议矣。虏使名称既不逊,而所责奉承之礼又有大可骇者,于是众心共怒,军士至汹汹,欲为变夜,或揭通衢指桧为虏谍,都人汹惧一时,忠智之士竞起而争上,公亦亟与史院同舍胡公珵、凌公景夏、常公明、范公如圭五六人者合辞抗疏。"朱熹:《晦庵集》,合肥:黄山书社,2008年,《四部丛刊》景明嘉靖本,《晦庵先生朱文公文集》卷97,第2182页。

松因反对秦桧遭弹劾,乃自请奉祠,举家迁建阳。①居建阳不久又回建安,建环溪精舍,并于绍兴十三年(1143)卒于斯。第二年,祝夫人携子女返回崇安五夫。②朱家这种长期流离失所的经历,真是非比寻常。

朱熹早期与故乡江西婺源的家族联系颇有限。他十九岁中进士,二十岁回家乡应是件大事,然而诗文与语类中有关的记叙却甚少。一些关于家乡人迷信五通神、"如在鬼窟"的叙述,反而让人觉得他与故乡之间有一定的距离。③直到他中年(47岁,1176)再回故乡时,理学之名已盛,从而收了不少弟子,并因此彻底地改变了婺源的文化。④婺源与徽州地区,从明清以降都严格地按照朱子家礼的规定,从事婚冠丧祭的礼仪,并以朱子学教育与规范大家,从而养成了一个特别重视儒家礼法的社会,闻名于中国。朱子早年自家所失去的家族性,在他的理学与礼学中不但不减,反而特别加以强调,并因而深刻地改变了他的原乡。

由上述可见,朱子出生后,因为战乱、穷困、朝局不稳以及远离祖居地的关系,他的家庭一再搬迁,非常不安定,根本无法在同一块土地上累积家族、产业、同学与其他的人际关系。在此流亡的家庭中长大,朱子并未如一般的国人受到丰厚的家族乡里网络的抚育。朱熹未曾见过祖父,祖母在其五岁时也过世,两人的坟墓在政和,也常不在其所居之侧。父亲还常因任官或谋生而长期外出。朱子早年的世界与其基本的人际网络,可以说相当的"非典型"。属于从外地来的逃难家庭,与一般安土重迁,家业久长的中国人非常不同。

---

① 陈其芳:《朱熹的亲属》,第12页。
② 陈其芳:《朱熹的亲属》,第13页;《朱子家世考》,第262页。
③ 朱熹曾归乡两次,首次在绍兴十九年,"如在鬼窟"语出于此时。(参见束景南:《朱熹年谱长编》卷上,第130—134页)朱熹第一次归乡曾依据传统家族礼俗寻访祖坟、参拜家庙。但他访求祖茔也只是根据残缺的家谱所记,自己也不以为真实可信。淳熙六年他曾说:"吾家家谱亦残缺,自九世祖茶院府君以下,渐失其坟墓,今不敢必信其地,亦传其旧而已。"(参见束景南:《朱子大传》,福州:福建人民出版社,1992年,第96页)相关记叙甚少,反而是与婺源一带士人交游的记载较多。
④ 朱熹第二次归乡在淳熙三年,朱熹于《答吕伯恭书》四十八中写道:"熹十二日早达婺源。乍到一番人事冗扰,所不能免。更一两日,遍走山间坟墓归,亦不能久留也。"底下皆论学语,似不见有深刻感触或留恋之意。朱熹此行于四月十二日抵婺,六月上旬离开(参见《答吕伯恭》,《晦庵集》卷33;束景南:《朱熹年谱长编》卷上,第561—568页)。虽然如此,朱熹归故里与收学生之事,对家乡影响甚深。婺源从此逐渐变成了一个以朱子学为立身与立教根本的文化,并从而影响了整个徽州地区。婺源与徽州人至今高度纪念朱子朱熹。2016年为了纪念朱熹回乡八百四十周年,中华朱子学会还在婺源召开了朱子学与现代世界国际学术会议,笔者忝列其间。

他家人不多，又不断迁徙，传统宗族与地缘的关系俱贫乏，这使得他具体的生命关系集中于此一直系家庭自身。然而从来深重的家族与儒学传统，又使得他需要提振较学理化的家族观念。这情况，与当时一般人忙于复杂的家族与宗族关系以及实际的家族与宗族事务有所不同。他的家在绍兴七年（1137）之前相当贫困，其父亲于绍兴八年得罪当道，绍兴十年又奉祠家居，所来往的几乎都是有志正道与恢复中原的理学同道，人际网络相对简单纯粹。这基本决定了朱熹日后的认同对象，且可能助成了他刚直而"与世多忤"的性格。另外，朱熹早年的教育集中来自父亲，之后学习与交往网络则几乎完全以其父亲的朋友为基底。这在很大的程度上也是流亡中的家庭与残缺的家族关系所造成的结果。

绍兴十三年，朱松卒于福建建安，年四十六。此时朱子年仅十四（均依传统算法）。两位叔叔已成亲，但可能因为经济与朱熹日后发展的考虑，朱松将朱熹与一个妹妹及母亲托给他的至交刘子羽照顾。如此一来，不要说家族与宗族，十余岁的小朱熹连家庭都残缺。他所拥有的，并非稳定的家庭与宗族网络，而只有家中传下来的学术、思想及道德传统。没有家庭与家族依靠的朱熹只能借此一路向前，而其日后也主要成就在这些方面。

综合言之，流亡中的家庭、有限的家族和残缺宗族网络，似乎深刻地影响了朱熹的学术与思想。相比之下，为何象山乃至二程学说较"直截"，成学过程也相对简单，而朱子颇为复杂曲折？此或因生长环境之故。家庭是最早接触的"世界"，对一个人影响最大。因此家庭环境安定、完满与否对人的一生有决定性影响。象山、阳明、二程之成长环境较安定，家庭完满、和乐，儒家之道对他们而言原本就天经地义、自然而然、习以为常，也似乎自然是本心在日用常行中的随处体现。儒家之道本即家庭伦理秩序之扩大，因此象山、二程的出发点是稳固的，这让他们能将此道顺利推扩到整个宇宙上，使我的本心合于天地之心。朱子的家庭是流亡的家庭，而且十四岁父亲便去世，因此他的生长环境充满不安定的因素。儒家的世界秩序对他而言并不是如此笃定，不如象山、二程那般自然而然。因此朱子的求学历程较为曲折，早年长期沉浸于禅学，又颇用力于道教，中和问题及读书与实践的问题，都曾让他长期反复参究，与象山乃至二程大为不同。孔子年轻时亦曲折，故四十才不惑，而象山十三岁就不惑了。孔孟与朱子皆为无父之人，并均建立了宏大的体系以彻底承担整个世界，此事在文化史上似具有重大意义。

三、作为父亲的化身

朱熹与朱松的学术、思想、性格、亲友群体、行事风格、早期社会人脉与政治立场均有高度的类似性。朱松人生中最后的岁月,也完全倾注在朱熹身上。几乎可以说朱熹的生命就是父亲朱松生命的化身。以下将分项一一加以说明。

朱松与儿子朱熹的关系非常密切。这固然与家庭小,人口少,朱松为官"难进易退",赋闲在家之时甚多有关,但也可以见出他重视家庭及对朱熹的特殊喜爱。朱熹有两位兄长,均早夭。所以他出生时,朱松非常高兴,邀好友办了汤饼会,还写下了两首三朝洗儿诗:

行年已合识头颅,旧学屠龙意转疏。有子添丁助征戍,肯令辛苦更冠儒。①

举子三朝寿一壶,百年歌好笑掀须。厌兵已识天公意,不忍回头更指渠。②

"行年已合识头颅,旧学屠龙意转疏",既表现出对于自身所学的自负,也表现出中年的落寞。在此情况下"有子添丁助征戍",可以继承家业与自身怀抱,是以大笑"掀须",可见其心大乐。朱松以木火土金水五行为序为子孙命名。松属木,熹属火,朱熹的儿子塾、埜与在均属土,孙子钜、钧、鉴、铎、铨等均属金,曾孙满、洽、潜、沂等均属水。朱松各地后裔至今约二十九代,尚均能遵照此规定。③ 五行相生,循环不已,这表现出明确的一体相承观念,更重要的是凸显了上下代与五代之间"你中有我,我中有你",主体互相交融的存在关系。年长者时时心中有其子孙,子孙亦恒常知其所出。这种交融的存在关系,与宗族体制结合,对人的各方面,都应有极深的影响。另外,朱熹依传统在婺源茶院朱氏一族中大排行五十二,亲友之间亦以"五二"相称,可见其一家虽播迁至福建,传统宗族观念依然厚重。④

---

① 朱松:《洗儿二首》,《韦斋集》,第44页。
② 朱松:《洗儿二首》,《韦斋集》,第44页。
③ 陈其芳:《朱熹的亲属》,第21页。
④ 一些学者认为朱松叫朱熹为十二郎,因其在茶院朱氏九世孙中排行十二。然而束景南提出:"朱熹排行五十二,见其所作婺源茶院朱氏世谱(载新安月潭朱氏族谱),谱中另有人行十二。……又朱桦《玉澜集》有《乙丑除夜寓永兴寄五二侄》一首,均可证朱熹行五十二而非十二。(朱氏宗谱又有谓朱熹生时其祖母程五娘五十二岁,朱松为示对母孝顺,遂给朱熹取小名'五二郎',亦无稽附会,朱熹小名为沈郎。)"(束景南:《朱熹年谱长编》卷上,第68页)此据之。

小朱熹五岁就外傅读书,朱松为此特别写了一首诗:

> 尔去事斋居,操持好在初。故乡无厚业,旧箧有残书。
> 夜寝灯迟灭,晨兴发早梳。诗囊应令满,酒盏固宜疏。
> 貘羁宁似犬,龙化本由鱼。鼎荐缘中实,钟鸣应体虚。
> 洞洞春天发,悠悠白日除。成家全赖汝,逝此莫踌躇。①

"故乡无厚业,旧箧有残书"表现出"以儒为业"的家庭特色。"貘羁宁似犬"以下四句则表现出朱松对孩子未来成就的盼望。全篇充满警策之意,而结穴于末句"成家全赖汝,逝此莫踌躇"充分表现出对小朱熹深切的家族性期待。开蒙后,老师以孝经教之,五岁的朱熹,据说已经能读孝经:

> 就傅,授以孝经,一阅封之(一作"通之"),题其上曰:"不若是,非人也。"②

《孝经》开宗明义就说:

> 身体发肤,受之父母,不敢毁伤,孝之始也。立身行道,扬名于后世,以显父母,孝之终也。夫孝,始于事亲,中于事君,终于立身。大雅云:"无念尔祖,聿修厥德。"③

以我之身体与生命来自父母,所以敬重将事,不敢毁伤。以扬名显父母为终生目标。恒常心念祖先,"述修其德"④。个人的生命是父母祖先生命的继续,当继承发扬其德行,以显扬并继续这一家的生命与德业。这一种存有的型态,将个体生命完全融入父母与家族的生命中。朱熹如此认同以孝道立身,对于他的人格型态当然有根本性的影响。

---

① 朱松:《送五二郎读书》,《重刊韦斋集》卷4,文渊阁四库全书本。
② 黄榦:《朱熹行状》。朱子几岁读《孝经》,诸家说法不同,此据束景南之考据,定于"就傅"之年(《朱子年谱长编》,第31页)。
③ 唐玄宗:《孝经注疏》卷1,清嘉庆二十年南昌府学重刊宋本十三经注疏本,合肥:黄山书社,2008年,第15页。
④ 唐玄宗:《孝经注疏》卷1,第15页。

朱熹随父读书的时间很长，出就外傅的时间很短。绍兴四年（1134）他五岁时出就外傅，绍兴五年初，他六岁时朱松举家迁往政和星溪守丧。政和之星溪、云根书院皆由朱松于政和年间任县尉时所建，朱松于守丧期间经常讲学于此，又常携朱熹读书于云根书院及湛卢山（书院）中，此时朱熹应是随父亲读书，而非出就外傅。① 绍兴七年，朱松服除，于六月应召入都。绍兴八年三月，朱松接朱熹母子到临安团聚。在临安就傅，延杨由义为师，授以司马光《杂仪》等。② 然而绍兴十年三月，秦桧使何铸劾朱松，朱松愤而请祠归闽。在建安一则奉祠禄以居，一则于环溪精舍授徒教学，朱熹亦为精舍中一学生，直接受教于父。③ 在朱松过世之前，朱熹就外傅的时期基本上只有绍兴四年，以及绍兴八年三月到十年四月的这段时间，而在临安就外傅读书的同时，朱熹和父亲依然关系紧密，在绍兴十年朱松举家回闽后更是如此。

朱松带着一家人流亡播迁于闽浙，绍兴八年议和后，秦桧主政，朝政混乱，他一腔悲愤，仕途无法得志，使得他更加将心思寄托在儿子身上。朱松于绍兴九年朱熹十岁时在临安所做的两首诗便充分显示这种心情：

点点吴霜入鬓毛，长安落叶又秋高。世间俯仰终难强，归与儿曹且漱醪。④

九秋风露浩难平，伍子祠南鹤唳清。坐听儿曹谈往事，世间更觉总忘情。⑤

"漱醪"用着晋朝刘伶《酒德颂》"衔杯漱醪"的典故，其意为衔着酒杯用浊酒漱口，比喻自家不问世事，不与"世间俯仰"心态。临安有"伍子胥祠"，属于国家祭祀体系。⑥ 朱松向来有经世之志，到伍子祠当然感慨万千，一生志意不遂，只能寄情于清清鹤唳与儿曹了。他于《岁晚》一诗中写道："不须志四方，教子求寡过。归哉及强健，老去烦剂和。"⑦ 也表现出这种心情。朱松自绍兴十年辞官回建西奉祠禄家居

---

① 束景南：《朱熹年谱长编》，第7页、第36—37页。
② 杨由义生平事迹见《朱熹年谱长编》，第48—49页。
③ 束景南：《朱熹年谱长编》，第66页。
④ 朱松：《九日》，《韦斋集》卷3，第46页。
⑤ 朱松：《夜坐》，《韦斋集》卷3，第46页。参见《朱熹年谱长编》，第60页。
⑥ 徐松：《宋会要辑稿》，合肥：黄山书社，2008年，礼20，第878页。"太宗雍熙二年四月，诏建伍子胥祠。真宗大中祥符五年五月，诏曰：'杭州吴山庙神实主洪涛，书书往册。顷者湍流暴作，闾井为忧，致祷之初，厥应如响。御灾捍患，神实能之。用竭精衷，有加常祀。庶凭诚感，永庇居民。'"
⑦ 朱松：《次韵彦继用前辈韵》，《韦斋集》卷3，第24页。

后，便开了一所名为环溪精舍的家塾学校授徒教学，朱熹亦其中一学生。绍兴十二年（1142）九月，朱松往游福州访同道诸友，朱熹亦一路随侍在侧。在朱松奉祠家居期间，父子关系极密切。朱熹曾记载："熹之先君子好左氏书，每夕读之，必尽一卷乃就寝。故熹自幼未受学时，已耳熟焉。"① 由之可见一斑。由上述可见朱松生命的后期，几乎是以其全副的生命灌注在朱熹身上。

朱熹自幼从学于朱松，朱松也一心教导儿子。所以朱熹的学问与诗文，均直接继承了朱松。朱熹的儒学与理学基本上都是继承了家学，并加以发扬光大。朱松师从罗从彦，服膺自二程、杨龟山到罗豫章一脉的理学，自然向朱熹传授伊洛的"圣贤之学"。是以朱熹早年除了一般士大夫子弟所受经、史、文章、诗赋的教育外，特别继承了二程理学。朱子曾向江元适说他早年"以先君子之余诲，颇知有意于为己之学，而未得其处"②。"为己之学"，正是理学家教人的最要法门。他九岁时抄诵尹焞的《论语解》。十一岁至十四岁，在父亲的亲自督导下，致力于四书与左氏春秋等经书的研读，并直接受到了二程与杨时一脉理学的教育。③ 他曾在《论语要义》目录序中说："河南二程先生独得孟子以来不传之学于遗经……熹年十三四时，受其说于先君。"④ 皆足证这是他的家学。他另有诗云："十年寂寞抱遗经，圣路悠悠不计程。"也说明了他早年从父师之训，专力于读经学圣贤的道路。⑤《朱子实纪》所说，"考德而论时，灼见风标之峻；观子而知父，追闻诗礼之传。久閟幽堂，丕昭公论"⑥，确实体现出他们父子之间的关系。

朱松自早年便从事于理学，因而一向非常注重自身的德行修为。朱熹晚年嘱托国之重臣周必大所写的《史馆吏部赠通议大夫朱公松神道碑》中特别写道：

> 因师友浦城萧顗子庄、剑浦罗从彦仲素而得龟山杨文靖公河洛学问之要，拳拳服膺。每疑卜急害道，取佩韦之说名斋自警。⑦

---

① 朱熹：《书临漳所刊春秋经后》，《晦庵集》卷82，第1858页。
② 朱熹：《答江元适》，《晦庵集》卷38，第748页。
③ 束景南：《朱子大传》，第22—26、28页。
④ 朱熹：《论语训蒙口义序》，《晦庵集》卷75，第1715页。
⑤ 朱熹：《送德和弟归婺源》，《晦庵先生朱文公文集》卷4，束景南定此诗做于绍兴二十年朱熹回婺源展墓归后所作。(《朱熹年谱长编》卷上，第66页)本段所引，亦同上，第66页。
⑥ 戴铣辑：《追谥韦斋献靖公制》，《朱子实纪》卷5，2008明正德八年鲍德刻本，合肥：黄山书社，第113页。
⑦ 周必大：《史馆吏部赠通议大夫朱公松神道碑》，《文忠集》卷69，清文渊阁四库全书本，合肥：黄山书社，2008年，第580页。

"每疑卞急害道,取佩韦之说名斋自警"一事,为朱熹所一再提及。朱松的文集,也以"韦斋集"为名。这是朱松自修自警的关键,深得理学"吃紧为人"的意思。朱熹说:"先君子以韦名斋之意,不惟自警,及其所以垂裕后人者盖亦至深至厚。"① 而他说自己个性很像父亲但比父亲更急、更刚硬,所以一生也以配韦之意自警。朱松于君尽忠,于亲尽孝:

> 在尤溪间,靖康北狩,大恸几绝,自是奔走卑冗,假禄养亲,无仕进意,安贫乐道。②

"靖康北狩,大恸几绝",可见他对于君上强烈的忠诚。"假禄养亲,无仕进意,安贫乐道"则表现出他的志节与操守。是一个很有修为的典型儒家君子。

朱松有志于经国,慕贾谊,陆贽之学,并因而重视史学。在政治上他反对议和与秦桧主政。力主复仇,提出"以民心为基本,忠良为心腹,国家复兴有望"的主张。③ 朱熹在《跋韦摘书昆阳赋》中说:"先君子罢官行朝……暇日手书此赋以授熹,为说古今成败兴亡大致,慨然久之。"④ 由此可见他一心效法光武中兴的故事,有志于恢复。如陈其芳所指出:"朱松认为,治国要以史为鉴,他对北宋的历史很有研究,曾参与修神宗正史及哲宗、徽宗两朝实录。"朱松还认为,治国在于得民心与选人才。绍兴七年,他任秘书省秘书郎,入对时说:"以民心为基本,忠良为心腹,国家复兴有望。"⑤ 这些特质也都为朱熹所继承。

朱松不仅致力于理学、政事与史学,也用心于"文学",并以诗人著称于时。其文章根本于经学,并力与天地、自然、人情风物之变合一。这些特质,都为朱子所继承。朱熹自幼爱好文章之学,懂得欣赏六经、古今大家及当代巨公之诗文,实直接来自其家学。传统文学的内容,与作者的人格风度及精神气魄不可分。朱松虽然不得志于朝廷,却以其诗"声满天下"。他的诗,讲究直抒作者的性灵与人格。⑥ 他

---

① 朱熹:《书先吏部韦斋记铭并刘范二公帖后》,《晦庵先生朱文公文集》卷84,《朱子全书》22册,第3969页。
② 周必大:《史馆吏部赠通议大夫朱公松神道碑》,第580页。
③ 陈其芳:《朱熹的亲属》,第16页;陈其芳:《朱熹家世考》,第264页。
④ 朱熹:《跋韦斋书昆阳赋》,《晦庵先生朱文公文集续集》卷8,《朱子全书》第25册,第4794页。
⑤ 朱松:《韦斋公年谱》,《韦斋集》卷首,转引自陈其芳:《朱子家世考》,第264页。
⑥ 傅自得:《韦斋集序》,朱松:《韦斋集》书首,第1—2页。

曾亲自教朱熹以学诗之法：

> 盖尝以为学诗者，必探赜六经以浚其源，历观古今以益其波，玩物化之无极以穷其变，窥古今之步趋以律其度。①

教他要认识学术文化与道理的本原，观古今事变与天地之造化，并学习前人作诗的法度，才能写出美好而动人的诗篇，即所谓本于六经，"历观古今"，"玩物化"，"窥古今之步趋"。束景南指出："邓肃称朱松'学道于西洛，学文于元祐'（《跋朱乔年所跋王安石字》），学诗则推本于《诗经》传统，标举陶、谢、韦、柳，此亦少年朱熹学诗之路径。"②在朱松请祠归闽后的这段时间，父子间互动更深，留下朱松为儿甥读《光武纪》、书苏轼《昆阳赋》，说古今兴亡大略的记载。而在此一时期，朱熹诗文大进，朱松有"惊子笔生风"句。王懋竑《朱子年谱》载："先是婺源乡丈人俞仲猷尝得先生少年翰墨，以示其友董颖，相与嗟叹，颖有诗云：'共叹韦斋老，有子笔扛鼎。'"③得此家学，朱熹如同父亲，在早年便以诗闻名于当时。而其学诗之法，则一本于其父。

朱松的性格讲究原则，"淡于荣利"，不轻易入仕，"不置产业，安贫乐道"。绍兴六年（1136），赵鼎都督川陕、荆、襄军马，曾想给朱松一个不小的官，但为朱松所辞。绍兴十一年，朝廷任命他为饶州知府，朱松亦辞。④周必大为他写的墓志铭上说他"无仕进意"⑤，而傅自得《韦斋文集序》说他"有出尘之趣"⑥，喜与淡薄高士往来。这些特质都深刻地影响了朱熹。如学者所指出："朱熹的曾祖父、祖父、父亲、两个叔叔以及他自己均淡于荣利，此可谓家庭传统。"⑦

朱松所至多建书院或讲学，朱熹也明显继承了这个家风。宣和五年（1123），朱

---

① 朱松：《上赵漕书》，《韦斋集》卷9，第68页。
② 束景南：《朱熹年谱长编》，第68页。
③ 本谱与李默《朱熹年谱》均定此条于绍兴二十年。束景南说："董颖诗既称'共叹韦斋老'，则其时朱松尚未卒，应在绍兴十一年前后"（《朱熹年谱长编》卷上，第63页），今从之。
④ 陈其芳：《朱熹家世考》，第260—261页。
⑤ 周必大：《史馆吏部赠通议大夫朱公松神道碑》，第580页。
⑥ 傅自得：《韦斋集序》，朱松：《韦斋集》四库丛刊续编景明本，台北：台湾商务印书馆翻印，1981年，书首，第1—2页。
⑦ 陈其芳：《朱熹家世考》，第260—261页。

松二十七岁,任政和县尉,建云根书院。①建炎三年(1129)朱松为石井镇监税,便常到石井书院讲学。朱松在辞官后,则在建阳建立环溪精舍,授徒读书。朱熹长大后,也同样是到处建书院与讲学。

朱子所号紫阳、考亭均有继体之意,晦堂、晦翁则本于父师之训。朱子名堂室记曰:

> 紫阳山在徽州城南五里,尝有隐君子居焉。今其上有老子祠。先君子故家婺源,少而学于郡学,因往游而乐之。既来闽中,思之独不置,故尝以紫阳书堂者刻其印章,盖其意未尝一日而忘归也。既而卒,不能归,将没,始命其孤熹来居潭溪之上,今三十年矣。贫病苟活,既不能返回故乡,又不能大其阊闬以奉先祀,然不敢忘先君之志,敬以印章所刻榜其所居之厅事,庶几所谓乐乐其所自生,礼不忘其本者,后世犹有考焉。②

据此紫阳一号源于徽州紫阳山,朱熹用此以示不忘所出之意。朱松"未尝一日而忘归"故里,对于朱熹当然也有很大的影响。朱松因为"每自病其卞急害道","尉尤溪时,尝取古人佩韦之义,榜其东偏之室曰韦斋"。朱熹则于"厅事寝堂,家之正处,今皆以先君子之命命之。呜呼,熹其敢不夙兴夜寐,陟降在兹,无式不处,以忝先训!"至于晦堂,朱熹说:

> 晦堂者,燕居之所也,熹生十有四年,而先君子弃诸,孤遗命来学于籍溪胡先生,草堂、屏山二刘先生之门,先生饮食教诲之无不至,而屏山独尝字而祝曰:木晦于根,春容晔敷,人晦于身,神明内腴。后事延平李公先生,先生所以教熹者,盖不异乎三先生之说,而其所谓晦者,则犹屏山之志也。③

朱熹最后定居之处为考亭,建阳考亭原为朱松所喜爱之地。朱松日记中有"考亭溪山清遂,可以卜居"一句;而朱熹在定宅之后所作《迁居告家庙文》中说:"实亦皇

---

① 陈其芳:《朱熹家世考》,第260—261页。
② 朱熹:《名堂室记》,《新安文献志》卷12,清文渊阁四库全书本,合肥:黄山书社,2008年,第128页。
③ 朱熹:《名堂室记》,第128页。

考所尝爱赏,而欲卜居之地。……敢伸虔告,以安祖考。"并欲"垂之子孙,世万无极"①。此处溪山甚好,亦素为朱熹所亡子所爱,所以卜居于此。②可见他所居、所志均有继体与垂之子孙之意。

绍兴十四年(1144),朱松卒后第二年,朱熹扶棺葬于福建崇安县五夫里西塔山。乾道六年(1170)移葬于五夫里白水村,因地卑湿,庆元五年(1199)又改葬于崇安县武夷乡上梅里。朱熹笃信风水,中间迁墓,夜不能寐。夜梦父语,惧其体魄不安。朱熹曾做朱松行状,跋朱森行状,死前请铭于周必大。均可见朱子终生心系父亲与祖父。朱熹对于家人坟墓的风水极为用心,对于父、母、继体"承重"的长子之坟墓之风水,都请蔡元定等精于风水的至交或大家反复推敲。未得善地之前,长期停柩。他自己虽曾公开说不宜太讲究风水,好友张南轩也谏阻他不宜如此重视风水,但他碰到父、母、儿子的事却不听谏阻,这不仅是双方思想不同,也可见他用情甚深。③

综合论之,朱熹的性情与早年的学术取向,受到父亲与家庭的影响最大。他在理学与儒学传统中长大,自幼便有不凡的志向。他十岁时在临安读《四书》,便慨然发愤上进。④同年已"自知力学,闻长者言辄不忘"⑤。他自己说:"某十数岁时读孟子言'圣人与我同类者',喜不可言!以为圣人亦易做。今方觉得难。"⑥黄榦所撰的《朱熹行状》则记载他"少长厉志圣贤之学,于举子业初不经意"⑦。可见他十岁便知力学以上达,十四五岁便确然有志于学圣人。然而此时所谓的学圣人,其实是以所闻见于父亲与长者的风范,或所得之于书册的想象为主。至于做人处事的基本态度、家族观念、继体之志、忠孝之风与经学、史学、政事之学、文学,亦均得自家庭与父亲,可见家庭背景对他影响之深。

---

① 朱熹:《迁居告家庙文》,《晦庵集》卷86,第1935页。
② 朱熹:《答陈同父》,《晦庵续集》卷7,第74页。
③ 张栻:《答朱元晦》,《南轩集》卷23,2008清文渊阁四库全书本,合肥:黄山书社,第162页。
④ 黎靖德编:《朱子语类》卷121:"孔子曰:'仁远乎哉?我欲仁,斯仁至矣。'这个全要人自去做。孟子所谓奕秋,只是争这些子,一个进前要做,一个不把当事。某八九岁时读孟子到此,未尝不慨然奋发,以为学须如此做工夫!当初便有这个意思如此,只是未知得那里是如何看,是如何做工夫。某年八九岁时,读孟子到此,自后更不肯休,一向要去做工夫。"(其年份考订参见《朱熹年谱长编》,第59页。)
⑤ 王懋竑:《朱子年谱》卷1,清文渊阁四库全书本,合肥:黄山书社,2008年,第2页。
⑥ 黎靖德编:《朱子语类》卷104。此条为包扬于癸卯年以后所录,时朱子年逾五十四。
⑦ 黄榦:《文公朱先生行状》,《勉斋集》卷36,《文渊阁四库全书》,台北:台湾商务印书馆,1983年,第405页。

四、朱熹早年的"锥形存在网络"与"存在意识"

笔者之前的研究已经指出,朱熹根据儒家与三礼之学传统主张人应有的存在意识,确实具有"多层级锥形网络"的型态。[①]然而朱熹所主张的"人应有的存在意识"与其自身"实际的存在网络"的关系,仍必须做进一步的分析。

首先是朱子根据三礼及先秦儒学传统,以及唐宋律诸祖父母、父母在子孙不得别籍异财的规定,主张以家族为根本的存在网络。然而朱熹出身于一个来自外省的流亡家庭,在南宋初期兵荒马乱的时代中挣扎求生存。一同流亡的祖父在他出生前过世,祖母也早逝,长兄、二兄早夭,其叔父因贫困而远寄他乡,其父于朱熹十四岁时便亡故。[②]所以朱熹本人并未真正成长于传统大规模的家庭与家族网络之中。这种背景及其孤儿的身份,对于其实际的存在意识及网络必当有所影响。我们若以其与陆象山累世同居的家庭背景相比,便可见出两者的巨大差异。朱熹一生孜孜以求的经学与格物致知之道,与象山的易简功夫相比,似可见出他所面对的世界所内涵之不安全及不确定感高出甚多,也表现出而他所企图处理的那具体而多变异的世界之方方面面,也复杂得多。他日后所成就的巨大学问体系,似乎也反映此种早年遭遇的影响。

朱熹生长在一儒学暨理学家庭中,遵守礼制乃属当然。祖父早逝,所以这个家庭具体的锥尖便是朱松。祖母虽然重要,但古制"夫死从子",他本人又在朱熹五岁时过世,所以朱熹所生长的世界更是一切以朱松为锥尖。日后朱熹追记母亲或祖父母的文字分量远不如记父亲的文字,可以佐证这一点。然而朱松早逝,朱子的二兄更早亡,十四岁的朱熹就需要开始扛起一家的责任,更是早早锻炼了他必须完全靠自己来对付外在一切风雨的态度。这使得朱熹的性格分外刚强坚韧。朱熹才智与德行过人,年十八便中举,祖父母及父亲又早逝,所以他很早便开始领导全家。与此同时,父亲早逝与早年寄人篱下的生活,也早早养成了他刚毅、独立而负责任的性格。朱熹之后一生是整个家庭乃至家族的"锥形存在网络"之"锥尖",习惯也

[①] 吴展良:《礼与中国人的"多层级锥形网络存在意识":以朱子学为中心》,《中国儒学》第9辑,北京,2014年。
[②] 参见束景南:《朱熹年谱长编》,第34、39页。陈其芳:《朱熹的亲属》,第46—47页。陈其芳:《朱熹家世考》,第256—260页。

必须负担起整个家族与"生存世界"的责任。这庞大的压力,必然促使他高度锻炼其学问与德行,以巩固其家族极其所存在的世界之整体秩序,从而诞生了他集大成式的理学与儒学。

朱熹本人有三子五女十孙,他与亲人的关系密切而良好。除了高度用心于照顾家人子女,朱熹从早年开始便对编定家族礼仪、祖先祭祀、修宗谱及族谱极为用心。在风雨飘摇的家庭与国家处境中,他自少年时期即以圣贤自期,以期重振家业与国事,其一生的学行首先巩固也发展了自身家族的"锥形网络存在结构"。[①] 不仅如此,长期作为这个"锥形网络存在结构"的"锥尖",他不仅领导重建了他的家族,也透过其学行,领导与巩固了从宋以下近千年的中国近世社会政治的基本构造与秩序。

(作者单位:台湾大学历史系)

[①] 新发现的《紫阳朱氏建安谱》简介:"朱熹于宋淳熙十年撰修的《新安朱氏世谱》,收有朱熹撰写的《新安朱氏世谱序》和朱熹门人真德秀撰写的《朱子谱记》。世系部分记载各世的系派,以朱熹为始支为三派,长子朱塾派于建安考亭,次子朱埜派于祖籍婺源、季子朱在派于邵武。从世系中可以看出,从朱松起,朱氏宗族的辈分是按五行木、火、土、金、水排列。首篇《七世祖承事郎退林公行状》系朱熹于庆元五年十月撰写,主要叙述朱姓源流及退林公的生平。次篇《八世韦斋府君行状》,为朱熹于庆元五年十二月撰书。……字里行间透出朱熹对其父的无比崇敬和对卖国贼的无比憎恨。"

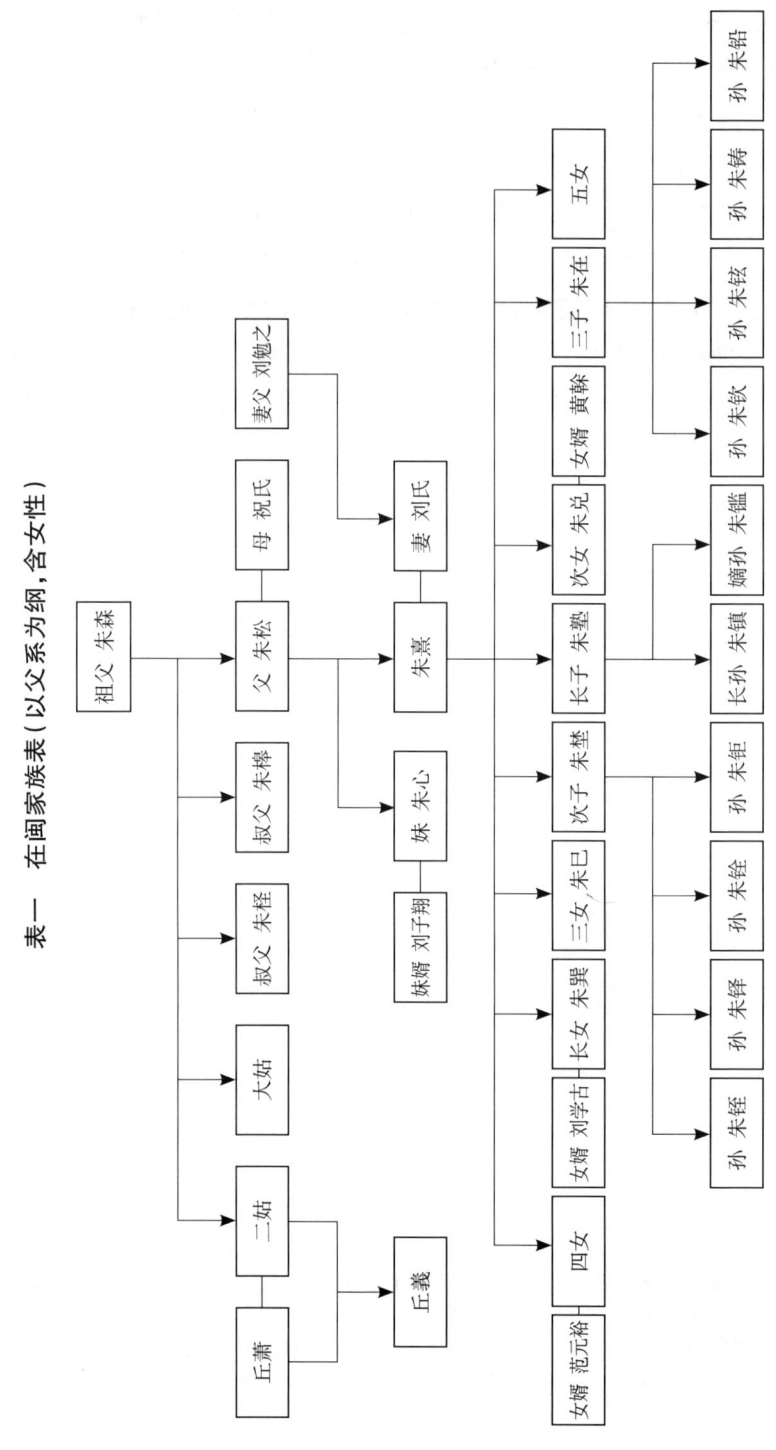

表一 在闽家族表（以父系为纲，含女性）

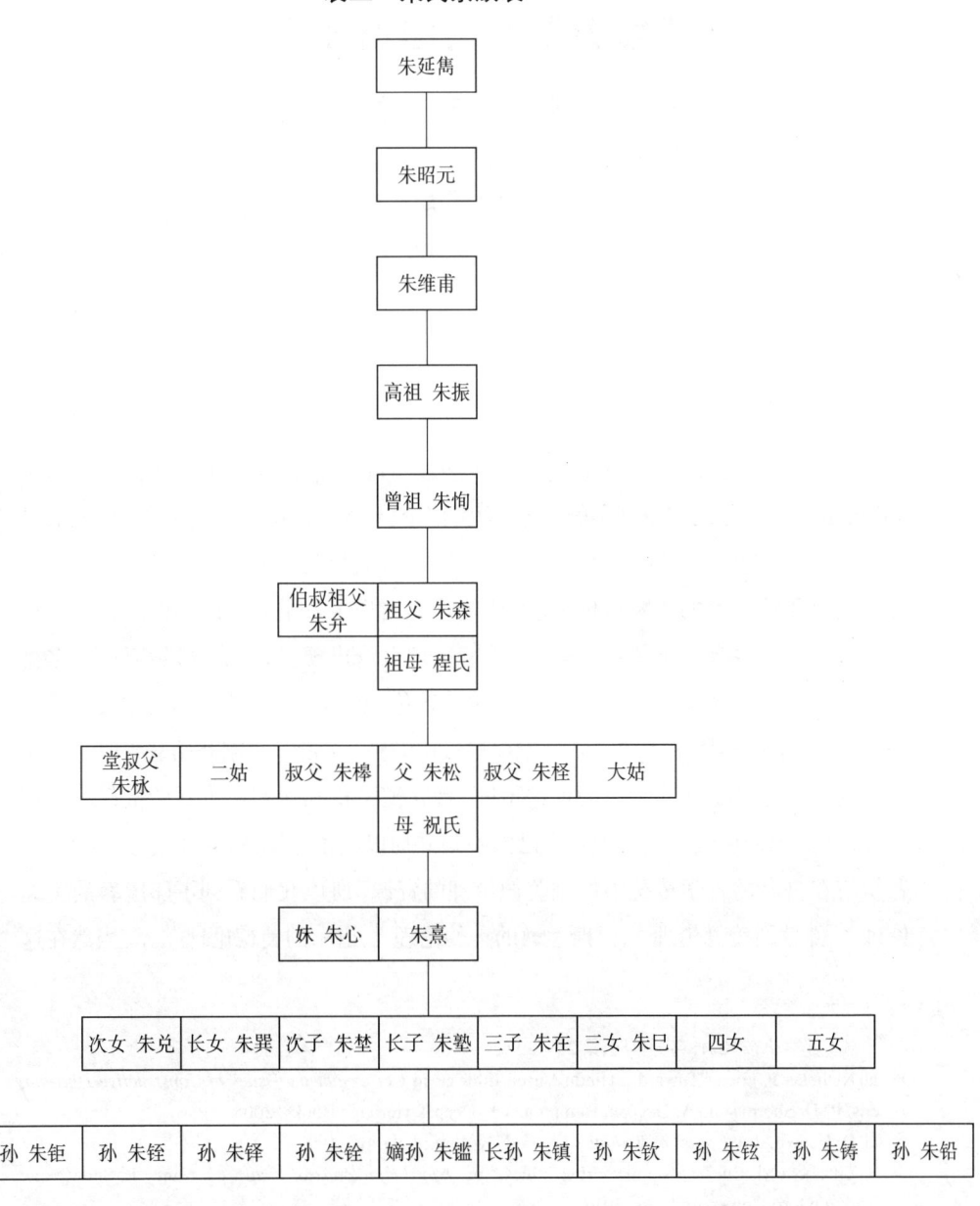

表二　朱氏宗族表

理想类型的美德伦理学家

——朱熹而不是亚里士多德*

黄 勇

导 言

近代以来,道义论(deontology)和后果论(consequentialism),特别是功利论(utilitarianism),是西方伦理学的主流,而美德论(virtue ethics)则被看成古代人的伦理而受到冷落。但在最近几十年,美德伦理在英语世界出现了较大的复兴,开始打破道义论和功利论的垄断地位,使当代伦理学出现了三足鼎立的局面。美德伦理的这种繁荣至少有若干体现。第一,美德伦理自身出现多元化。虽然亚里士多德主义仍然是美德伦理的主流,但也有不少美德伦理学家主要从斯多葛学派、休谟传统、尼采传统或实用主义特别是杜威那里汲取养料。第二,与刚开始复兴时主要是美德伦理对道义论和功利论的批评不同,现在道义论和功利论也开始批评起美德伦理,而美德伦理也开始认识到自己的缺陷并加以改正。第三,从事比较哲学的学者纷纷在自己的哲学传统中挖掘美德伦理的资源,所以我们看到了印度教的美德伦理[①]、佛教的美德伦理[②]、伊斯兰教的美德伦理[③]、道家的美德伦理[④]等。当然在这

---

* 原载《哲学动态》2018年第9期,第28—39页。

[①] 如 Nicholas F. Gier, "Toward a Hindu Virtue Ethics," in *Contemporary Issues in Constructive Dharma*, eds. R. D. Sherma and A. Deepak, Hampton, VA: Deepak Heritage Books, 2005。

[②] 如 D. Keown, *The Nature of Buddhist Ethics*. New York: Palgrave, 1992。

[③] 如 Elizabeth M. Bucar, "Islamic Virtue Ethics." in *Oxford Handbook of Virtue*, ed. Nancy E. Snow, New York: Oxford University Press, 2017。

[④] 如 Huang Yong, "Respecting Different Ways of Life: A Daoist Ethics of Virtue in the *Zhuangzi*," in *Journal of Asian Studies*, 69.4, 2010, pp. 1049–1070。

最后一方面，最重要的是对儒家的美德伦理的研究。在2007年一年内，就有三本研究儒家美德伦理的英文专著出版①，而有关的研究论文更是不计其数。

但是这样的比较研究基本上是以西方的美德伦理为范例，看看这样的美德伦理有哪些主要特征，再看看研究者所关心的传统是否有这样的特征，从而断定这样的传统是否是一种美德伦理。这样的工作的一个重要缺陷是，用美德伦理在西方传统中的某种历史形态作为范例来衡量美德伦理的另一种历史形态，不仅有让后者削足适履的状况，而且往往会得出后者虽然基本上是一种美德伦理，但相较于作为范例的前者而言，总不那么完美，存在这样那样的缺陷。关于这一点，如果我们反过来，把比较研究者所关心的一个传统，如儒家这种美德伦理的历史形态，作为美德伦理的原型或范例，看看这样的美德伦理有哪些特征，再看看西方传统中美德伦理的某种历史形态，如亚里士多德主义，是否具有这样的特征，并由此断定其是否是一种美德伦理，这时我们就会发现亚里士多德的伦理学虽然基本上可以说是一种美德伦理，但较之作为美德伦理之原型或范例的儒家伦理来说，总不那么完美，总还存在着这样那样的缺陷。因此在我们断定某一种历史形态的伦理思想是美德伦理时，我们最好不要以另一种历史形态的伦理思想为范例，而应该以某种理想形态的美德伦理为标准。因此，我将首先说明什么是美德伦理的理想形态（第一节），然后以此为标准考察亚里士多德的伦理学，并得出其不符合理想形态的美德伦理的标准的结论（第二节），最后我将以同样的标准以同样的方式考察朱熹的伦理学，并得出其符合理想类型的美德伦理学的标准的结论（第三节）。

一、美德伦理的理想形态

那么怎样确定美德伦理的理想类型呢？应该主要从与其他两种类型的伦理系统即道义论和后果论的对比着手。与道义论以道德原则优先、后果论以行动后果优先相反，美德伦理当然以美德优先。说美德伦理以美德优先并不是说美德伦理

---

① May Sim, *Remastering Morals with Aristotle and Confucius*, Cambridge: Cambridge University Press, 2007; Bryan van Norden, *Virtue Ethics and Consequentialism in Early Chinese Philosophy*, Cambridge: Cambridge University Press, 2007; Yu Jiyuan, *The Ethics of Confucius and Aristotle: Mirrors of Virtue*, New York and London: Routledge, 2007.

就不可以讲道德原则和行动后果，而是说美德伦理讲的道德原则和行动后果都是以美德为出发点的。我们先看后果在美德伦理学中的地位。一个仁慈的人，即一个具有仁慈这种美德的人，不可能不考虑他人的福利（后果）。正是在这种意义上，当代美德伦理学家斯洛特（Michael Slote）指出，在一个重要的方面，美德伦理，或者他所谓的以行为主体为根据的道德，"确实考虑后果，因为这样的道德所坚持并提倡的，是希望并努力产生好的后果的整体动机。一个真正关心他人福祉的人希望为他人产生好的后果（而且是为了这个他人本身，而不是别有用心）"①。因此，"如果一个具有充分仁慈和关爱动机的人却袖手旁观，结果伤害了或者没有能够帮助她本来想帮助的人"，她的行动不能不受到批评。②但这并不是说美德伦理就是一种后果论或者与后果论无异。假设有一个具有美德的人在做了最好的努力后还是造成了一个坏的后果，美德伦理如何评价这样一个人呢？一方面，"如果一个人力尽所能地了解了有关的事实并非常小心地行动，那么我们不能批评这个人的行为不道德，不管结果如何坏"；但另一方面，"如果坏的结果是由于这个人缺乏足够的理智能力或者由于他无法知道的认知缺陷，那么我们可以对他的表现做认识论上的批评而不是道德的批评"③。与此相反，从后果论的观点看，在上述两种情形中，我们都可以批评这个人的行为不道德。这里我们看到，美德论也重视后果，但这种重视是从属于其对美德的强调的。

我们再来看道德原则在美德伦理中的地位。当然一个真正具有美德的人并不需要任何道德规则，如孔子在七十岁以后可以从心所欲不逾矩。但一个还缺乏这样的美德而又想获得这样的美德的人，这样的道德规则就是必要的。关键是美德伦理是否能够提供这样的道德规则。尽管有一些极端的美德伦理学家想用美德来替代规范一个人行动的规则④，大多数的美德伦理学家并不排除规则。但这些规则有几个特点：第一，这些规则本身以人的性格特征为基础。如霍斯特豪斯（Rosalind Hursthouse）就指出，由于在亚里士多德那里，相应于每一种情感，都有一个美德和两个恶德，由此我们就可以得出三条规则，其中一条（相对于美德）是肯定的，另外

---

① Michael Slote, *Morals from Motives*, Oxford: Oxford University Press, 2001, p. 34.
② Michael Slote, *Morals from Motives*, p. 34.
③ Michael Slote, *Morals from Motives*, p. 34.
④ G. E. M. Anscombe, "Modern Moral Philosophy," in *Philosophy: The Journal of Royal Institute of Philosophy*, 33, 1958, pp. 1–19.

两条(相对于恶德)是否定的。例如,有关信心方面,适当的信心是勇敢这种美德,过度的信心就是鲁莽这种恶德,而过少的信心就是胆小这种恶德。由这样三种性格特征就可以得出三种道德规则:作勇敢的事情!不要作鲁莽的事情!不要作胆小的事情![1]其次,这些道德规则的目的主要不是要给没有美德的人提供行动指南,而是让这样的人在根据这些规则所从事的行动中逐渐体会到这些行动的内在价值,从而将从事这种行动作为习惯,也即逐渐使自己获得勇敢这种美德,成为勇敢的人。最后,也如霍斯特豪斯所指出的,即使在遵循这些规则时,一个人必须至少有意愿获得与这些规则相应的美德,因而在一定程度上已经成了具有这样的美德的人。因为"无论是对规则的解释还是对什么样的规则适用于某个特定的情况的决定,都需要一定程度的美德和相应的道德或实践智慧"[2]。总而言之,美德伦理虽然也可以讲规范行动的道德规则,但这些道德规则必须从属于美德,因此美德在这样的伦理学中具有首要性。

另一方面,规则论和效果论也可以讲美德,只要这里的美德是来自并从属于规则或效果的。我们先看规则论。康德的伦理学是规则论伦理学的典型,其任务就是提出一些形式规则,即他所谓的绝对命令,以确定一个人的行动是否道德。但是康德也讲美德,事实上,他的《道德形而上学》的第二部分就是"美德学说"。在这个部分,康德对美德作了如下定义:"抵制一个强大的、不公正的敌人之力量和有意的决断叫刚毅;而我们所有的、与阻碍意志的道德态度那种力量有关的刚毅就是美德。"[3]在康德那里,意志的道德态度是自由的、理性的、超越所有经验成分的。但康德又承认,人不仅是个理性的人,也是一个经验的人。因此作为一个经验的人往往具有不遵守由作为理性的人的他自己所制定的道德律的自然倾向,而美德就是抵制这种自然倾向的刚毅。这里美德对于道德律的从属地位是最明显不过的:它的作用就是帮助我们克服不道德的自然倾向从而去遵循道德律。不仅如此,正如约翰森(Robert Johnson)所指出的,康德把美德理解为意志的一种力量,这与美德伦理学把美德理解为类似于第二人性的习惯化的情感和欲望的倾向完全不同。事实上康德所理解的美德在亚里士多德那里更像是与意志软弱(incontinence)相反的

---

[1] 参见 Rosalind Hursthouse, *On Virtue Ethics*, Oxford: Oxford University Press, 1999, p. 36。
[2] Rosalind Hursthouse, *On Virtue Ethics*, p. 40。
[3] Immanuel Kant, *The Doctrine of Virtue: Part II of the Metaphysic of Morals*, New York: Harper and Row, 1964, pp. 37–38。

自制（continence），但亚里士多德认为两者都不是美德。①

正是在这个意义上，我们可以理解为什么一些想把康德伦理理解为美德伦理的企图不能成功。例如，在一篇原来在1984年发表的以"康德的美德伦理学"为题的论文中，奥尼尔（Onora O'Neill）想以康德的准则（maxim）概念为出发点提出一种康德的美德伦理学。确实，在谈到准则时，康德把美德定义为"一个人的准则所具有的实现其义务的力量"，并说，"只有通过其克服的障碍我们才能知道任何一种力量，而与美德有关的障碍就是人的自然倾向，它们可能会与一个人的道德决断发生冲突"。②而在奥尼尔看来，准则所"关心的主要不是特定类型的行动的对与错，而是一种生活（或者这种生活的若干方面）的基本道德品质……因此，具有道德上恰当的准则所涉及的是过某种特定的生活，或者成为某种特定的人"③。由于美德伦理学的特征就是其关注成为什么样的人和过什么样的生活，而不是做什么样的事情，奥尼尔就宣称康德有一种美德伦理学。在她看来，虽然在康德那里义务概念占有核心的地位，这些义务"也就是根据某些准则行动的义务，也就是根据某些根本的线索来规定我们的道德生活的义务，或者也就是去获得某些美德的义务"④。但是我们知道，在康德那里，准则不是最根本的概念，最根本的是义务的概念，而且这里的义务不只是根据某些准则行动的义务。事实上，有时候我们有义务不做某些准则要求我们去做的事情，有时我们又有义务去做某些准则禁止我们去做的事情。那么是什么东西决定哪些准则应该遵守，而哪些不应该遵守呢？还是义务概念本身。看到了这一点，在五年后将这篇文章收入其一个论文集时，奥尼尔专门为此写了个后记，承认她以前把康德看成美德伦理学家是错误的，因为"康德的最根本观念是道德上有价值的原则，这些原则不仅为外在的正确和义务问题，而且也为好的性格和构造，提供了指南"⑤。

劳登（Robert B. Louden）也曾经试图将康德解释成为一个美德伦理学家，不过他的出发点不是康德的准则，而是其善良意志。在劳登看来，康德的善良意志"是

---

① Robert Johnson and Adam Cureton, "Kant's Moral Philosophy," in *Stanford Encyclopedia of Philosophy*, 2016, §11.
② Immanuel Kant, *The Doctrine of Virtue: Part II of the Metaphysic of Morals*, p. 54.
③ Onora O'Neill, "Kant after Virtue," in *Constructions of Reason: Exploration of Kant's Practical Philosophy*, Cambridge: Cambridge University Press, 1989.
④ Onora O'Neill, "Kant after Virtue," p. 153.
⑤ Onora O'Neill, "Kant after Virtue," p. 162.

一种性格状态,它是一个人的所有行动的基础";由此,他进一步指出,"康德伦理学中真正重要的不是行动而是行动者";在这种意义上,康德的伦理学就是一种美德伦理学,因为"康德把美德定义为'面对存在于我们身上的、阻碍意志的道德态度的一种刚毅'。而康德的具有美德的行动者,由于其'刚毅',就能够抵制与道德律相反的冲动和自然倾向"①。但是,与奥尼尔五年以后才认识到自己的错误不同,就在提出上面这种看法的同时,劳登已经看到了把康德看作一个美德伦理学家的问题,因为在康德那里,"善良意志和美德都是根据对道德律的服从来定义的……由于人的美德是由对道德律和绝对命令的服从来规定的,现在看来,在康德的伦理学中首要的东西不是美德本身,而是对规则的服从。美德是康德伦理学的核心……但康德的美德本身又为最高的道德原则规定"②。

同样,后果论也可以谈论美德在其伦理学中的重要性。在其《功利主义》一书的第二章,密尔回应了对其伦理学的一个批评。由于密尔的理论认为,幸福是人的生活所追求的唯一目的,我们追求任何别的东西最终都是为了幸福,有人就说,许多英雄和烈士并不追求幸福,而是追求美德。密尔就回答说,我们确实应该追求美德,但他又说,我们在放弃自己的幸福而追求美德时,我们还在追求别的东西,而且正是因为在追求这个别的东西,我们才把这种性格特征叫作美德。但是,"除了别人的幸福,这个别的东西还会是什么呢?如果一个人能够完全放弃自己的幸福或者放弃获得这种幸福的机会,那很崇高。但是,这种自我牺牲毕竟还是为了什么别的东西;它不可能是其自身的目的。如果有人跟我说,这种自我牺牲的目的不是幸福,而是比幸福更好的美德,那么我就要问,如果这个英雄或者烈士并不相信,他的牺牲能够使得别人无须做出这样的牺牲,那么他还会做出这样的牺牲吗?"③很清楚,在密尔看来美德很重要,是因为它可以促进幸福,因此我们追求美德不是因为美德本身,而是因为这种美德对幸福能够做出的贡献,因此美德在其伦理学中并不具有首要性。

但这不是密尔关于美德的最重要的讨论,最重要的是在《功利主义》一书的第

---

① Robert B. Louden, "Kant's Virtue Ethics," in *Virtue Ethics: A Critical Reader*, ed. Daniel Statman, Washington, D.C.: Georgetown University Press, 1997, p. 289.
② Robert B. Louden, "Kant's Virtue Ethics," p. 290.
③ John Stuart Mill, *Utilitarianism, On Liberty, Considerations on Representative Government*, London: J. M. Dent & Sons, and Rutland, Vermont: Chartles E. Tuttle Co., 1972, p. 16.

四章。考虑到该书一共只有五章，而他花了其中整整的一章讨论美德的问题，可见美德在其伦理学中确实占有重要地位。当然重要的不是篇幅，关键的是通过这样的讨论，美德有没有在其伦理学中获得首要性。密尔在这里说的一些话可能使我们对这个问题做出一个肯定的回答，例如他说，功利主义"认为美德值得欲求，而且我们应当不是别有用心地欲求，而是为它本身去欲求"①；又说，功利主义者"不仅认为美德是所有实现最高目的的手段中最好的，而且还认为，作为一个心理学的事实，美德对于这个人可以变成本身有价值的东西，而无须考虑它自身以外的目的"②。这里所说的美德是实现最高目的即幸福的最好手段不难理解，因为这就是我们在上面一个段落所强调的，但他这里还说，美德可以作为目的本身去追求，而不是为了任何别的目的。表面看起来，这甚至比我们下面要讨论的亚里士多德关于美德的观点更极端，因为亚里士多德将美德看作我们应当既作为目的本身加以追求的东西，又作为用来追求最高的目的的手段，而且即使在将其作为目的本身追求时还是要将其作为追求最高目的的手段去追求。但事实上并不是这样，一方面，密尔在第四章的一开头就说明了这一章的目的，即要证明其功利原则：幸福是"唯一值得作为目的欲求的东西，而所有其他东西之值得欲求只是因为其有助于我们追求幸福"③。这里他说得很绝对：幸福是"唯一的"目的（既然是"唯一的"，就不包括美德），而"所有"别的、值得欲求的东西（既然是"所有别的"，就包括美德）都是手段。另一方面，他又说，把美德最为目的去追求并不违背其功利原则："如果有人不是按照这种方式去爱美德（即将其作为目的本身去爱美德），将美德作为目的本身，即使在特定情况下它并不产生它通常会产生的、我们因此而称之为美德的其他值得欲求的后果，那么这个人的心灵状态一定有问题，一定有悖于功利原则，一定不会最有助于总体的幸福。这样一种观点与幸福原则没有丝毫的违背。"④这里他所说的美德在通常情况下会产生的其他值得欲求的后果，就是我们上面提到的英雄和烈士因其美德而带给他人的幸福。现在他说，即使一个人对美德的追求不会给他人带来这样的幸福，功用主义还是认为一个人可以将美德作为目的去追求，这看起来跟我们上面讨论的他在第二章中提出的观点相反，但他又说这与其功利

---

① John Stuart Mill, *Utilitarianism, On Liberty, Considerations on Representative Government*, p. 37.
② John Stuart Mill, *Utilitarianism, On Liberty, Considerations on Representative Government*, p. 37.
③ John Stuart Mill, *Utilitarianism, On Liberty, Considerations on Representative Government*, p. 36.
④ John Stuart Mill, *Utilitarianism, On Liberty, Considerations on Representative Government*, p. 37.

原则或者最高幸福原则一点也没有冲突，而且恰恰是这个原则所要求的。怎么来理解这个问题呢？

理解这一点的关键是，在密尔看来幸福乃是欲望的满足。我们有一些原初欲望，为了满足这样的欲望，我们需要一些别的东西作为手段，因而去追求这些别的东西。确实，在追求这样的东西的一开始，我们是将它们作为我们真正要实现的欲望的手段，但在追求这样的作为手段的东西的过程中，我们对这些东西本身产生了欲望，以至于我们会为这样的欲望的满足而感到幸福，即使这种欲望的满足没有满足其原来作为手段会帮助我们满足的原初欲望。这个时候，"原先只是用来获得幸福的手段成了我们为其自身而欲求的东西。但作为本身被这样欲求的东西也就成了幸福的一部分而被欲求的东西。一个人会因拥有这个东西而变得幸福或者自己觉得在变得幸福，而因为没有获得它而变得不幸福或者自己觉得变得不幸福"[①]。密尔用金钱作为例子来说明这一点。一开始，我们之所以欲求金钱是因为金钱可以帮助我们满足别的欲望，但是逐渐的，在很多情形下金钱却成了本身值得追求的东西，"拥有金钱的欲望往往强于使用金钱的欲望，而且在所有指向金钱之外的目的的、为金钱所能满足的欲望都消失以后，这种拥有金钱的欲望还在增加。这时我们确实可以说，金钱之所以被欲求并不是为了某个目的而是作为这个目的的一部分。金钱从达到幸福的一个手段变成了这个人的幸福的一个主要组成部分"[②]。密尔认为，与金钱类似的还有权力和名声。不仅如此，"根据这种功利主义的观点，美德也是这样一种善物。本来，除了其有助于快乐特别是有助于避免痛苦以外，人们对美德本身没有欲望或者动机，但是由于美德与快乐和痛苦的这样一种联系，人们可能感到美德本身就有价值，并像欲求其他有价值的东西那样强烈地欲求美德"[③]。这里我们看到，人们之所以追求美德本身是因为拥有美德本身而不是美德给人带来的东西，就是幸福，就好像人们之所以追求金钱本身是因为拥有金钱本身而不是金钱能给人带来的东西，就是幸福。这就是说，如果一个人并不因为拥有美德而感到幸福，那么这个人就不会将美德作为目的本身去欲求，就好像如果一个人并不因为拥有金钱而感到幸福，那么这个人就不会

[①] John Stuart Mill, *Utilitarianism, On Liberty, Considerations on Representative Government*, pp. 38–39.
[②] John Stuart Mill, *Utilitarianism, On Liberty, Considerations on Representative Government*, p. 38.
[③] John Stuart Mill, *Utilitarianism, On Liberty, Considerations on Representative Government*, p. 39.

将金钱作为目的本身去追求。当然，在这两种情况下，一个人还是可能去欲求美德或者金钱，将其作为实现其幸福的手段。这里，密尔看到拥有金钱本身并不会使所有人感到快乐，所以在我们上面引的那段关于金钱的话中，他特别强调，金钱从达到幸福的一个手段变成了"这个人的"，而不是所有人的幸福的一个主要组成部分。这样我们也可以理解，为什么在我们上一段引的密尔关于美德的话中也有类似的强调：美德"对于这个人"，而不是对于所有人，可以变成本身有价值的东西。这里我们可以看到，在密尔看来，一个人之所以要欲求美德本身还是为了欲求幸福。很显然，在这里，幸福而不是美德是首要的，这也是为什么他说一个人为美德而欲求美德并不违背功利原则或者幸福原则。

二、亚里士多德不是理想类型的美德伦理学家

所以在作为理想形态的美德伦理中，美德是首要的。但如果是这样，我们就要问什么是美德呢？在面对这个问题时，瓦特森（Gary Watson）认为，我们就遇到了一个两难：如果我们想回答这个问题，我们就要用别的东西来定义美德，而在这种情况下美德就不再具有首要性了，而我们用来定义美德的东西则成了首要的东西。如果我们不对这样的问题加以回答，虽然美德仍然具有首要性，但无法解释什么是美德。所以瓦特森说："任何一种缺乏美德理论的美德伦理学都是缺乏解释力的，但是，任何一种具有美德理论的美德伦理学则会沦为一种关注结果的伦理学。"[1] 休谟主义这种历史形态的美德伦理学是前一种问题的代表，而亚里士多德主义这种历史形态的美德伦理学则是后一种问题的代表。斯洛特是当代哲学中重要的休谟主义的美德伦理学家，但他没有一种美德理论，认为无须说明什么是美德。如果问他什么是美德，他会说，你已经知道！为了避免人们提这种在他看来自明的问题，斯洛特认为我们可以用"令人钦佩"（admirable）来替代"美德"或"善"，并用"令人悲叹"（deplorable）来替代"恶德"或"恶"，因为前者不需要像后者一样做出解释："说'我发现他的行动（或者他所做的）是善的'就要求做更进一步的澄清，而使

---

[1] Gary Watson, "On the Primacy of Character," in *Virtue Ethics: A Critical Reader*, ed. Daniel Statma, Washington, D.C.: Georgetown University Press, 1997, p. 62.

用'值得钦佩'则似乎不必如此。"① 正是在这种意义上,斯洛特说他的伦理学是一种直觉的或者常识的伦理学:"我将要描述的美德伦理的主要根据是关于何谓美德或者更一般的何谓令人钦佩的品质之常识的观念和直觉,而为了激发或者至少不阻碍这样的直觉,我认为我们应该努力避免使用这样的词,而尽可能地用习惯的、自然的语言来讨论基础的问题。"② 由于他不进一步说明什么是美德,他可以保持美德的首要性,但其问题就是瓦特森所说的缺乏解释力。

与此相反,亚里士多德主义的美德伦理则有一种美德理论,它告诉我们什么是美德。在其《尼各马可伦理学》的一开头,亚里士多德宣称,善是所有东西的目标,如作为医学的目标的善是健康,作为经济学的目标的善是财富,作为战术的目标的善是胜利,而作为政治学的目标的善也即所有行动所能达到的最高的善乃是幸福。这个字的原文是 eudaimonia,也译成繁荣,字面意思就是活得好。但这种人所能获得的最高的善即幸福的意思是什么呢? 为了说明这个问题,亚里士多德提出了其著名的"功能论证",即要说明人所特有的功能。生命不是人所特有的功能,因为连植物都有生命;知觉也不是人所特有的生命,因为动物也有。这样,亚里士多德说:"就只剩下具有理性原则的因素之积极生活。"③ 然后他进一步说:"如果人的功能就是灵魂按照理性的或者不是没有理性的活动,而且如果一个X和一个好的X具有同一种功能……只是将美德这种卓越性加到了功能上(例如一个里拉琴手的功能是拉里拉琴,而一个好的里拉琴手就是很好地拉里拉琴)……那么人之善就是灵魂按照美德的活动。"④ 这里作为人的目标之善,如我们前面所说的,就是人的幸福,就是人的繁荣,就是人的活得好。很显然,在这样一个功能论证中,美德失去了其首要性,而成了从属于幸福的东西。关于美德与幸福的这样一种关系,亚里士多德在另一个地方作了更明确的说明。他认为我们追求的东西可分成三类。第一类是本身没有价值的东西,我们追求这样的东西不是为了这些东西本身,而是因为它们有助于我们追求别的有价值的东西;第二类是本身有价值的东西,我们追求这样的东西是为了这些东西本身,但也因为它们有助于我们追求更有价值的东西;第三

---

① Michael Slote, *Morals from Motives*, pp. 94–95.
② Michael Slote, *Morals from Motives*, p. 94.
③ Aristotle, *Nicomachean Ethics*, trans. and ed. Roger Crisp, Cambridge: Cambridge University Press, 2004, 1098a3–4.
④ Aristotle, *Nicomachean Ethics*, 1098a7–16.

类是本身有价值的东西，我们追求别的东西是为了追求这个东西，但我们追求这个东西不是为了任何别的东西。在亚里士多德看来，金钱属于第一类，而幸福属于第三类，那么第二类呢？"荣誉，快乐，理性，以及每一种美德，我们追求这些东西既是为了它们本身（即使它们并不导致任何别的东西，我们还是会追求它们），但我们追求他们也是为了幸福，认为有了它们我们可以活得更好。"①

这里虽然亚里士多德认为美德有其自身价值，但第一，很显然，美德在亚里士多德的伦理学中并不是首要的，首要的是幸福或繁荣或活得好。第二，虽然亚里士多德认为即使美德不会导致更有价值的东西，我们还是要追求它，但他还认为，事实上美德会导致幸福，所以我们追求美德不只是为了美德本身，而且也是为了幸福。如我们上面说，作为一种理想形态，美德伦理学之所以不同于道义论和后果论就在于肯定美德在其伦理体系中的首要性，那么亚里士多德伦理学就不是一种理想意义上的或者严格意义上的美德伦理学。关于这一点，很多学者已经指出了。例如，桑塔斯（Gerasimos X. Santas）就说："那种认为亚里士多德有一种美德伦理的流行看法是错的。"② 霍卡（Thomas Hurka）也问道："如果一种理论的核心的解释性质事实上是繁荣（幸福），那么这种理论有什么独特的美德伦理性呢……如果这种伦理学认为美德作为一种原因有助于繁荣，即作为实现独立存在的繁荣状态的有效手段，那么它就没有什么独特性。"③

斯洛特虽然没有说亚里士多德的伦理学不是一种美德伦理学，但也认为它不是一种彻底和纯粹的美德伦理学，而之所以是这样，也是因为美德在其伦理学中，虽然较之行动，被看作焦点或者在先的东西，但却不是首要的。在斯洛特看来，只有以行为主体为基础的（agent-based）伦理学才是真正的和纯粹的美德伦理学，他把它与另外两种不是严格意义的美德伦理学，即以行为主体为关注点的（agent-focused）和以行为主体在先的（agent-prior）伦理学，区分开来。他用对亚里士多德伦理学的两种不同解释来说明这两种不纯粹和不彻底的美德伦理学。先看对亚里士多德的第一种解释。根据这种解释，与近代以来出现的伦理学往往以行动为关注点不同，亚里士多德的伦理学以行动主体为关注点，而且亚里士多德认为"一个

---

① Aristotle, *Nicomachean Ethics*, 1097b1-5.
② Gerasimos X. Santas, "Does Aristotle Have a Virtue Ethics," in *Virtue Ethics: A Critical Reader*, p. 281.
③ Thomas Hurka, *Virtue, Vice, and Value*, Oxford: Oxford University Press, 2001, p. 233.

行动之崇高或者优良在于它是一个崇高或者有美德的人会从事的行动,而且亚里士多德确实说,具有美德的人乃是德行的尺度"①。但为什么具有美德的人可以是德行的尺度呢?因为"亚里士多德把具有美德的人看作在特定情景中能够看到或者觉察到什么是该做的好的,或者优良的,或者对的事情"②。在斯洛特看来,这里的问题是,如果这样,一个具有美德的人之所以做美德的事是因为这是该做的正确的事情,而不是相反:这是该做的正确的事情是因为它是具有美德的人会做的事情。换言之,根据这样一种观点,一件事情是否是该做的正确事情在某种意义上是独立于行为主体的。具有美德的人之所以与别人不一样,只是因为他有能力知道或者觉察到什么是该做的正确的事情。正是在这种意义上,斯洛特认为,如果我们接受这样一种对亚里士多德伦理学的解释,这种解释只是以行为主体为焦点,因而不是严格意义上的美德伦理学。按照我们关于理想形态的美德伦理学的讨论,由于这个最终的确定行为对错的标准在行为主体之外,当然也就在行为主体所具有的美德之外,美德在这样一种伦理学中并不是首要的,因而它不是一种严格意义上的美德伦理学。

我们现在来看对亚里士多德伦理学的第二种解释。这样一种解释跟前一种解释一样,认为我们确定行动之对错的办法是看具有美德的人是否按照其性格去做这样的事,或者说,行动的对错取决于我们的美德概念,但什么样的性格特征可以算作美德,则是取决于人的幸福或者繁荣概念。这也是我们在上面采取的对亚里士多德伦理学的那种解释,也正因为这样,我们认为它不是一种严格意义上的美德伦理学。斯洛特指出,由于这种意义上的亚里士多德的伦理学认为,"我们对行为的评价来自我们对于行为者之性格的独立评介,这种伦理学可以看作一种行为主体在先的伦理学,但由于其认为这种对性格的评价本身不是最根本的,而是以一种幸福理论或观点为基础的,它就不是我所谓的以行为主体以为根据的伦理学(我这里假定'幸福'或者福祉和好生活的概念本身不属于有关性格特征的概念)"③。这里斯洛特所谓的以行为主体为根据的伦理学则认为,"一个行动的道德或伦理地位完全取决于我们对动机、性格特征或个人之从德性而不是从义务角度所做的

---

① Michael Slote, *Morals from Motives*, p. 5.
② Michael Slote, *Morals from Motives*, p. 5.
③ Michael Slote, *Morals from Motives*, pp. 6-7.

独立的和根本的伦理评价"①。这里他强调这种评价是根本的,就是要说明,这种评价本身不依赖于任何别的评价。在斯洛特看来,这种以行为主体为基础的美德伦理学乃是纯粹的、彻底的、严格意义上的美德伦理学,这也符合我们上述的理想类型的美德伦理,因为它保持了美德在这种伦理体系中的首要性。虽然斯洛特自己致力于发展这样一种美德伦理学,但如我们已经看到,由于它拒绝给美德下一个定义,拒绝告诉我们什么是美德,这样一种美德伦理,如瓦特森所讲的,就缺乏解释性。毕竟一种美德伦理学缺乏一种美德理论,即缺乏一种对于美德的本性的说明,不能不说是一个缺陷,而在他试图对美德作个说明时,它就失去了其在伦理学中的首要性。例如,在一部较早的著作中,斯洛特说:"某些性格特征之所以是美德是因为它们使其拥有者能为他们自己和为他人所做的事情,因此我们可以看到,我们日常使用的有关性格的美德概念给自己(行为主体或某个性格特征的拥有者)和他人的福祉提供了根本的价值意义。"②这样,自己和他人的福祉成了根本的东西,而美德反倒是次要的了。在这种意义上,他的伦理学类似于上述对亚里士多德伦理学的第二种解释,因而也不是严格意义上的美德伦理学。

当然,有些亚里士多德专家可能认为,我们对亚里士多德的理解把美德看成达到幸福的手段,而这样一种理解是错误的。美德在亚里士多德那里不是达到幸福的手段,而是幸福的构成部分。例如,克里斯耶森(Jristjan Kristjansson)就认为,"美德有助于幸福而同时又构成了幸福;每一种真正的美德都是与幸福有内在关系的稳定的性格状态"③。赫基(Sukaina Hirji)也认为,"我们有很好的哲学理由可以假定,至少就其本身而言,具有伦理美德的行动乃是构成幸福的一种卓越的理性活动"④;又说,"当具有美德的人在从事德行时,她是在具有美德地从事行动,但同时这种具有美德地从事的行动也是构成幸福的一种卓越的理性活动"⑤。这里有几点应当说明。第一,当我们说美德是幸福的构成因素时,如果我们可以区分生产性的手段(productive means)与构成性的手段(constitutive means),那么我们实际上是在

---

① Michael Slote, *Morals from Motives*, p. 5.
② Michael Slote, *Morals from Motives*, p. 91.
③ Jristjan Kristjansson, *Aristotle, Emotions, and Educations*, Burlington, VT: Ashgate Publishing Company, 2007.
④ Sukaina Hirji, "Acting Virtuously as an End in Aristotle's Nicomachean Ethics," in *British Journal for the History of Philosophy*, 26(6), 2018, p. 15.
⑤ Sukaina Hirji, "Acting Virtuously as an End in Aristotle's Nicomachean Ethics," p. 17.

说美德是幸福的构成性手段。按照赛梯亚(Kieran Setiya)的说法,生产性的手段是一种动力因,如锻炼身体是健康的生产性手段,而构成性手段则本身是有关目的的一个例子或者一个部分,例如慢跑就是锻炼身体的构成性手段。[1] 其次,当我们说美德在亚里士多德那里是幸福的构成因素时,很显然,我们指的是幸福的部分构成因素,因为幸福还有其他构成因素。正如努斯鲍姆(Martha Nussbaum)所指出的,"在美德在场的情况下,财富、健康和荣誉这些别的善物的出现会使幸福得到加强,因为这些善物在与美德相结合时也可以是幸福的构成因素"[2]。更重要的是,我们这里讲的是伦理的美德,而亚里士多德还讲到思辨的美德,并且在他看来,思辨的美德乃是幸福的更重要的构成因素。在这个意义上,即使伦理美德是幸福的构成因素,很显然幸福比美德更重要。最后,即使美德是幸福的构成因素,很显然幸福不就是美德,因为美德是人的性格特征,而幸福显然不是。

在这样一种意义上,即使亚里士多德的美德是其最高善即幸福的构成因素,瓦特森说,由于亚里士多德的伦理学还是依赖于这样一种最高的善,它与伦理完善论(ethical perfectionism)类似,最终还是一种后果的伦理学。[3] 在他看来真正的美德伦理学必须提供一种美德理论,即对什么是美德有所说明,但要使这种说明不沦落为一种后果的伦理学,在这种说明中,"对最高善的说明要依赖于美德理论"[4]。但在一个关于亚里士多德是否具有这样一种意义的美德伦理的很长的注释中,他不仅做了否定的回答,而且还说:"令人不爽的是,我们在历史上重要的伦理学体系中找不到我所规定的那种意义上的美德伦理学的哪怕是单个例子。"[5] 也许我们认为,瓦特森所讲的那种理想类型的美德伦理学在历史上根本不存在,但我并不这样认为:中国宋明理学中的朱熹的伦理学就是瓦特森规定的理想形态的美德伦理的一个相当完满的例子。[6]

---

[1] Kieran Setiya, *Practical Knowledge: Selected Essays*, Princeton: Princeton University Press, 2007, p. 174.
[2] Martha Nussbaum, *Philosophical Interventions: Reviews 1986–2011*, Oxford: Oxford University Press, 2012, p. 99.
[3] Gary Watson, "On the Primacy of Character," p. 63.
[4] Gary Watson, "On the Primacy of Character," p. 65.
[5] Gary Watson, "On the Primacy of Character," p. 71, n. 26.
[6] 说美德在亚里士多德的伦理学中并不具有首要性并不是要批评亚里士多德的伦理学,因为亚里士多德并没有说过美德在他的伦理学中是首要的,而只是说他的伦理学不是一种美德伦理学;而说亚里士多德的伦理学不是一种美德伦理学同样也不是批评他的伦理学,因为亚里士多德自己没有说他要提出一种与众不同的美德伦理学。只是在近代出现了道义论和后果论伦理学以后,人们为方便计,习惯地但不严格地将亚里士多德视为美德伦理学家。

三、朱熹是理想类型的美德伦理学家

不管美德在朱熹的伦理学中具有首要性与否,它在其伦理学中的重要性是不言而喻的。作为儒家的四书之一的《大学》有大家熟悉的所谓三纲领(明明德、新民和止于至善)和八条目(格物、致知、正心、诚意、修身、齐家、治国、平天下)。但是,朱熹说:"若论了得时,只消'明明德'一句便了,不用下面许多。圣人为学者难晓,故推说许多节目。"[1] 为什么这样说呢:首先,朱熹认为,在这三纲领中,实际上只有两条,即明明德和新民,而止于至善就是表示这两条目的规模之大[2],即"明德、新民,二者皆要至于极处",而不是只略略地明德新民便了。[3] 由于明明德在己,而新民在人,所以"'止于至善',是包'在明明德,在新民'。己也要至于至善,人也要至于至善"[4]。其次,在朱熹看来,这八条目也已经包含在明明德与新民中:"致知至修身五件,是明明德事;齐家至平天下三件是新民事。"[5] 最后,在朱熹看来,明明德与新民本身也只是一回事。在《大学章句》中,朱熹指出,这里所谓的"明德者,人之所得乎天,而虚灵不昧者,以具众理而应万事者也"[6];而之所以要明明德,是因为"为气禀所拘,人欲所蔽,则有时而昏……故学者当因气所发而遂明之"[7]。关于新民,朱熹接受了程颐的解释,将《大学》古本中的"亲民"改成了"新民":"新者,革其旧之谓也,言既自明其明德,又当推以及人,使之亦有以去其旧染之污也。"[8] 这里我们可以看出,在朱熹那里,在两个意义上,明明德和新民本身就是一回事。一方面,明明德是明自己的德(也可以说是新自己),而新民就是明他人之德,所以两者都是明明德事。因此朱熹说:"明明德者,所以自新也;新民者,所以使人各明其明德也。然则虽有彼此之间,其为欲明之德,则彼此无不同也。"[9]

---

[1] 朱熹:《朱子语类》,北京:中华书局,1986年,第308页。
[2] 朱熹:《朱子语类》,第260页。
[3] 朱熹:《朱子语类》,第270页。
[4] 朱熹:《朱子语类》,第270页。
[5] 朱熹:《朱子语类》,第308页。
[6] 朱熹:《四书章句集注》,台北:大安出版社,1994年,第5页。
[7] 朱熹:《四书章句集注》,第5页。
[8] 朱熹:《四书章句集注》,第5页。
[9] 朱熹:《朱子语类》,第308页。

另一方面，明明德与新民不是两件先后发生的事情，就是说一个人不是先明了自己的明德才去明他人之明德（新民），因为新民即明他人之德本身就是明自己的明德的题中应有之事。因此朱熹说："若是新民而未止于至善，亦是自家有所未到。"①这也就是说，如果我没有新民，就是我还没有明我自己的明德；如果我新民而未止于至善，就是我明我自己的明德而未止于至善。如我在别的地方所反复指出的，儒家伦理的一个特点是，一个具有美德的人不只关心他人的像福乐康宁这样的外在福利，而且也关心他们的内在美德。

朱熹在《大学章句序》的一开头就说："《大学》之书，古之大学教人之法也。"因此大学之道也即成人之道，而大学教人的成人之道之三纲领八条目在朱熹看来都可以归结为明明德，由此可见明明德在朱熹伦理学中的重要地位。当然这还不足于证明美德在朱熹伦理学中具有在理想形态的美德伦理学所具有的那种首要性，因为我们到此为止只是说明了美德在《大学》中的重要性，但还没有进一步问，朱熹对什么是美德有没有说明，即有没有一种美德理论，而如果有，他对美德的说明有没有像亚里士多德对美德的说明那样，让美德失去了其首要性？那么，大学里的所谓明德究竟何指呢？朱熹说："人本来皆具此明德，德内便有此仁义礼智四者。只被外物汩没了不明，便都坏了。所以《大学》之道，必先明此明德。"②这就是说，朱熹这里所理解的明德也就是儒家传统中的四大德，仁义礼智。当然这还不能算作对美德的说明，因为这里这是列举了四大德目，回答了哪些是美德的问题，而没有回答什么是美德的问题。要考察朱熹对什么是美德这个问题的回答，我们可以从朱熹对仁这种美德的说明着手，因为虽然仁在这里只是四个美德之一，但实际上它不仅是最重要的美德，而且在某种意义上可以说已经包含了其他几种美德。这一点，他在其"仁说"一文中，就说得非常清楚："语心之德，虽其总摄贯通，无所不备，然一言以蔽之，则曰仁而已矣……盖天地之心，其德有四，曰元、亨、利、贞，而元无不统。其运行焉，则为春、夏、秋、冬之序，而春生之气无所不通。故人之为心，其德亦有四，曰仁义礼智，而仁无不包。其发用焉，则为爱恭宜别之情，而恻隐之心无所不贯。故论天地之心者，则曰乾元、坤元，则四德之体用不待悉数而足。论人心之妙者，则曰仁，人心也，则四德之体用亦不待遍举而该。盖人之为道，乃天地生

---

① 朱熹：《朱子语类》，第272页。
② 朱熹：《朱子语类》，第262页。

物之心,即物而在。情之未发,而此体已具;情之既发,而其用不穷。诚能体而存之,则众善之源、百行之本莫不在是。此孔门之教所以必使学者汲汲于求仁也。"① 一方面,在与其学生讨论时,朱熹更进一步说明在什么意义上仁是四德之一,而在什么意义上,仁又包含众德:"仁,混沦言,则混沦都是一个生意,义礼智都是仁;对言,则仁与义礼智一般。"② 另一方面,由于仁包众德,"'仁'字须兼义礼智看,方看得出。仁者,仁之本体;礼者,仁之节文;义者,仁之断制;知者,仁之分别"③。

当朱熹这样把仁义礼智归结为仁时,他明确地说,仁是心之德。在《论语集注》中朱熹就说:"仁者,爱之理,心之德。"④ 在《朱子语类》中,朱熹也说:"盖仁此是心之德;才存得此心,即无不仁。"⑤ 紧接着,他将心之德与耳目之德相类比,说:"耳之德聪,目之德明,心之德仁。"⑥ 由于仁是心之德,而仁又包义礼智,因此当一个学生问:"曾见先生说'仁者,心之德'。义礼智皆心之德否?"朱熹明确地回答说:"都是。只仁是个大底。"⑦ 这至少表明,儒家讲的德也是心的性格特征,因而与西方美德伦理学中讲的美德是一回事。当然,这朝我们要达到的目的即朱熹对美德的说明没有前进很多,但它给我们指明了方向,即要想知道什么是美德,我们可以问什么是仁。那么什么是仁呢。在解释《孟子》"仁也者,人也"时,朱熹说:"人之所以为人者,以其有此而已。一心之间,浑然天理,动容周旋,造次颠沛,不可违也。一违,则私欲间乎其间,为不仁矣。"⑧ 这里,朱熹把仁看作人之为人的东西,没有了它,一个人就不再是人。说仁是人之为人的东西也就是说仁即是人性,而这事实上也就是朱熹在回答学生关于"仁者人也"这句话的一个问题时所明确指出的:"仁是仁,不可说。故以人为说者,是就人性上说。"⑨ 这就是说,孟子的"仁也者,人也"这句话实际上说的是"仁也者,人性也"。正是在这个意义上,人和仁可以互相发明:"人之所以得名,以其仁也。言仁而不言人,则不见理之所寓;言人而不言仁,则人

---

① 朱熹:《朱熹集》,成都:四川教育出版社,1997年,第3542页。
② 朱熹:《朱子语类》,第107页。
③ 朱熹:《朱子语类》,第109页。
④ 朱熹:《四书章句集注》,第62页。
⑤ 朱熹:《四书章句集注》,第114页。
⑥ 朱熹:《四书章句集注》,第114页。
⑦ 朱熹:《朱子语类》,第607—608页。
⑧ 朱熹:《朱子语类》,第1458页。
⑨ 朱熹:《朱子语类》,第1459页。

不过是一块血肉耳。比合而言之,方见得道理出来。"①

这里我们就开始看到了朱熹对美德的解释:美德就是人性,就是使人之为的东西。我们上面看到了作为美德之总称的仁与性的关系,实际上对于分而言之的仁义礼智各德目与人性的关系,朱熹也都有很多明确的说法。他的一个学生问,"明德便是仁义礼智之性否",朱熹回答说:"便是。"②这里这个学生用了仁义礼智之"性",这就表明仁义礼智就是人性,而这种人性就是大学中要我们加以明的明德。而在别的地方,朱熹更明确地说:"仁义礼智,性之大目"③,"仁义礼智,性也"④。在《答陈器之二》中,朱熹更说:"性是太极浑然之体,本不可以名字言,但其中含具万理,而纲理之大者有四,故命之曰仁义礼智。"⑤

所以德是性之德:"仁义礼智皆性之德。"⑥而性也是有德之性即德性:当学生问,"'德性'犹言义理之性",朱熹肯定地说:"然。"⑦而这里所谓的义理之性也就是仁义礼智之性:"大抵人之德性上,自有此四者意思:仁,便是个温和底意思;义,便是个惨烈刚断底意思;礼,便是个宣著发挥底意思;智,便是个收敛无痕迹底意思。"紧接着朱熹又从这个角度讨论仁为四者之先:"性中有此四者,圣门却只以求仁为急者,缘仁却是四者之先。若常存得温厚底意思在这里,到宣著发挥时,便自然会宣著发挥;到刚断时,便自然会刚断;到收敛时,便自然会收敛……此仁之所以包四者也。"⑧当学生问,"仁即性,则'性'字可以言仁否",朱熹回答说:"性是统言。性如人身,仁是左手,礼是右手,义是左脚,智是右脚。"当学生又问,"仁包得四者,谓手能包四肢可乎",朱熹回答说:"且是譬喻如此。手固不能包四肢,然人言手足,亦须先手后足;言左右,亦须先左后右。"⑨

我们上面看到朱熹说仁(义礼智)是心之德,而现在他又说,仁(义礼智)是性之大目、是性之纲理,甚至明确地说"仁义礼智皆性之德"⑩。所以仁义礼智既

---

① 朱熹:《朱子语类》,第1459页。
② 朱熹:《朱子语类》,第260页。
③ 朱熹:《朱子语类》,第107页。
④ 朱熹:《朱子语类》,第108页。
⑤ 朱熹:《朱熹集》,第2977页。
⑥ 朱熹:《朱子语类》,第2583页。
⑦ 朱熹:《朱子语类》,第1585页。
⑧ 朱熹:《朱子语类》,第110页。
⑨ 朱熹:《朱子语类》,第110页。
⑩ 朱熹:《朱子语类》,第2583页。

是心之四德,也是性之四德,那么心与性的关系究竟如何呢?朱熹说:"性是心之所有之理,心便是理之所会之地"①;又说:"若无个心,却将性在甚处!须是有个心,便收拾得这性,发用出来。盖性中所有道理,只是仁义礼智,便是实理。"②这就是说仁义礼智是性之德,但性又安顿在心中,在此意义上,仁义礼智又可以看作心之德。虽然性安顿在心中,朱熹认为性是心之体:"大概在身则有一个心,心之体为性,心之用为情。"③这里除了为性在心中加了心在身中这一点之外,朱熹强调的一点是性为心之体。由于心之体是性,而性又是仁义礼智,仁义礼智又是《大学》中所说的明德,所以,朱熹的一个学生就说明德是心之体:"《大学》之书,不过明德、新民二者而已……要之,不过此心体不可不明。"④对此朱熹也表示赞同。

说仁义礼智之德是心之德,是性之德,是规定人之为人的东西,也就是说缺乏了仁义礼智就不是人或者就不是健全的、有缺陷的人。事实上,朱熹也正是据此将人与动物区分开来的。如朱熹在《答余方叔书》中说:"人为最灵,而备有五常之性。禽兽则昏而不能备。"⑤这里的五常之性即仁义礼智信之性。在《朱子语类》中所录与其学生讨论《孟子》"人之所以异于禽兽"章中,朱熹也说:"人所以异者,以其有仁义礼智,若为子则孝,为弟则悌,禽兽岂能之哉!"⑥所以人"须是存得这异处,方能自别于禽兽"⑦。但是朱熹在人物之异或者人禽之辨这个问题上的观点稍微复杂,因为他有时又说仁义礼智并非为人所独有。例如,朱熹说,仁义礼智之天命之性"非有偏全……昏浊者是气昏浊了,故自蔽塞……然在人则蔽塞有可通之理;至于禽兽,亦是此性,只被他形体所拘,生得蔽隔之甚,无可通处。至于虎狼之仁,豺獭之祭,蜂蚁之义,却只通这些子"⑧。这里他说禽兽也有仁义礼智之性,只是为其形体所拘、所蔽。看起来,朱熹的观点似有矛盾,但其实不然。他的观点是,万物都有仁义礼智之性,但万物所禀赋的气却有清浊正

---

① 朱熹:《朱子语类》,第88页。
② 朱熹:《朱子语类》,第64页。
③ 朱熹:《朱子语类》,第2822页。
④ 朱熹:《朱子语类》,第308页。
⑤ 朱熹:《朱熹集》,第3067页。
⑥ 朱熹:《朱子语类》,第1347页。
⑦ 朱熹:《朱子语类》,第1389页。
⑧ 朱熹:《朱子语类》,第58页。

偏通塞之别。人禀受的气正而通，即使有些混浊也可以澄清，所以仁义礼智之性可以成为仁义礼智之德。人以外者所禀之气偏而塞，将仁义礼智之性遮蔽了，因此虽然从本体上说有仁义礼智，但在功能上说则没有仁义礼智。当然，这些存在物之气的偏塞程度也不同，程度轻者，如有些动物，还有一点点的仁义礼智没有被遮蔽住，所以有虎狼之仁和蜂蚁之义等。在极端的例外情况下还会出现这样的情况：其气的偏塞程度最低的动物与人类似，而禀受最混浊的正通之气的人与禽兽类似，如朱熹提到"吕与叔谓物之性有近人之性者，如猫相乳之类。人之性有近物之性者，如世上昏愚人"①。

我们现在可以清楚，朱熹有一套美德理论，即对什么是美德有一套说明。但他对美德的说明有没有像亚里士多德的美德理论那样使美德在其伦理学中失去其首要性呢？我的回答是没有。虽然朱熹对美德的说明跟亚里士多德的一样，也从人性即人之异于其他事物的独特性开始，但在这两者之间存在着一个明显的差别。在亚里士多德看来，人与动物的独特性是理性活动，因此人之为人的独特性就是积极的理性生活，这也就是他所谓的幸福，美德只是让理性活动具有卓越性的性格特征。这样，美德便成了从属于理性活动和幸福的东西，因而不再是首要的了。而在朱熹那里，作为人之为人的特征的，不是别的，正是仁义礼智这些美德。前面我们提到，斯洛特在谈到对亚里士多德的第二种解释时，特别强调，这样一种亚里士多德的伦理学不是严格意义上的伦理学，是因为他假定大家都同意，在其中具有首要性的幸福或繁荣或福祉或活得好的概念本身并不是关于性格的（aretaic）概念。我们现在看到，朱熹哲学中具有首要性的概念，即为人所特有的生活，则是关于性格的，因为为人所特有的生活就是仁义礼智的生活，而仁义礼智是心之德。在这个意义，朱熹的伦理学就是斯洛特意义上的纯粹的、彻底的、以行为主体为基础的美德伦理学。前面我们也提到，在瓦特森看来，理想的美德伦理即美德在其中具有首要性的美德伦理，它"对最高善的说明要依赖于美德理论"②。在朱熹那里最高的善是

---

① 朱熹：《朱子语类》，第58页。我在别处曾用亚里士多德在两种意义上的"有"之间的区分来说明为什么朱熹有时说物没有仁义礼智，有时又说物有仁义礼智。亚氏在讨论一个人"有"知识时，区分了仅仅具有（possessing）知识的人和能实际运用（using）知识的人。一个睡觉、疯狂或醉酒的人可能仍有他之前获得的知识，但无法加以运用（Aristotle, *Nicomachean Ethics*, 1147a17—18）。说物有仁义礼智就是"仅仅具有"，而说物没有仁义礼智是说物不能体现仁义礼智（参见黄勇：《朱熹的形上学：解释性的而非基础主义的》，《社会科学》第1期，2015年，第118—128页）。

② Gary Watson, "On the Primacy of Character," p. 65.

什么呢？就是要过一种为人所特有的生活。那么什么是人所特有的生活呢？就是体现仁义礼智之美德或明德的生活。很显然，在朱熹那里，对最高善的说明确实依赖于一种美德理论，因此朱熹的伦理学就是瓦特森在西方哲学史上要找而没有找到的那种理想类型的美德伦理学的一个典型例子。

四、结　　论

我在本文中对比较哲学的一种相当普遍的方法做了分析。这种方法往往以某种学说在某个历史传统（往往是西方哲学传统）中的历史形态为范例或理想形态，来比较另一个传统中这种学说的某种历史形态，其结果往往是认为后者虽然具有前者所具有的某些特征，但总有这样那样的缺陷。本文以在儒家与亚里士多德主义关于美德伦理的比较研究为例，认为我们既不应当以亚里士多德主义这种历史形态为美德伦理的原型或范例，也不应当把儒家这种历史形态作为美德伦理的范例或原型。相反，我们应当先从美德伦理学与后果论和道义论伦理学的本质区分中构造一种理想类型的美德伦理学，在这种理想类型的美德伦理学中，美德具有首要性，即是最基本的概念，在这个伦理学体系中的所有其他概念都来自美德概念，或者从属于美德概念，或者服务于美德概念。这就好像在道义论中道德原则是首要的概念，而其他概念都来自于、从属于或者服务于这个概念，而在后果论中后果是个首要的概念，而其他概念都来自于、从属于或服务于这个概念。在此基础上，我以这种理想类型的美德伦理学为标准来考察儒家（以朱熹为例）和亚里士多德的伦理学。我的结论是，以这样一种理想类型的美德伦理学来衡量，亚里士多德的伦理学不是一种美德伦理学，而朱熹的则是。需要指出的是，尽管我在别的地方曾说明朱熹的伦理学有比亚里士多德伦理学优越的地方[①]，在这里说朱熹的伦理学是美德伦理学而亚里士多德的不是，并不表示朱熹的伦理学比亚里士多德的伦理学优越，毕竟亚里士多德和朱熹都没有声称他们要发展一种美德伦理学。我们这里做

[①] Huang Yong, "The Self-centeredness Objection to Virtue Ethics: Zhu Xi's Neo-Confucian Response," in *American Catholic Philosophical Quarterly*, 84(4), 2016, pp. 651–692; "Two Dilemmas of Virtue Ethics and How Zhu Xi's Neo-Confucianism Avoids them," in *Journal of Philosophical Research*, 36, 2011, pp. 247–281.

的工作只是分类的工作：如果伦理学可以分为道义论、后果论和美德论的话，朱熹的属于美德论，而亚里士多德的则不是，至于亚里士多德的伦理学是否是如我上面提到的某些学者所说的是后果论，则不是本文所要断言的。从这一点看，本文无论对于美德伦理学还是对于伦理学本身，并没有做出太大的贡献。不过，由于亚里士多德是几乎所有人在谈论美德伦理学时首先想到的人，本文关于亚里士多德的伦理学不是美德伦理学的结论也许还是相当激进。

（作者单位：香港中文大学哲学系）

儒家伦理哲学的新旧基础

——伊藤仁斋、戴震与丁若镛*

艾文贺 著
张黛英 王韵婷 刘 昊 译

一、引　言

　　复杂的形上学建构是宋明理学最显著的特征之一。然而,尽管宋明理学流派林立,但是他们都主张同一种形上世界观,即我们所处的现实世界是由"理"(principles)和自生性的物质元素——"气"共同生成和维系的。倘若从伦理学角度看,"理气关系"决定了宋明理学对道德本质、德性与人性关系以及工夫论等问题的建构。实际上,这些讨论皆旨在回答如何建构"自我"这一问题。在18世纪,日本、中国、朝鲜的三位思想家①却不约而同地对这些思想论述提出了尖锐的批评,尤其

---

* 本文得到由韩国政府资助的韩国学中央研究院(MEST)的经费支持(AKS-2011-AAA-2102)。特此感谢艾琳·克莱恩(Erin M. Cline)、金英敏(Youngmin Kim)、金圣文(Sungmoon Kim)、迈克尔·斯拉特(Michael R. Slater)、贾斯汀·蒂瓦尔德(Justin Tiwald)以及白英宣(Youngsun Back)为我提供了丁若镛的著作文本,并对本文多篇草稿提出建设性的讨论、评语和修改建议。感谢迈克尔·卡尔顿(Michael Kalton)一起探讨本文中谈及的多个问题,并慷慨分享他关于丁若镛哲学思想的未完著作。感谢埃里克·哈里斯(Eirik Harris)就初稿提出的评语和建言。本文在谈到仁斋和丁若镛的著作中的特殊术语时将提供韩语(韩:)或日语(日:)的罗马音。[英文原文中用中文重点标示的概念第一次出现时将给出原文英语表述。作者艾文贺(Philip J. Ivanhoe)为香港城市大学公共政策系讲座教授。《台湾东亚文明研究学刊》第11卷第1期总第21期,2016年6月,第77—133页。——译者注]

① 如果对这些思想家的著作尚不熟悉,我们在脚注中提供了英文学界最为权威的详细参考资料,以便读者开始了解他们的哲学思想。

是针对程朱学派。① 与程朱理学将伦理奠基于形上学所截然不同的是，这三位思想家基于一套以人为本的伦理学说，将人们的情感、欲望、需求，以及广义上的福祉置于其思想的核心地位。本文拟对他们思想中的核心观念加以介绍和比较，并指出他们对于程朱学派的批评多数是合理的。这种批评可以说代表了儒家思想中的独特面向，甚至对我们理解儒学传统在当代的丰富性、多样性以及启发性具有重要意义。此外，本文旨在通过这三位思想家提出的哲学观点，揭示其当代意蕴，尤其关注他们关于"恕"（sympathetic consideration，同情的考量）的主张。在开始简要介绍三位思想家对宋明理学的批判之前，有必要先初步感受一下其理念之颠覆和影响之深刻达到何种程度。与此同时，我们亦须认识到和高度评价这些思想家为彻底恢复儒家传统的根基所做的努力，而这些努力本身就可被视为一项深刻的传统实践。

那么，倘若要了解这项努力的颠覆性特点，我们就不得不先回到宋明理学的伦理学那里，那种伦理学基于形上学而产生，具有普遍性以及严苛性。在宋明理学中，一个饱受赞誉而又知之甚少的思想特质便是"万物一体之仁"的总括性律令（comprehensive imperative to care for the universe as oneself）。② 宋明儒者从佛道思想中汲取价值观念及思维方式，对"万物一体之仁"做出各种发挥，其丰富性超越了古典儒学的任何表述。早期的古典儒学对"仁"（benevolence, care）的观念推崇备至，但是"仁"的主要对象是亲人及在一个更大范围内和谐共处的社会中的人。尽管"君子"也应当"爱物"，但是他们的核心关怀在于避免暴力，但他们无论如何不会因此认为这和吃肉或献祭动物存在冲突。不过，与之相比，宋明理学家例如张载（1020—1077）在《西铭》等著作中提出了一套全新的观点，我想在这里突出强调：

---

① 程朱学派是指以程颐（1033—1107）与朱熹（1130—1200）的思想为代表的思想学派。关于程朱学派的介绍，请参见 A. C. Graham, *Two Chinese Philosophers: The Metaphysics of the Brothers Ch'eng*, revised second edition, La Salle: Open Court Press, 1992；中译本，葛瑞汉：《中国的两位哲学家：二程兄弟的新儒学》，程德祥译，郑州：大象出版社，2000年；Wing-tsit Chan, *Chu Hsi: Life and Thought*, Hong Kong: Chinese University Press, 1987；中文版，陈荣捷：《朱熹》，北京：生活·读书·新知三联书店，2012年；Wing-tsit Chan, *Chu Hsi: New Studies*, Honolulu, HI: University of Hawaii Press, 1989；中文版，陈荣捷：《朱子新探索》，上海：华东师范大学出版社，2007年；以及 John Makeham ed., *Dao Companion to Neo-Confucian Philosophy*, Dordrecht, London: Springer, 2010, chapters 4, 5, 8, and 9.
② 关于这一哲学宗旨如何落实于宋元明三代的日常实践中，包弼德曾有出色的研究，参见 Peter K. Bol, *Neo-Confucianism in History*, Cambridge: Harvard University Press, 2008。中译本，包弼德：《历史上的理学》，王昌伟译，杭州：浙江大学出版社，2010年。

乾称父,坤称母;予兹藐焉,乃混然中处。^① 故天地之塞,吾其体;天地之帅,吾其性。民,吾同胞;物,吾与也。大君者,吾父母宗子;其大臣,宗子之家相也。

　　尊高年,所以长其长;慈孤弱,所以幼其幼。^② 圣其合德,贤其秀也。凡天下疲癃残疾、惸独鳏寡,皆吾兄弟之颠连而无告者也。^③

　　对宋明理学家而言,诸如此类的"一体"关怀是他们的基本共识。例如,周敦颐(1017—1073)"拒除窗前草"的原因就在于他认为自己与草处在"一体"的状态中,王阳明(1472—1529)亦有"天地万物为一体"的说法,这是说"仁"不仅是对人和动物的爱,也指向植物,甚至非生物。^④

　　仁斋、戴震以及茶山^⑤都对宋明儒学形上学基础提出明确批判,他们认为这些形上学特质表明有来自儒学外部的影响侵入并削弱了儒家传统,并从根本上腐蚀了古典儒学的内涵和旨趣。所以,对他们来说,清除这些来自外部(佛道)的影响,恢复他们所认为的儒家传统的本真意义便成了首要的目标。根除形上学的基础也就意味着,"万物一体之仁"这一伦理要求的对应基础也同样遭到了瓦解。于是,这些思想家就必须对儒家伦理在其本质、形态、工夫和基础等问题上受到的挑战做出回应。正如我们将要看到的,仁斋仍然保有宋明理学的"万物一体之仁"的总括性律令^⑥,他的相关主张特色鲜明、令人印象深刻,但其形上学基础与宋明儒家却截然不同。戴震和茶山思想也或多或少受到宋明理学"一体"关怀之伦理思想的影响,但是亦不同于仁斋。他们二人都主张"一体"关怀的重要责任指向的是包括人在

---

① 《乾》是《易》的首卦,代表"天"和"阳";《坤》是《易》的第二卦,代表"地"和"阴"。
② 这一说法来自《孟子·离娄上》,孟子曰:"道在尔而求诸远,事在易而求之难。人人亲其亲、长其长而天下平。"
③ 张载:《张载集》,北京:中华书局,1978年,第62页。
④ 有关王阳明"天地万物一体",参见 Philip J. Ivanhoe, *Confucian Moral Self Cultivation*, second edition, Indianapolis: Hackett Publishing Company, 2000, pp. 59–73;关于周敦颐"不除窗前草",参见 Wing-tsit Chan trans., *A Source Book in Chinese Philosophy*, Princeton: Princeton University Press, 1969, p. 462;中译本,陈荣捷编著:《中国哲学文献选编》,杨儒宾等译,南京:江苏教育出版社,2006年,第398页。
⑤ "茶山"是丁若镛的号,行文中概称"茶山"。
⑥ 须指出的是,对于"万物一体之仁",理学正统观点与仁斋和戴震这些思想家的观点之间存在区别。理学家假设人与宇宙天地间的其他事物(日、月、行星、恒星)具有一种深层次的形上学意义的一体性;而仁斋和戴震看到的是,人类以某种方式与其他人、物、事联结在一起。

内的所有的生物。不过,戴震与茶山的不同之处在于,他认为这一道德责任与我们对他人的道德责任相类似,其根据是我们具有想象自己与所有生物的福祉感同身受的能力。戴震和茶山都认为我们的"一体"关怀不必扩展至非生物,这也体现出"恕"在他们各自建构的伦理哲学中的重要性,因为对于那些无法感同身受的事物,我们并没有关照它们的一般道德责任。总而言之,本文的主要旨趣在于,厘清这三位思想家如何在瓦解宋明理学形上根基的前提下试图以各自不同的方式填补其留下的道德空白。

由上所见,尽管这三位思想家都认为自己投身于一项颠覆性的哲学事业,但须指出,他们自认为这项努力的目的在于捍卫并恢复古典儒学,而非从根本上革新儒学传统。[①]他们意识到,贬斥佛道、推崇儒学亦是在一个新的时代以一种新的形式捍卫传统,这甚至可以比作孟子(前371—前289)迫于杨朱(前370—前319)和墨子(前370—前319)的挑战而不得不做出回应。[②]当然,尽管与孟子的这些相似之处能够帮助我们理解这些18世纪思想改革家的哲学本质和动机,但认识到他们的努力与孟子的不同之处也很重要。与孟子面对外部挑战而维护儒学传统显然不同的是,仁斋、戴震和茶山认为自己不仅要对基于佛道思想的外部挑战做出回应,还要面对来自儒学内部的敌人——以宋明理学为典型的儒学歧出。在这个意义上,他们的批评则更多地类似于荀子(前313—前238)。荀子不仅批评了诸子,同时也批评了儒家,尤以孟子为代表。但是与荀子的比较也存在另一细微的差异,在批评孟子时,荀子从来不认为孟子的问题在于不加批判地从对立学派中汲取资源而动摇了儒学传统。这与18世纪的这些思想家有很大不同,而这一点恰恰是仁斋、戴震和茶山批判程朱的重点所在。

面对一系列新的挑战,这三位思想家以及同时代的儒学家发展出一套独特而又有趣的哲学方法,这种方法与前人大相径庭。在他们看来,来自外部的因素侵入

---

① 在这个意义上,他们的这种自我认知与新教改革者马丁·路德(1483—1546)和加尔文(1509—1564)极其相似。在后面的论述中,我们也会看到,他们的共同点在于其哲学思想的出发点乃是文本考据。早期的新教改革者不仅主张回归圣典的权威性,而且试图将他们的神学思想奠基于审慎的文本考证之上,这种考证的目的便是获得基督教义的"原初性"和"本真性"。感谢斯拉特教授提出了新教和这些儒学论述的相似点。

② 戴震在《孟子字义疏证》的《序》中已明确指出这一关联,仁斋几乎与戴震持相同立场,参见伊藤仁斋:《童子问》,清水茂校注,东京:岩波书店,1970年,第65章,第157页。戴震和仁斋都声称,自己就像孟子一样,之所以参与到这些论辩当中,并不是因为热衷于争论,而是别无选择。

和腐蚀了儒学。因此,他们试图找出并清除这些外部因素,推翻对经典的错误阐释,恢复他们所认为的古代经典的本义。基于此,他们发展和采用了一套以考据学为本的义理学方法。① 沿着这一思路,他们力图推本溯源,探求早期儒家经典中特殊术语的本义。他们认为,唯有通过系统的考据学,才能重构圣人之意。② 另外,这一方法说明三位思想家对义理思辨的无根据性有着共同的担忧。仁斋、戴震和茶山极为担忧也小心避免以个人的"私见"作为哲学思考的基础,与孔子(前551—前479)"思而不学则殆"的告诫遥相呼应。③ 他们采用的考据学方法具有"道问学"的优势,即"道"的获得必须通过回溯以及遵循圣人之教。因此,本文的另一主要意旨即描述并解释这一哲学转向以及为建构一个清晰、客观的儒家伦理学基础做出相关探索。

二、伊藤仁斋

伊藤仁斋以其创新、独特和有趣的方式反驳了宋明理学家的"理"以及"理气(日:ki)关系"论。他们一般将"理"视为明确的形上实体,区别于现象界。一定程度上,"理"存在于现象界背后,为万物提供规范性的结构和标准。但仁斋否认存在这样一个本体意义上规定标准的"理"。他认为这种理念从不属于儒家思想,而是来自佛道的思想源头,是后来偷偷渗透到儒家传统中来的。④ 后文提到的戴震和茶山的思想也有这个特点。仁斋倡导一种他称之为"古义学"(study of ancient

---

① 艾尔曼(Benjamin A. Elman)将这一过程视作从理学到朴学的转变,毋宁说,这种转变是以考据学为本的义理学。他对清代思想中的这一现象有相关探讨,参见 Benjamin A. Elman, *From Philosophy to Philology: Intellectual and Social Aspects of Change in Late Imperial China*, Cambridge: Harvard University Press, 1984. 中译本,艾尔曼:《从理学到朴学:中华帝国晚期思想与社会变化面面观》,赵刚译,南京:江苏人民出版社,2012年。
② 这种重新发现"道"的古义的倾向与同时代其他学者对考据学的兴趣和看法并不相同,其区别在于其他学者认为考据学并没有重建义理的使命。
③ 参见《论语·为政》。
④ 由考据学和义理学的角度出发,仁斋详尽论述了这一问题。他自始至终批评宋明理学依据的某些核心文本。例如,他撰述了一整篇文章质疑《大学》在儒学经典中的合法性,后收录于《语孟字义》的附录中。参见伊藤仁斋、伊藤东涯:《语孟字义》,吉川幸次郎、清水茂编,东京:岩波书店,1971年。此外,仁斋还认为《礼记》中的《乐记》章受到了道家思想的启发。

meanings，日：kogigaku）①的方法，以此揭露和根除佛道的异端思想因子，将儒家思想正本清源。所谓的"古义学"即对经典中的核心概念进行逐个分析。他严格遵循这种方法，力图把观点完全建立在概念的"古义"（ancient meaning，日：kogi）之上。他相信这样就能避免仅靠"私见"（personal opinion，日：shiken）得出"妄意"（wild ideas，日：mōi）。如前所述，这里分析的三位思想家都相信，毫无根据、过度主观的思辨是宋明理学家最普遍的谬误来源之一。

仁斋一方面强硬而无情地批判宋明理学家陷于无节制的主观思辨中，认为他们没能抵挡住佛道思想的影响，另一方面却并没有扬弃他们富有特色的"万物一体之仁"的思想主张。他还为这种伦理立场提供了全新的证明——"一元气"（unified original qi，日：ichigenki）。他认为现象界的万物由"一元气"构成，这种气又受形于生生不息的"天道"（Way of Heaven，日：tendō）。在这种观念下，"理"（日：ri）仅仅意味着气的各种组构中所体现出来的良善秩序。

> 天地之间一元气而已……②
>
> 理字与道字相近，道以往来言，理以条理言。故圣人曰天道③，曰人道，而未尝以理字命之……④

佛道关于万物一体的理念分别建立在"空"（nothing，日：kū）和"无"（emptiness，日：mu）这两种混沌无分的状态之上。相比之下，仁斋却诉诸一种生生不息的"气"，

---

① 与德川时代其他儒者一样，如林罗山（1583—1657），仁斋也曾读过陈淳的《性理字义》，并深受其影响，以至于将其作为撰写《语孟字义》的灵感来源和参照。关于这一影响，参见 John Allen Tucker trans. and ed., *Itō Jinsai's Gomō Jigi and the Philosophical Definition of Early Modern Japan*, Leiden: Brill, 1998, p. 19etc.；陈淳著作的英译本，参见 Ch'en Ch'un, *Neo-Confucian Terms Explained (the Pei-hsitzu-i)*, trans. and ed. with an introduction by Wing-tsit Chan, New York:Columbia University Press, 1986。
② 参见伊藤仁斋、伊藤东涯：《语孟字义》，《理》篇第1条，第115页。参见 John Allen Tucker trans. and ed., *Itō Jinsai's Gomō Jigi and the Philosophical Definition of Early Modern Japan*, p. 19。
③ 这里英文中将"天"译为大写"Heaven"，在这个意义上，"天"指主宰宇宙的有意识的道德主体。小写"heaven"通常指自然之天，多与"天地"一起出现。[英文中"天"的大小写区别在译回中文时并没有特意突出，而统一为"天"。读者当留意与天地一起出现的多为英文小写"heaven"的情况，而在仁斋和茶山的部分"天"单独出现时都对应大写"Heaven"。——译者注]
④ 参见伊藤仁斋、伊藤东涯：《语孟字义》，《天道》篇第1条，第124页。参见 John Allen Tucker trans. and ed., *Itō Jinsai's Gomō Jigi and the Philosophical Definition of Early Modern Japan*, p. 71。

强调了经验世界中物性而充满生机的特点。这种观点为人类的情感、欲望和需求的重要性提供了一种崭新而稳定的形上基础。人的情感、欲望和需求一定程度上不再是修身成德的关注重点，而成为美满人生的理念核心。仁斋坚持认为经典中清晰地表明了，道德工夫是在厘清一个人的情感、欲望和需求并以合适的方式塑造其本性的过程中实现的，而不是理学家所认为的通过平情遏欲来揭示潜藏之"理"的过程。

仁斋的伦理学视野建立在"万物一体之仁"的基础之上，为了进一步论证这个观点，他提出了一句个性鲜明的主张："圣人能识天地之一大活物（living thing，日：katsubutsu）。"[1] 仁斋认为我们可以把"一元气"想象成一个单一、庞大的"有机体生命"。尽管这种说法在形式和命题上都很原创，但与宋明理学中周敦颐不除窗前草、张载众所周知的《西铭》或之前提过的王阳明"天地万物为一体"的理念不无相似。其中最鲜明也最重要的区别在于，仁斋的观点以"气"为本而非以"理"为本。仁斋主张将世界视为一个单一、庞大的"活物"，这个主张与"盖亚假说"[2]等当代环境理论具有重要的相似之处，而且和"盖亚假说"的多种版本一样，仁斋的形上主张也带有大胆的道德命令：如果宇宙是一个单一的活物，我是其中的一个部分，那么我也就应当将宇宙其余部分视为我自身的各个部分。[3] 此处，我们可以看到他是如何延续了宋明理学家"万物一体之仁"的宏大命题的。

仁斋认为"天"是上述"一元气"的来源，但仁斋的道德哲学中"天"的重要性不及茶山。后文将会谈到，茶山将"天"或"上帝"视为一种意志清晰、目的明确、主动关心人类的至高神灵，并会直接与每个人交流。仁斋有言："天犹君主，命犹其命

---

[1] 参见伊藤仁斋、伊藤东涯：《语孟字义》，《理》篇第1条，第124页。John Allen Tucker trans. and ed., *Itō Jinsai's Gomō Jigi and the Philosophical Definition of Early Modern Japan*, p. 101.

[2] 例如约瑟夫·劳伦斯（Lawrence E. Joseph）在《盖亚：一个观念的演进》（*Gaia: The Growth of an Idea*）中所引的乔安娜·梅西（Joanna Macy）的著作。参见Lawrence E. Joseph, *Gaia: The Growth of an Idea*, New York: St. Martin's Press, 1990, p. 243. "盖亚假说"有多种形式，由詹姆斯·勒夫洛克（James Lovelock）最先提出，他主张地球是一个自我运转的系统，在这个意义上，世界是一个独立的有机生物体。

[3] 关于自我与世界同一这一普遍的理想，传统哲学和宗教、东西方思想以及当代心理学和哲学都有着众多不同表述。例如，印度教谈到"灵魂"（atman）与"婆罗门"（Brahman）之间的关系时并不会谈及万物都是自我的一部分，而是说人如何与所有受造物保持连续性，成为无间断整体中的一部分。与佛教所不同的是，印度教强调自我的现实存在，这在某种意义上与儒家关于自我的观念更为接近。感谢艾琳·克莱恩（Erin M. Cline）指出这一重要的比较。

令"①，并且表明"……上天监临，人之善恶淑慝。而降之吉凶祸福"②。这些评论不仅流露出他自身对于"天"的信念，也清晰地指向对宋明理学一般观点的驳斥，理学家认为的"天"，整体而言缺乏道德意识，亦非道德主体。仁斋则相信"天"是道德的终极来源，是一种不可见的力量，维护着整个世界的道德机体。不仅如此，他也并没有将"天"视为万能的造物神，或某个性情温和、关照人类、与每个人同在的人格化上帝。关于"鬼"（ghosts，日语：oni）"神"（spirits，日语：kami），他也表达了类似的观点。对此，他明确反对宋明理学将这些实体简化为"阴""阳"之伴随现象（epiphenomenal）的倾向。仁斋坚持认为鬼神是有意识的、活跃的、值得尊敬的，但就像他将宇宙视为单一"活物"的观点一样，他关于灵性实体的信念常常接近于某种泛灵论的表述，这种看法认为宇宙的不同方面充满了一种有知觉的道德和灵性力量。

根据仁斋的看法，以"理"表述的良善秩序并非以先在、固定或静止的形式存在，并不是实践或构成性的规则（practice or constitutive rules）③，而更像是一组抽象概括。"理"来自经验世界中现象中的良善秩序，而不是倒过来为其设定标准。"理"本身太过静态、太过死板，无法捕捉到这个世界或我们的道德生活中富有活力和创造力的本质。它们给出的是生活的片段，而不是生命本身动态的过程。

(童子)问：理字何故不足为生生化化之原乎？

(仁斋答)理本死字，在物而不能宰物，在生物有生物之理，死物有死物之理，人则有人之理，物则有物之理，然一元之气为之本，而理则在于气之后，故理不足以为万化之枢纽也。④

按照宋明理学家的主流看法，"理"往往被描述为某种网格，我们将情感、欲望和需求铺在其上，又把世间各种对象、情境和事件套入其中，使所有这些符合于理。仁斋认为该主张与道德本质和人们的真实道德经验不符。"道"是一种千变万化、

---

① 参见伊藤仁斋、伊藤东涯：《语孟字义》，《天命》篇第1条，第118页。参见 John Allen Tucker trans. and ed., *Itō Jinsai's Gomō Jigi and the Philosophical Definition of Early Modern Japan*, p. 83。
② 参见伊藤仁斋、伊藤东涯：《语孟字义》，《天命》篇第5条，第119页。参见 John Allen Tucker trans. and ed., *Itō Jinsai's Gomō Jigi and the Philosophical Definition of Early Modern Japan*, p. 87。
③ 关于这两种规则之间的差异，参见 John Rawls, "Two Concepts of Rules," in *Philosophical Review*, 64(1), 1955, pp. 3-32。
④ 伊藤仁斋：《童子问（中）》，《日本古典文学大系》第97册，东京：岩波书店，1966年，第68章，第237页。

生机勃勃的潜能,能够生成人类生活中无限多变的条件和各色情境。

仁斋认为,对于"道"的错误理解大部分应归咎于宋明理学家误解了儒家经典中"理"这个词。一方面,他们受到佛道思想中用词的蛊惑,用呆板、僵死和冰冷的"空"或者"无"等仁斋认为分别代表佛道的思想特征取代了原本富有生机和温度的儒家经典理念。另一方面,他们屈从于佛道思想传统中形而上学的义理思辨风格。就这样,他们遗弃了儒家传统中最为精华的特色:其建立在对于道德的真实日常践行之上的根基。

(问)圣人每以道字为言,而及于理字者甚罕矣。若后世儒者,倘舍理字。①则无可以言者矣。其所以与圣人相龃龉者,何哉?

(仁斋答)后世儒者,专以议论为主,而不以德行为本,其势自不能不然。且以理为主,而必归于禅庄。盖道以所行言,活字也,理以所存言,死字也。②

如果我们回溯"理"字在儒家经典中的本义,就会发现这个字曾被用作形容事物的恰当秩序,需要通过一致的研习和践行发掘出来。和茶山一样,仁斋也不无赞同地引用了2世纪初的一本字书《说文解字》中关于"理"的解释:"玉石之文理。"③这种秩序的终极来源就是"天道",简单来说就是"一阴一阳往来不已"④。"阴""阳"两股基本力量之间的互动描绘了一种"生生不已"的过程,这种永无止息地创造生命的过程就是"天地之大德"。⑤

---

① 古典儒学的文本没有出现过宋明理学意义上的"理"字,《论语》中也没有"理"字。在《论语》中,孔子弟子以四科著称,"德行""言语""政事""文学",参见《论语·先进》。这些显然都是就行为而言,仁斋在这里主要着眼于四科中的"德行"。
② 伊藤仁斋、伊藤东涯:《语孟字义》,《理》篇第2条,第124—125页。John Allen Tucker trans. and ed., *Itō Jinsai's Gomō Jigi and the Philosophical Definition of Early Modern Japan*, p. 103。
③ 戴震并没有引用《说文》中的这个词条,但引用了《说文》序。序提到传说中的造字者——仓颉,注意到鸟兽所留下的痕迹便是所谓的"分理",受此启发而造字。[戴震原文为:"许叔重说文解字序曰:'知分理之可相别异也。'"参见何文光整理,戴震:《孟子字义疏证》,北京:中华书局,1982年,第1页。——译者注]
④ 伊藤仁斋、伊藤东涯:《语孟字义》,《天道》篇第1条,第115页。John Allen Tucker trans. and ed., *Itō Jinsai's Gomō Jigi and the Philosophical Definition of Early Modern Japan*, p. 71。这里的"道"与《易传·系辞上》的第5章中的说法有所呼应。
⑤ 伊藤仁斋、伊藤东涯:《语孟字义》,《天道》篇第4条,第116页。John Allen Tucker trans. and ed., *Itō Jinsai's Gomō Jigi and the Philosophical Definition of Early Modern Japan*, p. 75。

人类一边体验，一边因而开始理解由"天"生成的这种宏大的规范性模式，但并非通过避世、静修、在其内心搜寻众理，而是通过探索、发现以及努力配合在真实生活事件中发现的恰当秩序。这样一种积极、务实的举措会开发和锤炼他们的从道之心（mind）、性（nature）与志（intention）。达道者会发现他们的情感、欲望和需求并没有因此而遭到消灭或削减，而是得到了合理排序，从而与自然世界和谐一致。根据仁斋的观点，儒家的修身成德根本没有像理学家误认为的那样着力于情感或自然能力方面。

> 凡心性、情才、才意等字，有必用功夫字，有不必用功夫字……若情才字，皆不必用功夫。何者？以善其性，则情自正，存其心同才自长。先儒①有"约情"之语，盖不理会此意耳。学者审焉。②

儒家的"道"直接而简单地与我们周遭的日常世界相呼应，并帮助我们处理日常，与之和谐共处，这与他们所认为的佛道抽象、玄妙、天马行空的教义形成了鲜明对比。

> 君子之道，本诸身，征诸庶民。考诸三王③而不谬，建诸天地而不悖，质诸鬼神而不疑。④

尽管在伦理生活和人性本质之间存在着某种可喜的呼应，但人们依旧需要一套持久投入的学习程序，方能充分理解何为恰当，并完全按照道德规范重塑自身。仁斋用了与荀子思想中非常相似的语言，宣扬"学"的必要性和价值所在。

> 盖人性有限，而天下之德无穷。欲以有限之性而尽无穷之德。苟不由学

---

① 即宋明理学家。
② 伊藤仁斋、伊藤东涯：《语孟字义》，《情》篇第3条，第139页。参见 John Allen Tucker trans. and ed., *Itō Jinsai's Gomō Jigi and the Philosophical Definition of Early Modern Japan*, pp. 150–151.
③ "三王"指禹、汤、文王。
④ 伊藤仁斋、伊藤东涯：《语孟字义》，《道》篇第5条，第124页。参见 John Allen Tucker trans. and ed., *Itō Jinsai's Gomō Jigi and the Philosophical Definition of Early Modern Japan*, p. 99.

问，则虽以天下之聪明不能，故天下莫贵乎学问之功。又莫大于学问之益。而非但可以尽我性，又可以尽人之性，可以尽物之性，可以赞天地之化育，可以与天地并立而参矣。①

儒家所说的"学"既包含了常规的文本研习，也包含了身体力行，这种学的一个重要组成部分是规律而持续地践行"恕"（日：jo）②。仁斋竭力反对宋明理学家对"恕"的阐释，他们将"恕"形容为通过反思自身的情感、欲望和需求来衡量和评价他人。一般而言，程朱将这种推己及人的延伸性评估称为"推己"③，这里存在着某种显而易见的危险。理学家相信所有人的内在都拥有一种完满具足的道德感，这就有可能导致放任和纵容个人完全沉溺于一己之见和个人偏好之中。仁斋对此反对道，理学家所认为的"恕"恰恰是一种倒退。他认为与其说"恕"是教导人们以自身作为衡量和评判他人的标准，不如说是我们同情理解他人的方式。有了这样一种更为深刻的理解，我们就能相应地调整与他人的相处之道以及对道德的理解。茶山和戴震也提出了类似的批评，而且和仁斋一样都看到了理学家们偏离正道的那种倾向。如果相信每个人都天赋一种圆满具足的道德心，一个可能的后果会是将个人喜好或意见抬高到宇宙道德真理的层面。在此，我们也看到了三位思想家在反对形上地阐释儒家传统的观念背后有着务实而又深刻的意蕴，他们还清晰地表达了对情感、欲望和需求的重视，赞成其在修身成德以及成就美满人生的方面所起到的重要作用。正如仁斋所言：

竭尽己之心为忠（日：chū）。忖度人之心为恕。按《集注》引程子"尽己

---

① 伊藤仁斋、伊藤东涯：《语孟字义》，《学》篇第2条，第147页。参见 John Allen Tucker trans. and ed., *Itō Jinsai's Gomō Jigi and the Philosophical Definition of Early Modern Japan*, p. 185.
② 英文中"恕"通常译为"empathy"（感同身受）或"sympathetic concern"（同情的关切），这两种译法都无可厚非，但在仁斋这里，"恕"的概念与这两者略有不同。"感同身受"意指感他人所感，"同情的关切"指对于他人的幸福积极关注的情感，这两者皆为仁斋所主张的一部分。不过，两者都没有包含这样一层意思，即将"empathetic concern"（感同身受的关切）作为一种批判性的立场，即试图评价及修正自己的感受以便于合乎某种客观的标准——"道"，这就是我将"恕"译作"sympathetic consideration"（同情的考量）的内涵。
③ 在朱子哲学的语境下，"推己"是"推己及人"的缩略表述，通常英译为"inferring from oneself"。正如贾斯汀·蒂瓦尔德所言，朱熹认为"推己及人"和"以己及人"具有重要差异，"推己及人"带有某种接近于类比的推论，其决定性因素在于"己"。参见 Justin Tiwald, "Sympathy and Perspective — Taking in Confucian Ethics," in *Philosophy Compass*, 6(10), 2011, pp. 663–674.

之为忠",当矣。但"恕"字之训"觉"未当,《注疏》作忖己忖人之义①,不如以"忖"(日：hakaru)字训之为得。言待人必忖度其心思苦乐如何也,"忖己"二字未稳。故改之曰"忖度人之心"也。夫人知己之所好恶甚明,而于人之好恶,泛然不知察焉。……苟待人忖度其所好恶如何,其所处所为如何,以其心为己心,以其身为己身。②

后世学问,所以大差圣人之意者,专由以持敬致知为要,而不知以忠恕为务也。盖道本无分人己,故学亦无分人己。苟非忠以尽己,恕以忖人,则不能合人己而一之也。故欲行道成德,则莫切于忠恕,又莫大于忠恕。苟以忠恕为心,则万般功夫,总有与物共之之意,而不至独善其身而止……③

本文提到了三个以取代程朱形上伦理学为目的的方案,每一个都特色鲜明,在此仁斋为我们提供了第一个可选方案。他批判了儒家正统遭到佛道思想的侵蚀,受到妄见臆测的思辨理论的玷污,这些使得宋明理学偏离了圣人原本的意思。仁斋主要专注于《论语》和《孟子》,因为他认为这两个文本最清晰也最精确地浓缩了传统中务实的伦理哲学。仁斋竭力通过考证分析和义理论辩的结合,表明宋明理学家将"理"作为伦理基础的理论整体上是错误的。就像大多数传统的儒家学者一样,他遵循着孔子"述而不作"的信条。④ 他摆脱了宋明理学家脱离古典儒家原意的做法和过度主观的思辨风格,转而拥护"古义学"。这条路径促使他发展出一套关于美满人生的更有活力的理念,以疏导有方的情感、欲望和需求作为其根据和界定。人类情感不会被根除或限制,而是得到引导和塑造；它们是"善"的基本组成要素。但是,善的源头并不是人性本身,而是"道"。"道"是生命、能量和创造力奔流不息的泉源,"一元气"从"道"中倾泻而出。"道"给予天地万物以规范性的形态、方向、意义和律动。仁斋把整个宇宙看作"活物",作为这一巨大有机体的组成

---

① 这句话改写自邢昺（932—1010）对《论语》《一以贯之》篇的一个注解。参见《论语注疏》,邢昺的说法是"忖己度物",而仁斋将其解释为"忖己度人"。
② 伊藤仁斋、伊藤东涯：《语孟字义》,《忠恕》篇第2条,第142—143页。参见 John Allen Tucker trans. and ed., *Itō Jinsai's Gomō Jigi and the Philosophical Definition of Early Modern Japan*, p. 167.
③ 伊藤仁斋、伊藤东涯：《语孟字义》,《忠恕》篇第5条,第144页。参见 John Allen Tucker trans. and ed., *Itō Jinsai's Gomō Jigi and the Philosophical Definition of Early Modern Japan*, pp. 170-171.
④ "述而不作"出于《论语·述而》。当然,这并不是说儒家学者从来没有对经典进行解释和拓展,而是说他们始终将自己作为古典传统的传承者和宣扬者,而不是自行设计一套全新的生命哲学。

部分,人类理当拥抱其使命,像关爱自身一样关怀天地万物。如此,仁斋一方面否定了宋明理学中的诸多核心信条、文本和风格,另一方面他却保留了他们富有特点的"万物一体之仁"的道德命令,仁斋在这方面比其他两位思想家走得更远。

三、戴 震

  毋庸置疑,戴震在治学的各个方面都取得了极高造诣[①],在当时他很快就成为一流的"考证学"(evidential learning)专家之一。"考证学"是一门治学方法,其主要内容是对古代经典进行文本考据和字义训诂,以便能够在哲学上重构经典文义。这种治学方法受到本文论述的三位思想家的极度青睐,也是他们进行哲学反思时所采取的主要方法。[②]"考证学"带有一点现代和科学的特色,与戴震对历算、天文、地理、音韵等多方面的广泛涉猎及其整体上的学术气质十分贴合。

  戴震并没有阅读过仁斋和茶山的著作,但他也尝试用文字训诂和注疏的方法去发掘何为"道",而不仅是所谓的"事"(the facts)。在他看来,通过考据的方法进行历史重构是唯一能够理解并复兴儒家之"道"的途径。与此同时,如果求学有道,这套学问亦是修身成德的最佳手段。这也恰恰是他创作《原善》和《孟子字义疏证》这两部主要义理著作的初衷。戴震在这两部作品中多采用经典注释和分析的形式,从中可见他与仁斋、茶山一样都对经典本义和考证方法怀有同样的坚定信念。

  戴震的方法是通过"考证学"来通达经典的本义,这在当时乃至如今都不被人理解。但平情而论,他的这两部义理论著恰恰反映出一个杰出的思想家是如何致

[①] 有关戴震哲学思想的介绍,参见 Justin Tiwald, "Dai Zhen (Tai Chen, 1724-1777)," in *Internet Encyclopedia of Philosophy*, http://www.iep.utm.edu/dai-zhen; "Dai Zhen on Human Nature and Moral Cultivation," in John Makeham ed., *Dao Companion to Neo-Confucian Philosophy*, pp. 399-422; Kwong-loi Shun, "Mencius, Xunzi and Dai Zhen: A Study of the Mengzi ziyishuzheng," in Alan K. L. Chan ed., *Mencius: Contexts and Interpretations*, Honolulu: University of Hawaii Press, 2002, pp. 216-241; Philip J. Ivanhoe, "Dai Zhen," in *Confucian Moral Self Cultivation*, pp. 88-99。

[②] 艾尔曼在《从理学到朴学:中华帝国晚期思想与社会变化面面观》中详尽介绍了这场考据学运动,并讨论、分析了戴震在其中的贡献。参见 Benjamin A. Elman, *From Philosophy to Philology: Intellectual and Social Aspects of Change in Late Imperial China*;中译本,艾尔曼:《从理学到朴学:中华帝国晚期思想与社会变化面面观》。

力于严肃而惊人的义理重构大业的。他认为通过考据首先能够证明的就是经典本义已受到佛道思想的入侵而变得意义不明,并且在形而上思辨的误导下被埋没了两千多年,即便是如程朱学派的开创者这样的最正统的儒家也未能免除这些思想的毒害。三位思想家对宋代以降的儒者发出一致的批判,认为他们从根本上错解了"理"的本质及其在整个儒家伦理体系中的位置和作用。

> 六经、孔、孟之言以及传记群籍,理字不多见。今虽至愚之人,悖戾恣睢,其处断一事,责诘一人,莫不辄曰理者。①

戴震这里所批判的是几乎所有宋明理学家具有的一个共识,那就是"理"规定了宇宙间万物的秩序,"理"铭刻于人心之中,可通过修身所得。按程朱的说法,就是心具众理,这就解释了为什么人可以通过适当的学习、冥想和反思来理解世间众象。我们心中的"理"和物上的"理"是能够融会贯通的,这就是所谓的"理会"。根据这个观点,本具之"理"受到遮蔽仅仅因为粗浊之"气"的妨害。我们要么对"理"视而不见,要么对其理解有偏。为了修身成德,个人必须去除由粗拙之气构成和维系的一己私欲,从而使心中所具之理能够主导我们的知行。

戴震对于这种传统的理学理论以及相应的修养工夫论都不认可,跟仁斋和茶山一样,他坚持要回到他所认为的"理"的原意,也就是在恰当的情感、欲望以及行为中可以找到的良善秩序。在戴震那里,"理"是规定性的,但不是形而上的。

> 古之言理也,就人之情欲求之,使之无疵之为理;今之言理也,离人之情欲求之,使之忍而不顾之为理。此理欲之辨,适以穷天下之人尽转移为欺伪之人,为祸何可胜言也哉!②

宋明理学的正统观点对于工夫实践蕴含着某种深远却极其危险的影响。由于它认为每个人心里都事先拥有完善的道德知识,这就可能会导致人们以"意见"(仁斋称之为"私见")充当道德真理。戴震坚信,我们必须尽可能避免过度倚重个人

---

① 戴震:《孟子字义疏证》,第4页。
② 戴震:《孟子字义疏证》,第59页。

的内省，而应该去学习经典，反思周边世界的经验，以我们所发现的天下人之所同情、同欲为标准来调节我们的个人欲求，而这些同情、同欲能够引领人们实现人生的充实圆满。

> 昔人知在己之意见不可以理名，而今人轻言之。夫以理为"如有物焉，得于天而具于心"。未有不以意见当之者也。今使人任其意见，则谬；使人自求其情，则得。子贡问曰："有一言而可以终身行之者乎？"子曰："其恕乎！己所不欲，勿施于人。"……惟以情絜情，故其于事也，非心出一意见以处之，苟舍情求理，其所谓理，无非意见也。①

这里我们可以发现，戴震也把"恕"视为调节、引导和构建个人在具体处事时的道德情感反应的恰当方法。同时，也是更为重要的，他将"恕"视为一种日常训练，坚信这是能够提升道德感受力的最佳方法。戴震同另外两位思想家一样，把"恕"看作修身的基础。

我们可以看到，一个宏大而重要的思路在戴震的思想和著作中一再重现。如果我们沿着这条思路，像戴震一样拒斥当时广受认同的理学家的主张——人内在地拥有"理"这种完善的道德知识且此理铭刻在"本心"（original minds）或呈现在"本性"（original nature）之中，同时如果我们也相信客观道德秩序或"不易之则"（invariant norms）和人性中"原善"的存在，那么戴震哲学的各个部分就能够自洽。宋明理学把修身看作一个识别、祛除和驱散"私欲"（self-centered desires）从而使内心中道德之"理"重现光辉的过程，在戴震看来，这样的观点无法令人信服。因为，轻则，通过这种方式得到的充其量是个人意见而非"不易之则"；重则，也更有可能剥夺天下人之同情、同欲等重要资源，而这些恰恰是理解美满人生的基础。之前的引文说得很清楚，我们应当避免一己之见，而去寻求众人共有的真实情感。这首先需从个人的情感欲求出发，以践行"恕"的方式规范它们，使其合乎道德。②"恕"并

---

① 戴震：《孟子字义疏证》，第4—5页。
② 戴震关于"恕"的讨论，参见 Justin Tiwald, "Is Sympathy Naive? Dai Zhen on the Use of *Shu* to Track Well-Being," in Kam-por Yu, Julia Tao and Philip J. Ivanhoe eds., *Taking Confucian Ethics Seriously: Contemporary Theories and Applications*, Albany: SUNY Press, 2010, pp. 145-162; "Dai Zhen 戴震 on Sympathetic Concern," in *Journal of Chinese Philosophy*, 37(1), 2010, pp. 76-89。

非简单附和或模仿他人的情感,也不仅仅是把我们的欲求投射转移到他人身上,而是通过想象来体会他人的情感欲求,以此作为形成我们自身感受的重要视角,从而塑造和推扩我们的个人情感。吸纳别人的情感就像吃饭一样,我们的道德感受力就是在理解消化这种情感经验中得到滋养发展的。

> 人之血气心知,其天定者往往不齐,得养不得养,遂至于大异。苟知问学犹饮食,则贵其化,不贵其不化。记问之学,入而不化者也。自得之,则居之安,资之深,取之左右逢其源①,我之心知,极而至乎圣人之神明矣。②

通过以"恕"的践行为核心的学习过程,我们得以领会到道德之"理"这种"不易之则"。我们并不是重现或者恢复先天已存在于内心之中的道德之"理",而是在日常中发现它们,渐渐看到究竟什么才是"遂生"(fulfillment of life)的因素。换句话说,道德之"理"确实存在,但发现它们需要对初始的道德情感和道德潜能长时间地推扩、塑造和充实。从这个视角来看,以程朱为代表的理学家对道德秩序的本质以及相应的工夫论显然存在理解上的偏差,在佛道学说以及他们自身主观臆测的影响下,错误地建构、曲解了早期儒家尤其是孟子的学说。

这个重要思路在戴震对"考证学"的信奉中反复出现,从他两部义理著作所采用的体例中也可看出这一点。他的早期著作《原善》原本的三章是对儒家传统中的核心概念的纯义理探讨。然而戴震意识到,这样的安排可能导致他的个人观点凌驾于儒家传统的本意之上,甚至还会使得后者被前者所遮蔽,这是他所不愿意看到的,因而他重写了《原善》,精心选择了一些经典例句,附上了相应的评注,而将原先的三章作为导读。他的《孟子字义疏证》则是同类型更为广泛的尝试,这本书从《孟子》中的关键篇章开始,以全体经典文本为资源对几个特殊术语的意义展开了

---

① 引自《孟子·离娄》:"孟子曰:'君子深造之以道,欲其自得之也。自得之,则居之安;居之安,则资之深;资之深,则取之左右逢其原,故君子欲其自得之也。'"
② 戴震:《孟子字义疏证》,第8页。在这段文字中,戴震以类比的方式提到了两种知识获取途径,一是理学家所谓的"心知"(即已臻完善的知识),二是"问学"。他认为不管是哪种情况下,我们和知识之间都不会是那种让我们"自得"其养和"取之左右逢其源"的关系。"心知"和"问学"这两种知识获取方式的类似之处在于,都把获得的知识视为"所得者藏于中",而不是内化后与其他认知能力融为一体。感谢贾斯汀·蒂瓦尔德提出这个问题,并帮助我清晰了观点。

仔细的论证。

圣人理解成就人生的"不易之则",而我们要理解这种超越时间的道德智慧,就不应该脱离情感欲求①,同样也不能够仅仅向内省察而不加批判地接受和顺从偶发的个人情感欲求去行事。相反,我们应该向圣人和这个世界去寻求答案。我们必须反复锻炼自己"恕"的能力,持续而审慎地研习经典和了解周遭世界,在这个过程中推扩、塑造和充实我们的初始道德情感和潜能,直到能够领悟善的真谛以及促成圆满人生的因素。在这个漫长而谨慎的学习过程的尽头,我们终将发现道德之"理"这一"心之所同然者",亦即"圣人先得我心之所同然"之"理"。

戴震为我们提供了18世纪的东亚思想家中另一种批判和拒斥程朱理学形而上世界观的范本。程朱认为,本具于心的"理"可被理解为某种先在的道德秩序或规范性标准,由"气"构成的这个物质世界,包括人的各种情感欲求,都受到"理"的规定。戴震不仅认为这种传统观点有误,甚至视其为之后的道德实践方面的很多严重问题的源头。例如,如果一个人误认为道德的基础深藏于每个人的心中,那么他极容易把自己的个人意见误认为宇宙真理。如果人们之间的这种意见发生冲突,那些有权有势之人的意见往往能够占上风。换言之,宋明理学的正统观念在实际操作上会更容易倒向最有权势者和最能言善辩者一边。②

> 自宋以来始相习成俗,则以理为"如有物焉,得于天而具于心",因以心之意见当之也。于是负其气,挟其势位,加以口给者,理伸;力弱气慑,口不能道辞者,理屈。③

基于这些原因,戴震坚决反对理学传统,不过和仁斋一样,他并没有摒弃理学家们"万物一体之仁"的主张,但他认为这种"仁"背后的基础是人自身与其他生

---

① 强调好恶之情、好恶之感是戴震哲学的一个重要特质。有关讨论参见 Justin Tiwald, "Dai Zhen's Defense of Self-Interest," in *Confucian Philosophy*, supplement to the *Journal of Chinese Philosophy*, Supplement to vol. 38, 2011, pp. 29-45。
② 事实上,宗派之争不仅是戴震时常面临和积极应对的严峻问题,对仁斋、茶山来说也亦复如是。感谢金圣文指出了这一重要的问题。
③ 戴震:《孟子字义疏证》,第4页。

物之间深刻的形而上连续性纽带。①戴震描述了一个将我们的"自然"倾向和情感推扩、塑造和充实的过程,最终达至对道德之"必然"律令的领会。在这个过程中,我们逐渐意识到与其他人、物和事之间的纷繁联系,意识到在大道之中万事万物都有其位置和角色。就像仁斋那样,戴震把成就完满人生视为大道的一部分,是"生生不息"之宇宙造化的一种彰显。

> 人道,人伦日用身之所行皆是也。在天地,则气化流行,生生不息,是谓道。②

如果没有对自身情感欲求的肯定和接纳,那么我们也无从谈起与这世间其他事物之间的关联性以及何为"必然"。戴震确信,切实应用他的这套方法将使众人都能企及普遍的真理。我们共有的天性能确保达成对"遂人之生"与"天地生生不息"的共识。戴震还认为,随着我们对共有的道德生活的领会,并据此合力践行,那么我们就会感受到自身扩充并联结到一个更为宏大的道德秩序中,成为其中的一部分,而这种体会将带给我们特殊的喜悦和极大的满足感。

> 凡意见少偏,德性未纯,皆己与天下阻隔之端;能克己以还其至当不易之则,斯不隔于天下。③

戴震体会到的是喜悦,而康德感受到的是敬畏。对于二者之间的区别,一种理解是,对于戴震,道德的经验和领会来自、成型和扩充于个人对自我的感知。一个人越是发现自己与"道"相符,他对于自我的感知就越广阔,他的感情连接和安全感也越强,也就会更加愉悦。对于康德而言,道德法则是凌驾于我们之上的,就像

---

① 上面曾指出,戴震主张"仁"不应拓展至非生物,这与宋明理学家的观点存在极大差异。这个缩小的范围与戴震对"情"和"恕"的强调有关,因为我们无法对非生物感同身受或者同情它们(尽管我们不能同情植物,甚至大多数的动物,但几乎仍会不由自主地发挥想象,以关照自己生命的方式同情它们)。基于此,戴震与仁斋有所不同,仁斋构建的形上图式更具活力,也仍然保有宋明理学强调的关怀天地万物的特质。在后面的论述中,我们可以了解到茶山哲学的特点及其对"上帝"的高度重视决定了他的"万物一体之仁"的范围比戴震更为广阔。
② 戴震:《孟子字义疏证》,第43页。
③ 戴震:《孟子字义疏证》,第43页。

上帝一样要求我们对其始终忠诚、敬畏和崇敬。①

戴震提供了一套精密而系统的伦理理论,在这套理论里,他用人的情感欲求以及对"恕"的倾向和践行来解释人性和我们在此世的位置。他用一种更自然主义的、更全面的理论取代了宋明的形上思想,这在今天看来依然很有借鉴价值。但和仁斋一样,他试图保留理学形上传统中更有活力的"万物一体之仁"的道德命令,他认为我们的最终目的在于认识及领会与世间众生之间无法割裂的联系以及照料它们的广泛责任。

四、丁若镛(茶山)

与仁斋和戴震一样,丁若镛反对宋明理学中"理"的观念和修身工夫,茶山将儒学伦理的唯一合理基础归于上帝的意志,主张修身成德亦须奠基在"情""欲"的合理发展上。有学者曾指出,茶山的这一思想倾向很有可能受到传教士著述的影响,而其兄信仰天主教,也可能影响了茶山。他还阅读过并高度评价了德川时代儒学家的著作,其观点的形成至少一定程度上受到伊藤仁斋和荻生徂徕等人的影响,他与荻生徂徕的立场尤为接近。②不过,不管茶山思想究竟源自何处,他力图通过考据和义理的论述重新对古典儒学文本进行精心的历史重构,这是毋庸置疑的。

---

① 在康德看来,敬畏感来自道德律令的自我立法以及理性对于现象界的分离,同时允许人超越非理性的倾向,但是戴震的观点不包括也无法容忍在现象界之外构建另一个世界。David W. Tien曾对戴震等儒家思想家中这种一体性和特殊之乐是道德生活中一部分的观点有所论述,参见David W. Tien, "Oneness and Self-Centeredness in the Moral Psychology of Wang Yangming," in *Journal of Religious Ethics*, 40(1), 2012, pp. 52–71, 以及Philip J. Ivanhoe, "Senses and Values of Oneness," in Brian Bruya ed., *The Philosophical Challenge from China*, Cambridge: MIT Press, 2014; "Happiness in Early Chinese Thought," in Ilona Boniwell, Susan A. David and Amanda Conley Ayers eds., *Oxford Handbook of Happiness*, Oxford: Oxford University Press, 2013, pp. 263–278。

② 马克·赛顿(Mark Setton)曾介绍了茶山哲学可能受到的一些影响,参见Mark Setton, *Chŏng Yagyong: Korea's Challenge to Orthodox Neo-Confucianism*, Albany: SUNY Press, 1997, pp. 128–138。关于茶山本人及其思想与天主教的密切关系,参见Shin-ja Kim, *The Philosophical Thought of Tasan Chŏng*, trans. Tobias J. Körtner and Jordan Nyenyembe, New York: Peter Lang, 2010, 以及Don Baker, "Thomas Aquinas and Chŏng Yagyŏng: Rebels Within Tradition," in *Tasan Hakbo (Journal of Tasan Studies)*, 3(2), 2002, pp. 32–69。

如同仁斋和戴震所主张的那样,茶山也认为宋明理学中"理"的论述杂糅了佛道两家的影响,也没有古典儒学的文本支持,因而不甚可信①:

> 后世之学,都把天地万物无形者、有形者、灵明者、顽蠢者,并归之于一理,无复大小主客,所谓"始终一理,中散为万殊,未复合于一理"也。此与赵州万法归一之说②,毫发不差。盖有宋诸先生,初年多溺于禅学,及其回来之后,犹于性理之说,不无因循……夫理者何物?理无爱憎,理无喜怒,空空漠漠,无名无体,而谓吾人禀于此而受性,亦难乎其为道矣。③

由上可见,茶山对宋明理学的一个主要的批评在于其将"理"作为抽象的形上实体。在这个意义上,"理"便是不可见、不活动的事物,在现实世界中无知觉亦无因果作用,但在宋明理学家看来,这样的"理"是天地万物的本原,甚至是一切善的标准。但是茶山和仁斋、戴震一样提出了一套截然相反的观点,他主张"气"必须先于"理"而存在,"理"是"气"在此世表现出的良善秩序。基于此,在形上学、道德观和工夫论层面,"理"都不是第一性的。

对于宋明理学形上学的其他特质,茶山亦提出异议。例如,仁斋和戴震主张宇宙的生成根源于"阴""阳"的相互作用,但是茶山却不那么认为。从"理"为经验世界之条理这一立场出发,他认为"阴""阳"并不是物质实体,也并非形上之理,他通过考据和义理的方式,进而认为"阴""阳"也只不过是经验世界中的两种属性:

> 朱子曰"天以阴阳五行,化生万物,气以成形,理以赋焉",今案:阴阳之名,起于日光之照掩。日所隐曰阴,日所映曰阳。本无体质,只有明暗,原不可以为万物之父母。④

---

① 迈克尔·卡尔顿对茶山哲学有精要的介绍,并将其置于历史背景中加以理解。参见 Michael C. Kalton, "Chŏng Tasan's Philosophy of Man: A Radical Critique of the Neo-Confucian World View," in *Journal of Korean Studies*, 3, 1981, pp. 3–37.
② 指唐代著名禅师赵州从谂(778—897),参见 Heinrich Dumoulin, *Zen Buddhism: A History — Volume I: India and China*, New York: MacMillan, 1988, pp. 167–168.
③ 李篪衡编:《茶山孟子要义》,"尽心知性"章,现代实学社,1994年,第579页。
④ 丁茶山:《中庸讲义补》,"天命之谓性"章,金诚镇编,郑寅普、安在鸿修订《与犹堂全书》第二册卷四,首尔:新朝鲜社,1938年。

茶山对宋明理学形上学的另一项批评在于"性"(human nature，韩：song)的概念。他反对"性即理"的说法，而"性即理"是宋明理学的形上学和伦理学的核心观念。我们在引言部分曾经提到，理学家的主流说法主张人生而具有纯粹完美的道德禀赋，这种禀赋的来源即"理"。"理"不仅存在于人，也同样存于天地万物中。人与天地万物的差别就在于，人可以通过后天的修养工夫不断穷理以实现这种普遍之性。① 但是茶山对这些说法提出了几个方面的批评。首先，前面已指出，茶山反对理学家所认为的"性"只是无知觉、无因果作用亦无生气的"理"，如此之理何以提供道德行动所需的理解和动机不甚明了。其次，在茶山看来，理学家并没能区分人兽之"性"的本质差异。

> 今先正之言，反以为本然之性（韩：bonyeonjiseong），人物皆同，而气质之性（韩：gijiljiseong），人与犬不同，顾安得无惑哉？本然之说，本出佛书。②

茶山指出，"仁"——儒家的首德，是修养工夫的效验，而非先天禀赋。我们通过始终选择发用"天"所赋予的道德本心成为有德之人。下文我们还会继续回到这个观点。一个选择之所以在道德上是善的，仅仅因为这是选择发用本心的结果。

在后面的论述中，我们还会看到，上帝赋予人的是道德禀赋之端绪，而不是理学家所言的完满具足的、抽象的"性"。上帝还赋予人们选择如何生活的自由。人在初生时并没有圆满的道德本性，却具备了"嗜好"（韩：kiho），其中一些可以向善发展，而另一些则为了感官享受。

> 性者，人心之嗜好也。如蔬菜之嗜粪，如鞭藁之嗜水。人性嗜善，行善集义则苗壮，行恶负心则沮馁。③ 先儒言性，皆非孟子之本旨也。④

---

① 朱子此说难解。陈来认为，朱熹思想成熟以后的"性"论主张只有人才有具足的道德禀赋，此说虽有争议，但也有一定道理。无论如何，这是对传统观点的一个修正，而且茶山并不是这样解读朱子的。参见陈来：《朱子哲学的理气观研究》，《陈来自选集》，桂林：广西师范大学出版社，1997年，第77—138页。
② 丁若镛：《论语古今注》，"性相近，习相远"章，《与犹堂全书》第二册卷十五。
③ "集义"和"沮馁"的说法，以及有关农作物的比喻出自《孟子》。参见《孟子》，"知言养气"章。
④ 丁若镛：《大学讲义》传第七（八）章，《与犹堂全书》第二册卷二。

在这里，茶山提出了与仁斋和戴震非常相近的说法，甚至与孟子等早期思想家的哲学也有相通之处。人生而禀赋一种共同的人性，其中除了其他嗜好和倾向，还包含了对道德的喜好和乐趣，这些倾向大体上归属于"气"的范畴。如果人们遵循这些倾向，即孟子所谓的"大体"①，那么他们就会道德健全、"茁壮"发展。戴震谈到了推动生命的力量，茶山在提及何以达至"健全"生活时也秉持了同样的看法。成就道德并不仅是针对个体生命的健全和茁壮而言，更是将其扩展至家国社会，并最终实现个人、家庭与社会的健全。如果我们这样理解茶山的意思，或许也应当这样理解，这就为我们选择道德提供了上佳的理由。但是选择道德到底可能吗？茶山进一步阐释了《孟子》中一个鲜有阐发的意蕴：对自由意志的确证。

> 故天之于人，予之以自主之权，使其欲善则为善，欲恶则为恶，游移不定，其权在己，不似禽兽之有定心。故为善则实为己功，为恶则实为己罪。此心之权也，非所谓性也。②

假定我们可以做出正确选择，由此而来的问题便是，我们究竟如何做出可靠的选择？既然我们不具备圆满的道德心，而只有软弱而有待完善的道德倾向，而且这些尚不具足的道德倾向还必须时不时地与人性中追求感官享乐的欲求做斗争，那么我们又如何确知是非对错？受孟子启发的每一种道德修养论都会主张，正确的道德决定即某种深层次的特殊愉悦，这种愉悦来自对正确的道德行为的反思，但是茶山却通过对"恕"（韩：seo）的作用的探讨提出了一种新说。他区分了两种"恕"，一是"推恕"（inferential sympathetic consideration，韩：chuseo），茶山认为这是儒家成德之学的主要路径，在两者之间更为重要。二是"容恕"（accommodating sympathetic consideration，韩：yongseo），理学家往往持这一观点③，但是"容恕"并不是成德之学的主要部分，正如后面将要提到的，它会引发道德上的危险。

> 恕有二种。一是推恕，一是容恕。其在古经，止有推恕，本无容恕，朱子所

---

① 关于"大体"和"小体"，参见《孟子·告子上》，"先立乎其大"章。
② 李篪衡编：《茶山孟子要义》，第498页。
③ 在现代韩语和中文里，"容恕"本意为"宽恕"，茶山生造了这个词专指朱子对"恕"的理解。

言者,盖容恕也。……推恕,容恕,虽若相近,其差千里。推恕者,主于自修,所以行己之善也,容恕者,主于治人,所以宽人之恶也。斯岂一样之物乎?①

显而易见,在古典儒学中,"推恕"是"恕"的唯一形式,这也是成德之学最根本的实践。然而,茶山发现了"推恕"在不同场合的区别,其一是考虑他人施于我的行为让我看到该行为是否恰当,其二便是从我所不欲的也让我看到不应当施与他人,但是茶山认为在这两种情境中,我们皆须以"推恕"来做出正确的行为。②这种行为导向的关注在茶山的伦理学中随处可见。

《中庸》曰:"施诸己而不愿,亦勿施于人。"③此推恕也。子贡曰:"我不欲人之加诸我也,吾亦欲无加诸人。"④此推恕也。此经曰:"所恶于上,毋以使下,所恶于下,毋以事上。"⑤此推恕也。孔子曰:"己所不欲,勿施于人。"⑥此推恕也。推恕者,所以自修也。故孟子曰:"强恕而行,求仁莫近焉。"⑦谓人与人之交际惟推恕为要法也。⑧

"容恕"即理学家所理解的"恕"。在茶山看来,"容恕"虽然有其价值,但并非成德之学的核心,而且存在极大的危险。"容恕"意指理解并隐忍他人对我的不敬行为。例如,如果有人突然对我态度恶劣,"容恕"便使我能够设身处地从他(她)的认知和情绪角度来思考产生这类行为的根源。也许我会渐渐看到之前没有意识到的方面,也许是我最近的某些成就在此人看来是一种威胁,或导致其产生嫉妒。我曾以为对方会为我的成就感到高兴,但是如果我站在"容恕"的立场上,便能体

---

① 李篪衡编:《大学公议》第十三章,《与犹堂全书》第二册卷一。
② 茶山认为,"推恕"使人起身行动帮助他人,而"容恕"却让人倾向于不行动。对于这一区别,我们可以从下面两个例子的区分来考虑,一是我在赈济处主动提出帮助那些有困难的人,因为我如处在他们的境地,我也需要受助。二是理解导致冒犯者错待我的原因和缺陷,从而忍受欺诈,甚至将复仇行为合理化。
③ 《中庸》第十三章。
④ 《论语·公冶长》。
⑤ 《大学》第十章。
⑥ 《论语·颜渊》;《论语·卫灵公》。
⑦ 《孟子·告子上》,"万物皆备于我"章。
⑧ 丁若镛:《大学公议》第九章,《与犹堂全书》第二册卷一。

会他的感受和行为何以背道而驰。在这种理解下,我也会原谅、容忍这些行为,正如帕斯卡尔(Blasie Pascal, 1623—1662)所言,"理解即原谅"。"容恕"让我们避免了一些可能加剧紧张关系的无效行为,不至于阻碍自我道德修养的成就。不过,这种对他人的"容恕"可能会掩盖他们的不合理行为,甚至纵容或加剧双方最为恶劣的处事倾向。

由上可见,茶山关于"恕"的观念与仁斋、戴震的说法非常类似,但与此同时,茶山的观点有其独特之处,他就"恕"的性质和作用方面提出了新解。先说相同点,茶山以为"恕"即指对他人表示同情的理解,这种理解可以丰富、克制乃至塑造信念和情感,使之越来越合乎于"道"。"恕"在扩展我们自身与他人的沟通和联系上,提供了一种认知和情感意义上的道德良方。不过,在这些共同点之外,茶山与仁斋和戴震所不同的是,茶山并没有将"恕"拓展至人以外的天地万物,或许一部分原因在于他热切关注和反对理学家所谓的"性"乃是内在具足、普遍存在于天地万物之中的。①《孟子》中注明的"仁民爱物"章便区分了一系列不同的道德责任。

> 君子之于物也,爱之而弗仁;于民也,仁之而弗亲。亲亲而仁民,仁民而爱物。

茶山解释道:

> 二人为仁。人与人相接,方可有仁之名。于物,不当仁也。佛氏之禁毁,是仁于物也,墨氏之兼爱,是亲于人也。②

茶山认为"仁"只能用来描述人与人之间的关系,他还将"仁"与佛家和墨家的"仁"进行比较来进一步说明儒家的"仁"是指人与人相接,但是茶山对佛、墨的批评同样适用于宋明理学,理学家主张天地万物无论有无生命,都禀有普遍之性,缺少对天地万物福祉的关怀就会被看作"不仁"。在理学家看来,"不仁"的意思很

---

① 前面曾提到,茶山在所有著作中都讨论到了这个问题,表现出坚决反对宋明理学的立场。这一论辩即人性物性之争,自18世纪开始,它成为韩国儒学史上的第二个著名的论争。参见专题讨论 "The Horak Debate in Eighteenth-Century Joseon," in *Korea Journal*, 51(1), Spring, 2011.

② 李篪衡编:《茶山孟子要义》,第579页。

模糊,在当时,既有伦理意义上的"不仁",又有医学意义上的"痿痹"。如果一个人无法知觉到天地万物,那么便如同医书所说的手足痿痹。这两种不仁之人未能看到和领悟人与天地万物之间的内在关联。①周敦颐拒除窗前草便是当时广受认同的这一观点的具体例子。当然,茶山、仁斋和戴震显然不同意理学家的说法,但是仁斋和戴震与茶山也有所不同,他们两位对天地万物整体抱有一种更为广泛的仁爱与关怀,但他们所依据的人与世界的联系则有别于理学家。此外,他们也将"恕"作为人感同身受地理解和欣赏其他生物之需求和福祉的恰当方法。然而,茶山与这两位儒者显然大异其趣,在茶山的论述中,他至少并没有明确表明我们对人以外的事物负有直接的道德责任。②

顺着茶山关于上帝的观点来看,既然生物和其他事物都是上帝的造物,那么我们应当关照它们也是合情合理的。毋庸置疑,这是茶山所熟悉的天主教哲学的思想,这种思想延续至今,但本人尚未找到任何茶山持有这种观点的相关证据。相反,在茶山的另一些论述中,他明确指出创造世界的目的就在于为人类造福。

> 仰观乎天,则日月星辰森然在彼,俯察乎地,则草木禽兽秩然在此,无非所以照人煖人养人事人者。主此世者,非人而谁?天以世为家,令人行善,而日月星辰、草木鸟兽,为是家之供奉。今欲与草木鸟兽,递作主人,岂中于理乎?③

显然,茶山的说法是针对理学家而言的,理学家主张天地万物皆禀受了普遍的"理","理"表现在人就是"性"。但在其他文字中,茶山指出,有德之人照看天地万物乃是"天"所赋予的责任,而这同时也意味着道德涵养工夫的持续性和不间断性。

> 尽其性者,尽其所受于天之本分也。自修而至于至善,则我之本分尽矣。治人而至于至善,则人各尽其本分,而其功在我矣。修山林川泽之政,使草木禽兽,生育以时,毋殀毋麌,校人养马,牧人善牲,农师殖五谷,场师毓园圃,使

---

① 若这是茶山观点,那么至少在这个意义上它非常接近于康德。
② 在下面所引的第二段文字中,茶山认为使万物尽其本分可以带来自我的道德完善,这与我在这里所持的观点类似。
③ 丁若镛:《论语古今注》,"性相近"章,《与犹堂全书》第二册卷十五。

动植含生之物，各尽其生育之性，则物各尽其本分，而其功在我矣。山林、川泽、农圃、畜牧之政废，则万物之生，夭阏横乱，不能茂盛，而圣人者修而学之，则万物之生，蔚然丛茂，郁然肥泽，使天地改观，其谓之"赞天地之化育"，不亦宜乎！①

在这段文字中，茶山认为有德之人对其他生物应具有延伸性的责任，尽其性的同时也有助于提升自身道德和实现本性。由此一来，问题便成了我们究竟为何要承担这样的责任并且作为自己的本分来尽心呢？茶山在这里并没像戴震一样论证这一点，戴震认为其依据根源于我们有能力对生物产生同情之感，然而我们可以猜想，茶山没有提出这一观点的原因或许是不想让此类说法导向理学家所认为的人与天地万物共有一个性的立场。无论怎么说，茶山思想中这一倾向与仁斋和戴震截然不同。

茶山思想中的另一重要面向即他否认人生而禀赋关于"道"的完满知识，仁斋与戴震同样如此。唯有通过考察经典，广泛而仔细地体验周遭世界，才能不断调整人情之端绪，使其合乎客观的道德秩序。宋明理学常以《孟子》"万物皆备于我"章来解释这一点，茶山的诠释也正是针对此而来，孟子说：

万物皆备于我矣。反身而诚，乐莫大焉。强恕而行，求仁莫近焉。

在理学家看来，"万物皆备于我"表明了强烈的形而上学关怀，但是茶山试图颠覆这种说法，因此他对孟子的这段话给出了另一种解释：

此章乃一贯忠恕之说。我好色，便知民亦好色，我好货，便知民亦好货，我好安逸，知民之亦好安逸，我恶贱侮，知民之亦恶贱侮。路欲先行，门欲先人，阶欲先登，席欲先坐，冬欲先温，夏欲先凉，饥欲先食，渴欲先饮。日用常行万事万物之情之欲，皆备于我，不必问其情察其色，而后知人之与我同也。……此孔子所谓一贯，谓万物纷错，我以一恕字贯之也。孔孟之学，其真切卑近如

---

① 丁若镛：《中庸自箴》第二十二章，《与犹堂全书》第二册卷三。"赞天地之化育"出自《中庸》第二十一章，感谢白英宣指出这一点以及提供了相关注释，并推进了这一问题的探讨。

此,而先儒于孔子一贯之说、孟子万物之角,皆言之太广,释之太阔,通天地万物之理,而无一不具于方寸之中。浩浩荡荡,靡有涯岸,使后学茫然不知入头著手之处,岂不恨哉?①

茶山思想的最显著特质即将"上帝"(韩:sangje)和"天"(韩:cheon)提升到至关重要的地位,尽管事实表明茶山曾读过天主教的著作,信仰天主教并深受其影响,但是同样需要清晰地看到,茶山的"上帝"和"天"一定程度上来自古典儒学。正如我们下面将要看到的,茶山在诸多论述与他所熟知的天主教思想显然不符,甚至相悖。

上面曾提到,茶山反对理学家的主要方面即"理"无知觉和无因果的特点,在这个意义上,"理"也就不能成为现实世界的根源,也无法提供道德洞见或道德动机。不过,茶山将这个论点的道德面向直接延伸到了经验世界:既然"理"是无知觉的,那么我们也就不能知觉和反思"理",进而选择并遵循道德规范。沿着这个思路,茶山认为"上帝"才是世界的创造者,同时又是道德规范的根源和维系者,某种客观的道德秩序需要这样一个创造者作为前设。

> 上帝者,何?是于天地、神人之外,造化天地、神人、万物之类,而宰制安养之者也。谓帝谓天,犹谓王谓国,非以彼苍苍有形之天,指之为上帝也。②

从"上帝"之声是否可闻,其行或形是否可见的意义上而言,在此世"上帝"无法言说,亦没有明显可见的作为。"上帝"凌驾于现世之外,超乎感官。不过,"上帝"赋予人许多天赋,其中就有道德之心,"天"通过道德之心昭显其意志和意愿。

> 天之喉舌,寄在道心③,道心之所儆告,皇天之所命戒也。人所不闻,而己

---

① 李篪衡编:《茶山孟子要义》,第571页。
② 丁若镛:《春秋考徵》,《与犹堂全书》第二册卷三十六。在这段文字中,茶山认为"天"是自然之天。在其他文本中,茶山将这一自然意义的天和神圣之天以及道德之天区分开。在神圣之天和道德之天的意义上,"其谓之天者,犹国君之称国"。参见李篪衡编:《茶山孟子要义》,"尽心知性"章,第569页。
③ 在这里,茶山基于"道心"(mind of the Way,韩:dosim)和"人心"(human mind,韩:insim)的区分,但是他提出了与不同于宋明理学的观点。对茶山而言,"道心"指从天那里禀赋的道德本心,是通向"上帝"的管道或是"上帝"的体现。"人心"指的是发出一切思维活动和欲望的肉心。

> 独谛听,莫详莫严,如诏如诲,奚但谆谆已乎?①

一方面,"天"赋予了人一种听其命谕的能力,另一方面,也赋予了人选择是否遵循"天"告诫的自由。

> 天赋我性,授之以好德之情,畀之以择善之能。此虽在我,其本天命(韩:chonmyong)也。②

茶山将"上帝"作为现实世界和道德秩序的本原,这是说我们必然要预设一个宇宙生成的第一因,宇宙的实际存在才有可能,同时,也须预设一个智能之心,才有可能创造出宇宙和道德秩序。在茶山看来,理学家的"理"不足以充分解释宇宙生成和道德秩序的产生这两个现象,事实上任何纯粹物质的解释都无法做到。虽然"上帝"超乎人的一般感知之外,但是人可以通过内省倾听"道心"来了解上帝。茶山关于内在的道德之心的论述与阳明的说法同中有异,阳明认为人生而禀赋具足的道德本心,即"天心"("帝心")。但是对茶山而言,"道心"只是天志的一种端绪,是企及上天意志的有限途径,而不是圆满具足的道德指引。我们须遵循天命的指引进而通过不断涵养以达至德性完满成就。有幸的是,"天"给予我们以自由和意志,使人们能够做出正确的选择并付诸实践。

茶山关于"上帝"的诸多论述与他所熟知的天主教思想具有共通之处,但是我们在前面也已指出,茶山的思想与天主教仍多有不符,其思想更多来源于古典儒学。一个极端的例子可以说明这一点,即茶山思想并不存在末世论:茶山的著作中也从未出现过天堂或地狱的论述。进而言之,他并没有将"上帝"视为创造世界、统治世界、温情的人格化身。尽管在某种意义上,"上帝"显然也是一个能动者,有着广泛的意志,以类似于道德良知的形式临于每个人心中,对人的灵魂状态洞若观火,但是他的人格色彩仍然是模糊的,虽然他有确定的功能,但并没有明确的人格。也就是说,"上帝"并没有像你我一样对自我有种积极和特定的兴趣。同样重要的是,虽然人的道德良知和自由意志来自"天"的赐予,但是"上帝"并不必然引向

---

① 丁若镛:《中庸自箴》第一章,《与犹堂全书》第二册卷三。
② 丁若镛:《中庸自箴》第一章,《与犹堂全书》第二册卷三。

"救赎",即道德的完善和成就。更进一步,上面曾提到,茶山认为"天"创造世间万物乃是着眼于人,"天"将人立为包括动植物在内的天地万物的主宰,因而人应当关怀天地之间的生物,但是茶山并不主张这种关怀的依据在于这些生物是"上帝"的创造物。茶山将他有关"上帝"的信念扎根于早期儒学文献中常见的神性表述中,这同时也是茶山哲学的重要遗产。正是因为茶山诉诸儒家经典中"帝"的观念,他的"上帝"观为我们提供了早期儒家传统中一个独特的面向、设定和意旨。

五、结 论

对仁斋、戴震和茶山的思想进行比较研究是一项充满趣味和收获的工作。本文碍于篇幅有限,在结论部分,我仅抽取其中三个洞见略加阐释。其一关乎儒家传统的本质,其二有关儒学和所有伦理系统对道德形而上学的持续挑战,其三在于这三位思想家是如何帮助我们理解对他人的情绪认同感在道德生活中所起的作用。

这些杰出的儒家学者代表了地球上最伟大和最有趣的三种文化,研究他们的思想则有助于我们理解儒家传统内部的丰富性和多样性。人们普遍认为儒家的传统见解是单一而同质的,这样的看法经久不衰。研究这三位儒学家的思想也会帮助我们学会如何驳斥这类主张。三位思想家对宋明理学大多数的主流思想展开了尖锐的批评,并且呼吁人们以一种更敏锐的历史眼光来欣赏经典传统。同时,他们还贡献了一种哲学思辨的新方法与新体例,姑且可称之为"考据义理学"(philological philosophy)。这是儒学义理论述值得玩味的新门类,不仅不同于经典的体裁,也不同于源远流长的注经体,亦有异于宋元明流行的语录体和义理思辨风格。现代研究儒家的学者也深受这些18世纪儒者们所采用的这种考证式论理方法,他们把大量的精力和注意力投入论证特殊术语的真意和本义上,以此批判那些声称是由他人提供的错误解读。在本时代,声称对儒家思想造成潜移默化影响的佛道学说似乎被"西方哲学"所取代,不过在研究范式和风格上,当代学者还是要感谢本文重点研究的这三位儒家学者所做出的贡献。

通过阅读仁斋、戴震和茶山的作品,我们还会感受到儒学以及其他伦理传统正在面临的一个挑战——如何找到坚实的理论基础。上文引言和正文都提到,这三位思想家明确反对宋明理学的形上学,特别是他们的"理气"世界观。宋儒认为

"理"是规范标准,为"气"所构成的经验世界提供结构、律动和意义。在本文开头,我们概述了这一形而上学图式是如何成为宋明理学的伦理学基础的,特别是如何为其富有特色的"万物一体之仁"的主张提供根据的。然而,这三位思想家一方面都反对理学家的形上学传统,另一方面,他们都在不同程度上以各自不同的方式保留了理学家普遍持有的"一体"关怀论,并为这一总括性律令建立起有别于宋明理学的理论基础。

在伊藤仁斋提供的替代理学的形上图式中,活跃而动态的"道"通过"一元气"的产生持续不断地生成和维系着生命。"空""无"之说皆关乎宇宙原初与一体问题,我们最好将仁斋"一元气"的主张理解为与佛道这些主张相关联的儒家观点。他认为,"一元气"作为一种天地万物所共有的元素,代替了"空"或"无",为"万物一体之仁"提供了理论基础。此外,"一元气"的本质是活动的、温暖的、富有创造力的,其根源则是有觉知、有关照、有活力的"天",尽管同时"天"又是模糊的、非人格化的。两者一同与佛道思想中所谓的僵死、冰冷和静态的宇宙本原形成鲜明对比。仁斋清晰地表明,宇宙本身就是一种单一的、有活力的有机整体,他提出这个观点是为了证明"万物一体之仁"的合理性。此外,由于我们与天地万物共同享有"一元气",因而我们就能够也应当采取"恕"的方法,感受和思考我们对待万物的方式,学会欣赏万物的不同需求和福祉。

戴震提供了一种更为自然主义式的儒家伦理视角,在某些方面会让我们联想到荀子哲学。[①]但与荀子不同的是,他将对"遂生"的追求与"道"本身"生生不息"的普适特点联系在一起。前者只是后者的一部分,或是后者的一种彰显。有了这种更为广大的形而上图式,戴震主张关照天地万物的伦理目的显得更为进取。这种关怀有其深刻的意义,也与我们自身相关,并且通过对"恕"的践行能够付诸实现。他的道德理想要求人们理解并欣赏人与万物的本分、功能和关系,这里指向的并不仅仅是人类及其各种需求和欲望,也包括世间一切生灵,因为万物都是天地生生之力的彰显。正是这种观点使得戴震坚持认为包括人类、动物和植物在内的一切生灵都需要得到关注和妥当的照料。

[①] 关于荀子如何诉诸更大意义上的"道"并将其作为规范性原则的讨论,参见 Philip J. Ivanhoe, "A Happy Symmetry: Xunzi's Ecological Ethical," in T. C. Kline III. and Justin Tiwald eds., *Ritual and Religion in the Xunzi*, Albany: SUNY Press, 2014, pp. 43-60。

丁若镛则认为,道德关怀的真正基础在本质上是神学的。儒家伦理的基础最终是上帝的意志,是一种神谕论。茶山为这个主张提供了义理和考据两方面的理由,再次体现出这里提到的三位思想家共同倡导的方法。尽管仁斋认同"天"在更为形而上学的意义上起着强大的作用,但他倾向于弱化经典文本中更为清晰的神学面向。从他最喜欢引用的两个经典出处《论语》和《孟子》也可见一斑。戴震对儒学的阐释着眼于全部儒家经典,但如前所述,他的思想受荀子这位儒家离经叛道者的影响最深,荀子明确而一反常规地捍卫了将天的概念自然化的立场。茶山一方面也受到荀子哲学的深刻影响,另一方面他也强有力地论证了自己的观点,他认为经典毫不含糊地要求人们清晰地认知到"上帝"才是世界与道德的始源、基础和维系者。由此,他为儒学提供了一种有力而清晰的神性表达,挑战了遵循传统的现代学者。对于贯穿在经典[1]中的具有神学意味的篇章,他们常常倾向于忽略或含糊其词。茶山认为"恕"的工夫会引导和重塑我们对他人的情感以及随后的行为。与仁斋或戴震不同的是,他并没有把"恕"运用到其他生物上去。但他相信我们依然肩负着照料其他生物和努力开发其禀赋的紧迫任务。

最后,在道德心理学层面,三位思想家的哲学都让我们看到对他人的情绪认同何以有助于道德理解和道德提升,这是一种全新而有力的理解方式。近年来,在当代伦理学家、实证心理学家、认知科学家、灵长类动物学家以及进化论生物学家之间掀起了一股对感同身受和利他主义相关现象的研究浪潮。[2]他们中产生了各式各样的观点,其中一个颇具影响力的看法是,"感同身受"是一种感他人所感的能力,帮助我们从他人的情感、欲望和需求角度产生理解、关心和行动。大体而言,这

---

[1] 顾立雅(Herrlee G. Creel, 1905—1994)坚持认为并充分论证了儒家传统具有神学性质,参见 "Was Confucius Agnostic?" in *T'oung Pao*, second series, 29(1), 1932, pp. 55-99。最近的类似观点参见 Kelly James Clark and Justin T. Winslett, "The Evolutionary Psychology of Chinese Religion: Pre-Qin High Gods as Punishers and Rewarders," in *Journal of the American Academy of Religion*, 79(4), 2011, pp. 928-960。近来关于《论语》中这个问题的最为充分的讨论参见 Erin M. Cline, "Religious Thought and Practice in the *Analects*," in Amy Olberding ed., *The Dao Companion to the Analects*, New York: Springer, 2014。在中国大陆,近代儒学复兴运动中较有影响者,如蒋庆和范瑞平,在儒学的诠释过程中也十分重视其神学面向。

[2] 关于这种观点,最为成熟和清晰的哲学阐发来自迈克尔·斯洛特,参见他的 *The Ethics of Care and Empathy*, London: Routledge, 2007; *Moral Sentimentalism*, Oxford: Oxford University Press, 2010。斯洛特从心理学家马丁·霍夫曼(Martin L. Hoffman)的著作中广泛而清晰地汲取灵感。关于霍夫曼的思想,参见 Martin L. Hoffman, *Empathy and Moral Development: Implications for Caring and Justice*, Cambridge: Cambridge University Press, 2007 reprint。

就是感同身受—利他主义假说的看法。还有人认为，一种"同情的关切"的态度进一步让我们从主动为他人着想、关心他人福祉的视角，来看待他人的情感、欲望和需求。这就意味着我们可以成功做到这一点而不必首先思考他人的真实感受。[①]

仁斋、戴震和茶山审慎地探讨了对他人的情感、欲望和需求的情绪认同感在修身成德方面所起的作用，但是他们关于"恕"的理念阐发有着更大的意义，超越了上述两种影响巨大的观点。"恕"要求我们感他人所感（此为"感同身受"的强调点），也要为了他人的福祉主动地表示关切（此为"同情的关切"的强调点）。此外，"恕"的行为目的是磨砺我们自身对于事件和境遇的理解和情绪反应。要达成对他人的观点感同身受这一目标，就需要把他人观点作为自己的情绪视角，通过这些视角来塑造和引导我们自身的理解和反应，不仅仅适用于这一个特殊事件或情境，也适用于同类型的其他事件或情境。换言之，"恕"是一种情感和认知的双重疗法，旨在提升我们对道德的理解和感知，并培养一种适度而和谐的道德感。

上述这些洞见关乎儒家传统的本质和未来潜力，以及如何在今日理解儒家传统，也关乎儒学伦理主张的理论基础所面临的挑战，及其对理解道德心理学的贡献，尤其有助于理解对他人的情绪认同感能够在道德理解力和感知力的发展中所起的作用，所有这些都说明了三位思想家的哲学价值，以及比较其思想差异的研究意义。谨希望本文不仅能对这方面的尝试贡献绵薄之力，亦能鼓励更多学者在未来开展此类研究。

（作者单位：香港城市大学公共政策学系）

[①] 斯蒂芬·达沃尔（Stephen Darwall）对此及相关的情绪认同问题有详细而启发性的讨论，参见其研讨会文章："Empathy, Sympathy, Care," in *Philosophical Studies*, 89(2-3), 1998, pp. 261-282.

青年儒者论坛

心学视域下的罗近溪易学思想探析

唐青州

随着晚明时期心学的大盛，明代易学亦呈现出与心学融通之发展趋势。由于程朱理学过度强调天理而忽略心体，晚明儒者遂形成一股关注良知学说的逆反潮流。心学家虽亦有倚重周易去建构学术体系之倾向，然独立的易学专著仍然相对缺乏，易学成就的黯淡亦间接导致学界对明代易学的评价低迷，如民国易学家杭辛斋提出："元明两代之言易学，无甚发明。"[①]尚秉和则认为："宋元以后，学者渐不识《易》为何物。根本既差，浮伪愈甚。"[②]诚然，明代易学成就较汉、宋而言，或许稍嫌逊色，然而，易学思想在推动心学的建立和发展过程中仍然发挥着不可或缺的作用，这一点在罗汝芳（1515—1588，号近溪）那里体现得尤为明显。

关于罗近溪的哲学思想，除了一般被定位为阳明后学的心学家以外，由于其儒释道兼涉的缘故，亦被认为是近禅的玄虚之学。直到牟宗三先生推讲宋明儒学，方特别标举龙溪、近溪二人，盛赞近溪"清新俊逸，通透圆融"[③]，由此引发学界对于近溪的广泛关注。大抵言之，近世学界对于近溪的学术研究多着力于其心性论，侧重阐发其以"知孝悌"来论证良知本体，展现出由"良知见在""圣体具足"到"破除光景"之良知理论。相较而言，目前对于近溪思想之溯源于易理的情况，尚不明了，实际上，近溪"赤子良心说"与《易》之"生生之德"密切关联。其次，对于近溪易学思想的分析，不仅对于理解阳明后学的易学思想深具意义，对于探究泰州学派的思想发展，也是一个重要的切入点。此是本文写作的两个出发点。以下，笔者拟从本体论和工夫论两个方面，对近溪易学思想脉络展开解读。

---

① 杭辛斋：《学易笔谈》，湖南：岳麓书社，2010年，第14页。
② 尚秉和：《易说评议》，北京：光明日报出版社，2006年，第240页。
③ 牟宗三：《从陆象山到刘蕺山》，上海：上海古籍出版社，2001年，第221页。

一、摄"良知"归于易

黄宗羲曾概括近溪学术云:"先生之学,以赤子良心、不学不虑为的。以天地万物同体,彻形骸、忘物我为大。此理生生不息,不须把持、不须接续,当下浑沦顺适。"① 黄氏从心学的层面高度评价了近溪学术以"赤子良心"出发的学术路线,以随顺混沦"不把持"为工夫路径,而没有提及《易》对于近溪学术的影响。那么近溪思想结构中,《周易》到底发挥怎样的作用呢?

严格说来,近溪学术思想历程有两次重要突破:一次是理学向心学的转向,另一次则是领悟《易》道,以《易》统摄、归结其思想全体。近溪自称早年倾心于《近思录》与《性理大全》等理学典籍,并对其中工夫"信受奉行",直至"忘食寝,忘生死地位"之地步,事后回想真是"几近丧亡莫救"。尔后,赖以近溪之父授以《传习录》,以"致良知之旨"予以引导,罗氏喜而"日玩索之,病瘥"②,辅以业师颜山农的当头棒喝,"子所为者,乃制欲,非体仁也"③,使近溪认识到,程朱"克去己私""复还天理"的工夫并非孔孟体仁之法。大彻大悟之余,罗氏最终转向追求"体仁之妙,即在放心"的心学路线。此一转变意味着罗氏对于程朱"治欲"的弃置与叛离,开启了他对孔孟"体仁之学"的重新思考。

在回归孔孟"体仁"之学的探索过程中,和宋明的所有思想家一样,近溪也有贯通群经的意图,但到了中年却发现自己依然"有《易经》一书却又贯穿不来"④。此一困惑持续到近溪34岁,遇见了谈《易》与诸家极为不同的楚中道人胡宗正,胡氏对其指点曰:

> 《易》之为《易》,原自伏羲泄天地造化精蕴于图画中,可以神会,而不可以言语尽者。宜屏书册,潜居静虑,乃可通耳。师如其言,经旬不辍。宗正忽谓师曰:"若知伏羲当日平空地著一画耶?"师曰:"不知也。"宗正曰:"不知则当思矣。"⑤

---

① 黄宗羲著,沈芝盈点校:《泰州学案三》,《明儒学案》卷34,北京:中华书局,1985年,第762页。
② 罗汝芳:《盱坛直诠》明万历三十七年跋刻本,萧天石主编,《中国子学名著集成》第44册,第290页。
③ 颜均著,黄宣民点校:《颜均集》,北京:中国社会科学出版社,1996年,第82页。
④ 方祖猷等编:《罗汝芳集·上》,南京:凤凰出版社,2007年,第53页。
⑤ 方祖猷等编:《罗汝芳集·罗近溪师行实》,第835页。

如果说颜山农是近溪由理学转向心学的领路人,那么胡居仁则是引导罗氏突破儒家经典界限,进入儒道融通之境的思想导师。经由胡宗正的开导,近溪遂闭户研易,长达三月,最后达到"恍进于未画之前,且通之于《学》《庸》《论》《孟》,诸书沛如也"①的境况。罗氏领悟了《易》道的关键在于打破文字图画的束缚,体悟《易》之一书乃"孔门宗旨之来源"。对于近溪这次的悟《易》经历,吴震教授在《罗汝芳评传》认为这是"近溪思想基本成熟的一个标志"②。此后,近溪学术便在逐渐贯通圆融中建立。

在"易"贯诸经的思想前提下,近溪进一步绾合"良知"与《易》的关系,他说:

盖"良"字训做易直,易也者,其感而遂通之轻妙处也,原不出于思量;直也者,其发而即至之迅速处也,原难与以人力。所以良知谓之不虑,良能谓之不学,却是虑与学到不得的去处也。③

对于《周易》中的"直",程朱理学开出的是"敬以直内"的外在进路的工夫路线,而罗近溪则取"易直"训良知的内求理路。近溪用"易直"训解"良知"之"良"字,同时紧扣孟子说良知的"不虑不学"。他认为良知之易乃不出于思量,这个"易"笔者认为或可直接解为"易简"之意,是对于人之内在道德本体天生本有的说明;良知之"直",则是本心直然发出的动力,这是近溪对于良知本体发动的解释。

近溪还从良知的"变易无方""神妙无体"之特点来进一步展开论述:

问:往日看《易经》,阅卷便说:"潜、见、飞、亢,中间屡屡形容,神灵变化不一,而足辄为迟疑不了。今将良知面目,贴实思量,方知圣人言语,皆非空说道理也。"

罗子曰:精气为物,便指此身;游魂为变,便指此心。所谓形状,即面目也,因魂能游,所以始可以来,终可以返,而有生有死矣。然形有生死,而魂只去来,所以此个良知灵明,可以通贯昼夜,变易而无方,神妙而无体也。④

---

① 方祖猷等编:《罗汝芳集》,第53页。
② 吴震:《罗汝芳评传》,江苏:南京大学出版社,2011年,第118页。
③ 方祖猷等编:《罗汝芳集·近溪子续集》,第261—262页。
④ 方祖猷等编:《罗汝芳集·近溪子集》,第70页。

近溪此处点出，天地之间，乾坤之神妙变化，如若能贴实思量，皆与自身内在之"良知"贴合，天地之间的精气流转与"此身此心"亦是一一对应。形而下的肉体身形虽有生死，然而形而上的道体、良知、灵明却是变易无方、神妙无体，不因肉身之坏灭而消失，正如《易》道的循环往复，变化多端。

罗氏还认为，《周易》的生生之德是《论语》"仁"的根本奥义所在。其云：

> 及问仁，而一日克复，天下归仁，全部交付《大易》。孔子云：仁者人也。盖仁是天地生生之大德，而吾人从父母一体而分，亦是一团生意。①
>
> 孔门宗旨，止要求仁，究其所自，原得之《易》，又只统之以"生生"一言。夫不止曰"生"，而必曰"生生"，"生生"云者，生则恶可已也。②
>
> 宇宙间其一心矣乎！夫心，生德也，活泼灵莹，融液孚通……生之谓仁，生而一之之谓心，心一则仁一，仁一则生无弗一也。……一则无外矣，无外者，此心之仁之所以博乎其施也，会而通之，吾兹有取于易之乾坤矣。③

可见，近溪将"仁"与《周易》相挂钩的主要论据在于，二者都具有"生生之德"。《系辞传》讲"天地之大德曰生"，"乾知大始，坤作成物，乾以易知，坤以简能"。易之生生大德，蕴藏于乾坤二卦的大化流行中；而心体的生生之仁之所以能够不断地展开，则在于"复以自知"和"复见天地之心"的工夫，在于人可以在"复以自知"的过程中，此心能够博而施，会而通，能够在此过程中体会到"心一则仁一，仁一则生无弗一"的奥妙，这一点在第四节的论述中亦复可见。

综上所述，吾人可知《易》学是近溪学术体系建立过程中的重要环节，是其会通儒家经典的重要凭借。这种由易经统括群经的理念，构建了罗氏独特的心学思想，从《周易》出发完成了其学术体系的整体建构。罗近溪把《易》作为一个主线，将早年所学的先秦儒家经典予以联结，透过摄"仁"归《易》，摄"良知"归《易》，贯串《易》与《论语》《孟子》的思想关系。

---

① 方祖猷等编：《罗汝芳集·近溪子续集》，第255页。
② 方祖猷等编：《罗汝芳集·近溪子续集》，第277页。
③ 李庆龙汇集：《罗近溪先生语录汇集》，首尔：新星出版社，2006年，第367条。

二、乾知坤能,复姤往来——近溪易学本体论

《周易》之乾、坤二卦最为重要,近溪亦把乾、坤放于非常重要的地位,他认为学《易》必须从此二卦着手。这一观点从他对于邵雍学问宗旨的把握可以看出,《近溪子集》描述了近溪为弟子讲解邵雍著名的《观物吟》的体悟:

> 乾遇巽时、地逢雷处,乾为巽所自出,坤为震所由生,所谓阴阳互为其根而两不相离者也。大抵学《易》先须乾坤二卦识得明尽,盖乾以始坤,坤以终乾。乾之始处未尝无坤,坤之终时未必非乾,二者原合体而成者也。尧夫因诸卦爻象大似分析,故为此诗打合吟咏,欲令学者亦自得之,此则其本旨也。①

对于此段的分析离不开对于邵雍《观物吟》全诗的把握,其全诗为:"耳目聪明男子身,洪钧赋予不为贫。须探月窟方知物,未蹑天根岂识人。乾遇巽时观月窟,地逢雷处见天根。天根月窟闲来往,三十六宫都是春。"此诗的关键在于后两句"天根"与"月窟"两个概念。一般来讲,阳气始发之时谓"天根",阴气始发之时谓"月窟"。胡渭在《易图明辨》中认为天根、月窟与《周易参同契》中所讲的纳甲说有关,从八卦方位上看,在初三时,月亮位于庚位,纳的是震卦之一阳之气。庚所在八卦中的方位为乾终巽始的位置,所以邵雍说"乾遇巽时观月窟",意为在阴气生发之时可观"月窟"之微妙。"地逢雷"则意为震卦一阳交于甲位,在纳甲中拿的是乾卦的初九爻之阳气,而甲在八卦方位中则处于坤终震始的位置。因此邵雍讲"地逢雷处见天根",意为阳气生发时可观"天根"之幽明;而近溪此处则想表达"阴阳互为其根"之意,也即是说六十四卦每一卦均展现了阴阳二气往来消息之理。

此处,近溪的"乾遇巽时",采用的是邵雍的六十四卦消息。罗氏认为,乾卦为巽卦所由来,而坤卦则是震卦所由生,阴阳二气始终是在生生不息地运动之中,互相联结、互为其根。近溪指出,乾坤两卦的关系为"乾以始坤,坤以终乾。乾之始处未尝无坤,坤之终时未必非乾"。虽然乾卦为纯阳之卦,坤卦为纯阴之坤卦,但在阴阳二气的消长作用下,最终得以相互成就。

---

① 方祖猷等编:《罗汝芳集·近溪子集》,第71页。

近溪不仅从宇宙的角度上解说了乾坤互为其根,还提出了他对乾坤二卦之德"乾知坤能"的认识:

> 乾坤之德只是"知""能"两字,其实又只是"知"之一字。盖生天生地、生人生物,透体是此神灵为之变化,以其纯阳而明故也。然阳之所成处即谓之阴,而阴阳皆明以通之,所以并举而言则曰"乾以易知,坤以简能",又曰"乾知太始,坤作成物"。及兼统而言于乾则曰"德行恒易以知险",于坤则曰"德行恒简以知阻"。究竟阳之初动为复,而曰"复见天地之心",是天之复则明统乎地之姤;曰"复以自知",是坤之能则又果属乎乾之知也已。①

《系辞传》首章就讲"乾以易知,坤以简能","乾知大始,坤作成物"。近溪认为乾卦作为形而上的本体,乾体的化生作用需要通过坤成万物来完成,在此意义上,乾卦之德是坤化生天地万物的根据。因此乾体和坤体的关系,是既相对又相成的,乾体需要坤德的化生之用,坤德需要乾体作为根据。这就是乾知坤能,也是乾坤互为其根。乾坤合德,则能知险知阻,一方面,乾卦以其刚健特性而德性能够恒久,并在此基础上能察觉艰险;另一方面,坤卦则以其柔顺之特性而能够恒久简易,在此基础上觉知事情发展中的艰阻。近溪又以为,乾坤之"知""能"又可归结为"知"一字,盖因乾卦之知,可以统摄"坤"之能。是则,近溪以为,乾坤之间虽然相辅相成,互为其根,但仍主从有次。

如果说,乾坤二卦是近溪宇宙论在形而上方面的论述,那么,复姤二卦则是用来说明形而下的阴阳化生。他先从时人对此二卦的错误认知说起:

> 尧夫先生一生学问得之《易经》,而其学问根源则见之复姤,故曰:"一动一静之间,天地之至妙至妙者也。"此是老者微言隐语,将一生所自得者而方便设辞,与人作个悟头,后人粗心浮气,把动便看做复,把静便看做姤,把动静之间便看做复姤之际,有个地方时候相似。②

《易》曰"极深而研几",又曰"几者,动之微,知几其神乎!"未有不知其

---

① 方祖猷等编:《罗汝芳集·近溪子集》,第82页。
② 方祖猷等编:《罗汝芳集·近溪子集》,第71页。

> 微妙之几而能得夫姤复互根之体,亦未有不得其互根之体而能通乎阴阳不测之神者也。古之善《易》者真是自朝至暮,由昏达旦,浑然一致,而体用如如,隐然寸几而灵明炯炯,似有实无,似无而实有,莫可方物探讨,莫可言句形容者也。①

近溪此处从两个层面理解太极动而生阳,动极而静,静极复动与复姤二卦的关系。一方面,复姤二卦体现了气化流行过程中的动静之几微关键。阴阳二气的动静转化可以与复卦的动与姤卦的静对应。从十二辟卦角度讲,复卦为一阳来复,阳气始生,呈现出阳气上升,阴气渐消之势,而天风姤卦则是阴气始生,阳气逐渐被削弱之势。二者一动一静共同体现了天地造化之精微和玄妙。

另一方面,复姤二卦所体现的是一个在大化流行中不断往来消息的圆融的不间断的整体过程,从邵雍的六十四卦圆图可以看出天地气化流行的规律,一阳之气由复而孳息,转自姤卦阳气开始消减,从这个意义上可以说复统乎姤;而从姤卦始,阳气消亡最后至坤卦,又重新回到复的新生,如此循环往复,消长来往,互为其根。如若不能明白此理,将二者割裂开讲,就不能体悟动静几微之微妙,也不能体悟天地阴阳造化万物之奥妙。后世之人往往忽略复姤二卦之间往来不息互为其根的过程,而机械地认为复卦即是动,姤卦就是静,动静之间就是复姤之际。

通过对世人对于复姤二卦之机械理解的批评,罗氏提出了必须在气化流行中认识到二卦气化流行、互为其根的作用;而近溪对于复姤两卦的解释,"阴阳动静""互为其根"的观念,明显和周敦颐的《太极图说》"无极而太极,太极动而生阳,动极而静,静而生阴,静极复动,一动一静,互为其根"的思想密切相关。

更进一步的,近溪还将复姤二卦与人体的呼吸动静连接,他认为:

> 吾身只是个神气,气则有呼有吸,呼则温即复也,吸则冷即姤也。其实,呼即吸以为呼,吸即呼以为吸,原只是一气而往来有差殊尔。至于心之动静,则原说合一不测之谓神,又说动而无动、静而无静,尤彰彰明甚者也。但此体在人极是精妙,故动静之间有几存焉。②

---

① 方祖猷等编:《罗汝芳集·近溪子集》,第72页。
② 方祖猷等编:《罗汝芳集·近溪子集》,第72页。

人的生命运行是由于气的流转,在于一呼一吸之间,呼出来的气为温热的阳气,就仿若复卦之一阳之气,而吸进肺里的气则是冷的,好比姤卦初爻的阴气,而同时呼、吸两个动作又是一体不二的。心的动静,亦是在气的合一作用之下完成的,在一呼一吸、一动一静的精妙作用下发挥着人体的机能。由此看来,罗近溪宇宙论、本体论的动静观,强调的是既相对,又相成的"互为其根"。

以上,本文通过三个层面介绍了近溪易学本体论建构的三重进路。近溪对于《易》的解读,不仅从本体论层面证立了良知本体与宇宙本体在易道上的相承一致。其次,通过乾坤的"乾知坤能"之德,说明形而上的"乾坤互为其根"天地造化之理。再次,近溪阐明形而下的复姤流转,阴阳二气循环往复,同样是"复姤互为其根",强调动静之间"动而无动、静而无静",反对用分疏的角度去看待本体论的动静问题。

三、非复心无以自知——近溪易学的工夫论

根据前述,近溪围绕乾坤复姤四卦将易道和良知之学紧密绾合在一起,其目的在于从此基础上继续展开其心学工夫论的论述。大概言之,近溪工夫论的内容,就是"复以自知"和"复见天地之心"。

关于"复以自知",近溪如此讲道:

> 地中即谓之黄中,中而通者,乾阳之光明,知之所始也。乾知太始处,便名曰"复",复也者,即子心顿觉开朗,所谓"复以自知"者也。子心既自知开明……应对便分外条畅,手足便分外轻快,即名中通而理。①

> 黄中所通者,即一阳真气,从地中复,所谓:克己而复者也;中通而理者,即阳光而明,所谓:复以自知,而文理密察,以视听言动而有礼者也。故从此而美在其中,从此而畅于四肢,发于事业。②

---

① 方祖猷等编:《罗汝芳集·近溪子集》,第157页。
② 方祖猷等编:《罗汝芳集·近溪子集》,第154页。

"黄中通理"出自《坤卦·文言传》："君子黄中通理，正位居体，美在其中，而畅于四支，发于事业，美之至也。"① 本意为，君子笃行中道，居处于正位，美德蕴于心胸，自然能够显发仁德于四肢，开展于事业，这便是最至善的美。而此处近溪所侧重论述的黄而中通之"通"所谓何物，他用复卦"一阳之气"来解释。罗氏认为，黄中所通的是一阳之气，也是乾德之"知"所始处。此一阳之气是光辉而清明的，一旦此心通达此理，本心自然就会清朗开阔，畅达四肢百官，自然能够使一切言行符合于"礼"，喜怒哀乐之情自然发而中节，近溪认为这也就是仁了，也就是所谓的"中通而理"，通达乾之太始之理。是故，近溪在《卷射篇》进一步将孔子的克己复礼与"黄中通理"联系在一起。他一方面解释"复"的内涵重在"一阳来复"的复求回归，透过克己来复求本然之我。另一方面，又强调"黄中通理"并不是通一个外在的理，而是"复以自知"对本心之理的内求体悟，也是近溪屡屡所讲的"复见天地之心"。

近溪亦从对"克己复礼为仁"与"孔门学易"的关系进行讨论，提出"非易无以见天地之仁""复见天地之心"：

> 问："孔子以复礼答颜氏问仁，则所以'学易'者，即所以求仁矣乎？"
> 曰："易所以求仁也。盖非易无以见天地之仁，故曰：'生生之谓易'；非易无以见天地之易，故又曰：'复其见天地之心'夫。大哉乾元，生天生地，生人生物，浑融透彻，只是一团生理。吾人此身，自幼至老，涵育其中，知见纭为，莫停一息。本与乾元合体，众却日用不著不察，是之谓道不能弘人也。必待先觉圣贤的明训格言呼而觉之，则耳目聪明顿增显亮，心思智慧豁然开发，真是黄中通理而寒谷春回。此个机括，即时塞满世界，了结万世，所谓天下归仁而为仁由己也。"②

近溪将乾元化生万物之理与人自身联结起来，认为人类亦是秉受天地之气而生，一切生命活动也都是此一团"生生之理"在发挥作用，因此人的生命本身就是与乾元之德合而为一。然而，众人却往往沉溺于生活，不能自觉体察内在本有的乾元之德，罗氏以为这就所谓的"人能弘道，非道弘人"。一般人往往需要在圣贤的引

---

① 朱熹撰，廖明春点校：《周易本义》，北京：中华书局，2009年，第48页。
② 方祖猷等编：《罗汝芳集·近溪子集》，第28页。

导训示下才能够觉醒,进而内求"黄中通理"之良知明德,后知后觉的去体认个人生命与天地之心相关联的道德意义。虽然如此,近溪以为,当人们得以一朝觉醒,求仁由己时,那便是霎时"寒谷春回"的天下归仁之境界。此即近溪所谓:"能复,即其生生所由来;归仁,即其生生所究竟也。"要复的,就是复个自家内在之心,复个乾元生生之德,使生命复归于天地之仁。

关于"复的工夫"在道德本体的作用上,近溪讲道:

> 谓之复者,正是原日已是如此,而今始见得如此,便天地不在天地而在吾心。所以又说"复以自知"。"自知"云者,知得自家原日的心也。①

近溪说明"复"的工夫,意思在于本心作为道德本体,原本即是天生具足的,所"复"只是往日蒙蔽之心,今日觉醒始得以发明再现,所以复的工夫只是"复以自知"而已,自知只是体认"自家原来之心"。其次,这个道德本体的"本心",近溪认为即是"天地之心"。罗氏云:"经云'复见天地之心',则此个心即天心也。"②所谓"复心"复的不是"我有心,而汝亦有心;人有心,而物亦有心"③的千殊万异之心,而是"天与地、我与物,即时贯通联属而不容二也"④的人人同然之良知本心。因此,此之天心、本心是"心体固须扩充,但本体之知原出不虑"⑤。道德本体之心是不思不虑而本然圆足的。

如果我们把近溪的"复心"工夫放进宋明理学来看,程颐、朱熹对于复卦的解释,一致倾向于汉易十二消息的气化流行。特别的是,程颐《易程传》却在复卦初九"不远复"一句,率先以颜子"一有不善,未尝不知;既知,未尝不遽改"⑥来解释,认为颜子能在过失之初及时改过,因此才能及时亡羊补牢"不至于悔"。象山弟子杨简的《杨氏易传》则解颜子"不远复"为"微过即觉,觉即泯然"⑦。只要有微小的过错,便能当下觉察,并立即断绝恶念,这是以意念发端之际的断绝、不继起来解释

---

① 方祖猷等编:《罗汝芳集·近溪子集》,第75页。
② 方祖猷等编:《罗汝芳集·近溪子集》,第220页。
③ 方祖猷等编:《罗汝芳集·近溪子集》,第75页。
④ 方祖猷等编:《罗汝芳集·近溪子集》,第75页。
⑤ 方祖猷等编:《罗汝芳集·近溪子集》,第187页。
⑥ 朱熹、吕祖谦撰,严佐之导读:《朱子近思录》,上海:上海古籍出版社,2000年,第75页。
⑦ 杨简:《杨氏易传·复》卷9,上海:上海古籍出版社,1990年,第99页。

"不远复"。王门弟子王龙溪则是以"一念初机,不待远而后复"①。此与杨氏之说相近,也是在一念之初断绝妄念,复归良知。意即在良知呈现一念之微时的"失"初端处,应立即断去妄念而复归良知。因此,王龙溪此之"不远复"良知之"复",主要作用是在于对治妄念的斩绝拉回,而不似罗近溪"复以自知"单纯从道德本体讲复显回归。

整体来看,程颐、杨简、朱熹、王龙溪均未从本体论的角度去解读复卦,只是以意念之"回复"解之,唯独罗近溪屡屡扣紧复卦去讲"复心"与"复以自知"的本体工夫,这点近于陆象山"《复》是本心复处"②的说法。我们可以发现,象山、阳明以下的心学家,解读《论语》"克己复礼"一语时,并未有如近溪一般深入扣合《周易》复卦的本体工夫去进行诠释。

近溪对于颜子之学的概括,同样是着重在一个"复"字,他认为"颜子复礼之复,固《易经》复卦之复"③,"颜子心不违仁,则浑然已是复了,复则昭然已自知了"④。这就把颜子之学的"克己复礼",和《周易》的"不远复"紧密连接起来。关于颜渊的克己复礼,罗氏是这么答复门人的:

问:"孔子之'时'与颜子之'复',同异何如?"

曰:"颜子之'一日复礼',是复自一日始也。自一日而二日三日,以至十百千日,浑然太和元气之流行,而融液周遍焉,即时而圣矣。故复而引之纯也,则为时,时而动之天矣,则为复。时,其复之所由成,而复,其时之所自来也欤?"

曰:"复本诸《易》,则训释亦必取诸《易》也。《易》曰'中行独复',又曰'复以自知'。独与自,即己也,中行而知,即礼也。……故观'一日天下归仁',则可见礼自复而充周也;观'为仁由己'而不由人,则可见复必自己而健行也……象山解'克己复礼'作能以身复乎礼,似得孔子当时口气。"⑤

---

① 王畿:《建初山房会籍申约》,《王龙溪先生全集》卷2,明万历十五年萧良干刻本,《四库全书存目丛书》集部第98册,第288页。
② 陆九渊:《陆九渊集》卷36,北京:中华书局,2008年,第490页。
③ 方祖猷等编:《罗汝芳集·近溪子集》,第26页。
④ 方祖猷等编:《罗汝芳集·近溪子续集》,第280页。
⑤ 方祖猷等编:《罗汝芳集·近溪子续集》,第25—26页。

上文近溪与门人讨论了"时"与"复"的关系以及"克己复礼"之解释两个问题。对于"复"与"时"的关系，近溪认为"复见天地之心"并不是工夫论的终点，而只是起点。一日克己复礼并不仅是一天，应解为"复自一日始"，在此基础上每一日都必须落实到"克己复礼"，日复一日而能达到"时而圣"。因此，"时而圣"是"一日克己"所复而来，日日复礼之成则是为"时而圣"。近溪还认为"复礼"就是"中行而知"，克己复礼就是复以自知、反身而诚，并在此基础上做到中行归礼的过程。以此看来，近溪所讲的"克己复礼"之"复"似乎涵括了至少两层意涵，一为"复以自知"之复，借由内在道德本体的自觉复显而"能己复礼"；其次为在"能己"之后，外在言行"复归于礼"的矫正复归。

至此，我们可以很清楚地理解，近溪对"克己复礼"的解释呈现出两大特色。第一，他充分利用《周易》"复卦"开出"复见天地之心"的工夫论，并在对孟子"反身而诚"与程明道"认得为己""仁者浑然与物同体"的把握中，凸显孔子"求仁"这一儒家核心总旨。第二，近溪一反朱熹以"私欲"释"己"、将"克己复礼"解为"克制私欲复归天理"，而将这一命题解释为"能己复礼"富有心学特色的解释。在近溪那里，"己"并非是需要克制的对象，而是需要"复以自知"的省觉对象。近溪在另一处还直接将"克"字解释为"能"，其云："况'克'字正解，只是作'胜'、作'能'，未尝作'去'。"①"'克去己私'，是原宪宗旨，不是孔孟宗旨。"②此说不仅取消了传统经说对于"克己复礼"的克制、克去之意，还从根本上推翻了程朱一系对于"克己复礼"的解释。笔者认为，此种诠释观点，恰好与近溪"制欲非体仁"的悟道经历相吻合。近溪的亲身验证让他明白，如果把"己"看作消极的对象、私欲的根源，而进行一味地克制，反而会导致心火旺盛而适得其反。

综合以上，近溪从《周易》复卦拈出的复以自知工夫，论证了"中行独复"、《论语》"克己复礼"以及孟子的良知说。自陆王心学发展以来，心学家们虽亦多有取于《易传》《孟子》而立论，但很少有如近溪这般大量汲取《周易》义理去建构哲学思想的情况。可以说，近溪把复卦的义理精髓与其宇宙论、工夫论的理论建构相挂钩，使得近溪哲学本体论的天人两端，彻底贯穿了大易之道。这种在理论上高度取资周易的现象，重开了心学发展的新方向。

---

① 罗汝芳：《盱坛子直诠》卷上，中国子学名著集成本，第62页。
② 方祖猷等编：《罗汝芳集·近溪子续集》，第424页。

四、小　结

本文以"易学"为研究视角，探讨罗近溪的学术思想与其易学的紧密关系。经过一系列的论述，吾人可知，罗近溪之"赤子良心"说在承继阳明心学的基础上，以《周易》义理为理论工具，在批判程朱理学的"制欲体仁"工夫的基础上，强调"复以自知"与扩充良知本心，进而推动了心学的发展。正因如此，牟宗三称赞近溪为"能调适上遂，而完成王学之风格"[1]。易学在近溪思想那里，十分关键地扮演着支撑其思想结构大厦的根基作用，其心学思想的建立离不开《周易》为其提供本体与工夫的双向支撑。

统观近溪学术的整体，《周易》思想贯穿始终，与其整个思想紧密融合，在其对心学、易道、儒家诸经的深度汇通中展现得淋漓尽致。此外，近溪对先天六十四卦消息中"乾坤互为其根""复姤互为其根"义理的转化，对"画前之易""易直之道"的体认与掌握，亦表明其深谙邵雍象数易学。然而，对于近溪而言，他却并无意依循邵雍"主理明数"的易学路线，而是更侧重于义理的直接把握，将易道与良知说相结合，提出"复以自知"的心学工夫。近溪此种取资易学思想去解释心学理论的进路，使得心学"良知说"在贯彻群经上更加完整，对于儒家经典的研究亦甚有启发意义。

（作者单位：复旦大学哲学学院）

---

[1] 牟宗三：《从陆象山到刘蕺山》，上海：上海古籍出版社，2001年，第221页。

论明道与阳明的"万物一体"思想

——以"气"与"仁"的关系为中心

李 彬

"万物一体"可以说是中国传统思想共享的一个基本观念,是"天人合一"的一种表达。① 宋明时期,对"万物一体"最为重视的思想家,北宋首推程明道,明代则是以阳明为大宗。② 与先秦时期不同,宋明思想家在阐述"万物一体"思想时一般将之与"仁"和"气"联系起来。"仁"在宋明儒学看来是属于"理"。因此,从"理"和"气"的角度看待"万物一体"就成了宋明思想的特色。

目前学界对王阳明的"万物一体"思想研究成果颇为丰硕,对阳明"万物一体"思想的明道渊源均有所提及③,但对二者之间异同的理解不够深入,某种程度上影

---

① 在先秦时代,庄子及其论敌惠施,都已经提出"天地与我并生,而万物与我为一"(《庄子·齐物论》)、"泛爱万物,天地一体"(《庄子·天下》)这样的命题。儒家的代表则有孟子的"万物皆备于我矣。反身而诚,乐莫大焉"(《孟子·尽心上》)。
② 日本学者岛田虔次指出,在中国思想史上,"万物一体"思想的第一个高峰发生在程明道那里,而第二个高峰,则见于王阳明思想中(参见岛田虔次:《朱子学与阳明学》,蒋保国译,西安:陕西师范大学出版社,1986年,第87页)。实际上,心学倾向的思想家皆共享此一理念,如陆九渊的"吾心即宇宙""宇宙内事皆己分内事,己分内事皆宇宙内事"、杨慈湖的"己易"说,皆表达了这一观点,当然还有张载的《西铭》所表达的"民胞物与"思想。当然目前对《西铭》主要是从"理一分殊"的角度进行解读,但从"万物一体"角度解读也很有说服力,对《西铭》的不同诠释进路的考察,可参见拙作《从"万物一体"到"理一分殊"——论二程对〈西铭〉诠释之差异》,未刊稿。
③ 陈来教授指出,宋代以后,大多数儒者"同体"的思想直接来自程颢的"仁者以天地万物为一体"和"仁者浑然与物同体"两段话,并引湛若水《阳明先生墓志铭》,正德元年(1506)阳明与甘泉会于京师"遂相与订交,讲学一宗程氏仁者浑然与物同体之旨",后来(1514)在《书王嘉秀卷》中也阳明也强调"仁者以天地万物为一体"(参见陈来:《有无之境:王阳明哲学的精神》,北京:人民出版社,1997年,第258页)。陈立胜也指出"王阳明一体之仁脱自程明道之'仁者以天地万物为一体'"(陈立胜:《王阳明"万物一体"论:从"身—体"的立场看》,台北:台湾大学出版中心,2005年,第56页)。吴震教授指出"阳明的'万物一体'论应是直接来源于程颢",又说"一般认为,王阳明的万物(转下页)

响了对阳明的"万物一体"思想的把握。

陈来教授认为明道的"万物一体"思想是一种"仁者境界说",早在《有无之境》中就从"血气流通"与"境界"的角度理解"万物一体",并点出了阳明对明道在这一思想上的继承:"程颢开创了以人身的血气流通譬仁,他在《识仁篇》提出,万物一体的境界是把万物看成息息相通的一个整体,这个整体就是大'己',把宇宙的每一部分都看作与自己有直接联系,甚至就是自己的一部分,这样的境界就是仁。……阳明显然继承了这一思想。"[①] 在近作《仁学本体论》中,陈来仍然强调在明道那里"仁的精神境界就是与万物为一体的境界",并进一步指出"虽然宋儒开始把气与同体联结在一起",但"就宋代的仁说来看","仁作为万物一体主要被理解为作为人心目标的境界,人的一切修养功夫所要达到的仁的境界就是万物一体的精神境界",而"明代心学虽然突出主观方面理解的万物一体的仁学,但王阳明论一体时仍提到万物一体的一体性联系与宇宙一气流通的关联",因此,在阳明那里,"仁者与天地万物为一体,不仅是主观的境界,天地万物与人本来是一体,在存在上即原来一体,这种一体是基于气的存在的一体性,所以万物相通一体"。这指出了阳明之于明道的进步之处。但陈来又意识到,"从手足不仁、气已不贯的说法来看,仁者以天地万物为一体,是因为天地万物本来是一体,仁体即是天地万物浑然的整体。这种一体性就其实体的意义说,与'气'密不可分,因为气贯通一切,是把一切存在物贯通为一体的基本介质"[②],其实仍然回到了《有无之境》中的立场。从"气论"的角度,强调明道与阳明之间思想上的连续性,甚至看起来阳明与明道的"万物一体"思想并无多大的差异。

吴震教授基本上赞同陈来将明道的"万物一体"看成"仁者境界说"的观点,认为"以程颢为代表的万物一体论,含有'生生之仁'和仁者境界两种主要含义,强调从'须先识仁'的角度出发,以实现仁者与天地万物为一体的境界,偏重于工夫指向的、主观呈现的境界论意义",而阳明则与之不同,是"从'一体之仁'的角度

(接上页)一体论源自程颢",并具体点到"程颢……《识仁篇》中的'仁者,浑然与物同体'的主张,与明代阳明心学的'万物一体'论更是有着直接的渊源关系"(参见吴震:《〈传习录〉精读》,上海:复旦大学出版社,2012年,第160页;《论王阳明"一体之仁"的仁学思想》,《哲学研究》2017年第1期,第62页;《论朱子的仁学思想》,《中山大学学报(社会科学版)》2017年第1期总第57期,第136页)。可见,大多数研究者都意识到了阳明"万物一体"思想的明道渊源。

① 参见陈来:《有无之境:王阳明哲学的精神》,第261页。
② 参见陈来:《仁学本体论》,北京:生活·读书·新知三联书店,2014年,第261、35、173页。

出发，将仁者境界的万物一体论推展至以一体之仁为核心内涵的万物一体论，这是王阳明基于'一体之仁'的本体论对万物一体论的重构"。因此，与陈来《仁学本体论》中过于重视"实体"而非"本体"、重视"气"而非"仁"的倾向不同，在吴震教授看来，阳明那里，"万物一体"的本体论基础是"仁"而非"气"，是"一体之仁"而非"同此一气"。① 吴震教授从仁学的角度衡定王阳明的"万物一体"思想，提出"一体之仁"而非"一气流通"才是其"万物一体论"的本体论基础所在，使阳明思想维系于正统的儒学谱系中，避免了滑入气本论的危险，洵为有见。不可否认，在明道那里，"万物一体"是一种"仁者境界"，但如果只从"境界"的角度理解明道的"万物一体"论述，一定程度上会忽视其思想的复杂性与深刻性。同时，如果只从"仁"的角度界定"一体"，也容易忽视"气"在"一体"论述中的重要性。

在我们看来，不管是明道还是阳明的"万物一体论"，无疑都需要从本体与工夫的双重视角切入，考察"气"与"仁"在"一体"论述中的不同地位和作用。在此基础上，对明道与阳明二人的"万物一体"思想进行一个比较，无疑对把握宋明儒学的"万物一体"思想具有积极的意义。

一、明道的"万物一体"

明道的"万物一体"思想是其"仁学"思想的一部分。其中最经典的表述，一是"仁者浑然与我同体"：

> 学者须先识仁。仁者，浑然与物同体。义、礼、智、信，皆仁也。识得此理，以诚敬存之而已，不须防检，不须穷索。……此道与物无对，大不足以明之，天地之用皆我之用。孟子言"万物皆备于我"，须反身而诚，乃为大乐。若反身未诚，则犹是二物有对，以己合彼，终未有之，又安得乐？《订顽》意思，乃备言此体。②

---

① 参见吴震：《论王阳明"一体之仁"的仁学思想》，《哲学研究》2017第1期，第62页。
② 程颢、程颐：《河南程氏遗书》卷二上，《二程集》，王孝鱼点校订，北京：中华书局，2012年，第16—17页。以下简称《遗书》。

可见,在《识仁篇》中,明道要求学者"须先识仁",而要"识"得的无疑不是"仁"之迹,而应是"仁之体"。那么,这个"仁体"应该是什么样子的呢?换句话说,明道是如何"状仁之体"的呢?明道指出了"仁体"的两个基本特征,一是"仁者,浑然与物同体",一是"义、礼、智、信,皆仁也"。因此,"仁"一方面"与物同体",另一方面包纳诸德于自身之内。"识得此理"实际上是"识得仁体","以诚敬存之"即存此仁体或仁理,这就是本体即工夫,而不须像横渠那样做"防检""穷索"的工夫以凑合本体。明道同时将孟子的"万物皆备于我"与横渠的《西铭》(即《订顽》)的"民胞物与",纳入自己"仁者,浑然与物同体"的这一"识""仁体"的理路中来,从"体"入手,则"用"即在其中:"天地之用皆我之用。"

明道"万物一体"的另一个经典表述是"仁者以万物为一体":

> 医书言手足痿痹为不仁,此言最善名状。仁者以万物为一体,莫非己也。认得为己,何所不至?若不有诸己,自不与己相干。如手足不仁,气已不贯,皆不属己。故"博施济众",乃圣之功用。仁至难言,故止曰"己欲立而立人,己欲达而达人,能近取譬,可谓仁之方也已",欲令如是观仁,可以得仁之体。①

如果说在《识仁篇》中明道"仁者,浑然与物同体"是对"仁体"的界定,"仁者"即是指"仁体";那么,在这一段中,明道"仁者以万物为一体,莫非己也"中的"仁者"实际上是指人,是对学者提出的工夫论要求。②与《识仁篇》直接从"体"上描摹"仁体",指出"仁理"不同,此处明道是从"身体"的角度,以譬喻的方式指点我们

---

① 《遗书》卷二上,第15页。
② 向世陵教授已经指出"与物同体"的"仁者"与"以天地万物为一体"之"仁者"不同,后者所指"是人,是主体",前者则"承前'识仁'而来,故不是指人,而是指'仁'这种德性,它与物浑沦而同体,可以从仁的生物流行——生意去理解,在此意义上,物的存在本身就是仁的现实,并具体展开为四德五常"。(向世陵:《王阳明仁说的博爱理念》,第45、46页)当然,在明道看来,因为"人则能推,物则气昏推不得"(《遗书》卷二上),故实际上意味着"只有人才能承担得了这一个'仁'字,也只有人才能自觉到人与天地万物为一体的道理",故《孟子》说"仁者,人也"(《尽心下》),明道进一步说"仁者,人此者也"(《遗书》卷十一),也即在明道看来,"人之作为人,正在于人能够'人',也就是人能够'仁',而一旦人真正完成地完成人道(即'人此者也'),也就是仁了"(参见郭晓东:《识仁与定性——工夫论视域下的程明道哲学研究》,上海:复旦大学出版社,2006年,第115—116页)。因此,"仁"的"德性"与"主体"这种区分似乎又显得多余了,不管是"浑然与物同体"或"以天地万物为一体"都既可以看成对学者的工夫论要求,或对仁者所达到的境界的描述,也可以看成对"仁体"的本体论界定。

"观仁",如此"气"之于"体"的意义问题就被带进来了:"手足不仁,气已不贯,皆不属己。"在医书所言"身体"的层面,从反面的角度,"手足不仁"即身体之中"气"不能"贯通"手足这些部位,即意味着这些部位虽然从直观的角度仍然附属于此一身体,但实际上已经"皆不属己"。这种"不与己相干"即"不仁",那么,"仁"即"以万物为一体,莫非己也",把万物都能"认得为己",即看成属于自己身体的一部分。"气"之于"身体"固然具有"贯通"身体的作用,但对于"万物一体"的"仁体"来说,"气"的意义不够明显,"识得此理","认得为己"才是重点。①

因此,明道指出:"所谓万物一体者,皆有此理。"② "万物一体"是"皆有此理",未尝预设"气论"前提。因此,虽然明道盛赞横渠的《西铭》,"《订顽》一篇,意极完备,乃仁之体也"③,"《订顽》意思,乃备言此体",但实际上,对横渠从"气"入手对天道的论述持保留态度:

若如或者以清虚一大为天道,则乃以器言,而非道也。④

立清虚一大为万物之源,恐未安,须兼清浊虚实乃可言神。道体物不遗,不应有方所。⑤

可见,明道一方面对从宇宙论层面讨论"天道"或"万物之源"的问题,抱有

---

① 土田健次郎指出:"程颢那里万物一体的根本思想,在'气'的概念中没有直接的反映。"(小野泽精一、福永光司、山井涌编:《气的思想》,李庆译,上海:上海人民出版社,2014年,第410页)这一看法无疑是有根据的。陈立胜认为,在明道"'一体'的证成之中依然存在'气论'的预设。'天地为一身',此身实在就是'一气流通''一气贯通'的大身子",并列举了相同的材料,认为"'气已不贯'即'不仁',这一说法强烈地表明,一体之仁即天地万物这个大身子的'一气贯通'"(陈立胜:《王阳明"万物一体论":从"身一体"的立场看》,第56页)。首先,陈立胜明显是以阳明解明道,其次,"气已不贯"中的"气"乃是医书所言身体之"气",至于"天地为一身"乃是从譬喻的角度,从"属己"与否的角度上来说的,"与万物为一体"不过是将天地万物看作与自己密切相关的,而非在存在上认为"一气流通"或"一气贯通"构成了我与万物共同的基础。因此,明道说:"人之一肢病,不知痛痒,谓之不仁。人之不仁,亦犹是也。盖不知仁道之在己也。知仁道之在己而由之,乃仁也。"(《外书》卷三,《二程集》,第366页)又说:"医家以不识痛痒谓之不仁,人以不知觉不认义理为不仁,譬最近。"(《遗书》卷二上,第33页)换句话说,在明道那里"万物一体"是从"理"上讲的而非从"气"上讲的。
② 《遗书》卷二上,第33页。
③ 《遗书》卷二上,第15页。
④ 《遗书》卷十一,第118页。
⑤ 《遗书》卷二上,第21页。

一定的警惕,而是主张"能近取譬","认得为己",强调"仁"的切身性。① 另一方面,明道强调道的整体性和统一性,是无所不包的"大全",批评横渠的"清虚一大"只是指出"气"之清虚神通即"好底"一面来形容"道体"。② 故又说"气外无神,神外无气。或者谓清者为神,则浊者非神乎?"③ 强调"道"的"兼清浊虚实"和"体物不遗"。

因此,明道不仅喜欢用医书或医家的说法来晓喻人,让人能够反躬默"识"何为"仁体",而且喜欢用日常生活中常见的现象让人"体仁"或"观仁":

> 观鸡雏此可观仁。④
> 周茂叔窗前草不除,问之,云:"与自家意思一般。"⑤
> 切脉最可体仁。⑥

---

① 这也可能解释了为什么"程颢重视《易》,但大致也没有言及阴阳",因此,虽然重视《易》的生生论述("生生之谓易","天地之大德曰生"),甚至可以将之"理解为程颢说的万物一体境地,是由气的生生不息而贯穿着的","但是,程颢并没有用'气'来解说万物一体"。因此,"即使在说天地时,也不是分析作为进一步构成要素的阴阳,而多是作为感觉可直接领会到的天地。程颢的兴味是马上趋向于和眼前的天地的一体,似对那些天地构造的分析不太着意"。故此,"程颢不把自己本身可领会到的东西说成是'天理',而且也没有直接显示'天理'和阴阳关系的例子"(小野泽精一、福永光司、山井涌编:《气的思想》,第393、394页)。即使是横渠,虽然是从建立天道本体入手,但也是为了贯通性命,所谓"天道即性也,故思知人不可不知天,能知天斯能知人矣"(张载:《横渠易说·说卦》,《张载集》,北京:中华书局,1978年,第234页)。因此,正如郭晓东教授指出的:"在儒家学者看来,讲天道的同时必然要讲到性命,如果不讲性命,那么所谓的天道就成了悬空的天道,成了与我们的人生日用毫无关系的天道。那种作为西方哲学'宇宙论'意义上的单纯天道,在中国思想传统中根本担当不起'天道'这两个字眼。"(郭晓东:《从"性""气"关系看张载、二程工夫论之异同》,《经学、道学与经典诠释》,台北:台湾大学出版中心,2013年,第2页注3)。
② 《朱子语类》卷99《张子书二》对横渠"清虚一大"有许多讨论,如认为"'清虚一大',形容道体如此。道兼虚实言,虚只说得一边"。指出"横渠'清虚一大'却是偏","横渠说气'清虚一大',恰似道有有处,有无处。须是清浊、虚实、一二、大小皆行乎其间,乃是道也。其欲大之,乃反小之!"即使后来受诘难而云"清兼浊,虚兼实,一兼二,大兼小",但不过"是拣那大底说话来该那小底,却不知道才是恁说,便偏了;便是形而下者,不是形而上者"。因此,朱子认为横渠的主要问题并非言"清虚一大",而是在于以形而下之"气"而非形而上之"理"言道体,因为清浊、虚实"皆此理之所为",故"盖有此理,则清浊、虚实皆在其中"。因此,在明道那里,真正的"道"是"兼清浊虚实""体物不遗"之"神"。朱子严判形而上下,以理统气,明道则即气言神、即器言体。
③ 《遗书》卷十一,第121页。
④ 《遗书》卷三,第59页。
⑤ 《遗书》卷三,第60页。
⑥ 《遗书》卷三,第59页。

如此"体"或"观"到的"与自家意思一般"的不是别的,即"万物之生意"或"生机",此即明道"以生释仁",仁即"生生不息"或"生生不已"的活动性。① 因此,明道不仅赞同《周易》中"天地之大德曰生""生生之谓易"的说法,而且也积极评价告子的"生之谓性"之说:

"天地之大德曰生","天地絪缊,万物化醇","生之谓性"(告子此言是,而谓犬之性犹牛之性,牛之性犹人之性,则非也),万物之生意最可观,此元者善之长也,斯所谓仁也。人与天地一物也,而人特自小之,何耶?②

明道虽然重视《易》之"生生"之义,但并不重视《易》之"阴阳",因此,并不从宇宙论的角度论述"气"在易之生生中的重要性,而是引导我们注意"万物之生意",从中体会到天地之"仁",即吾人之"仁"。因此,"人与天地一物也"或曰"万物一体"的根据并不是由于从存在论上说,人与万物皆是由一气流行而生成的,而是因为人与万物共享(share)了"仁"这一生生之理:

所以谓万物一体者,皆有此理,只为从那里来。"生生之谓易",生则一时生,皆完此理。人则能推,物则气昏,推不得,不可道他物不与有也。人只为自私,将自家躯壳上头起意,故看得道理小了它底。放这身来,都在万物中一例看,大小大快活。③

"生则一时生",所"完"的不是宇宙论层面或经验中的"天地万物",因为天地万物的"生生"大化无穷无尽,不可能"完成"或"完结"。因此,明道说所"完"的只能是"此理",这个"理"是生生不息的根据,是万物共享的本体。人与物的差别只在于"能推"还是"推不得","人则能推,物则气昏,推不得",而对天理的共享则

---

① 《遗书》:"人心常要活";《上蔡语录》:"死汉不识痛痒";牟宗三云:"在明道,由麻痹无觉所指点到之'以觉训仁'之'觉'义,由'切脉'所指点到之'贯通'义,由'观鸡雏'所指点到之'亲和'义与'活泼'义,由'春意''生意'所指点到之'生'义与'温润'义,皆是相连而生之同一义,而亦与'一体'义为同一义。皆直指仁心、仁体、仁理、仁道而言也。"(牟宗三:《心体与性体》第二册,台北:台湾正中书局,1996年,第10—11页)
② 《遗书》卷十一,第120页。
③ 《遗书》卷二上,第33页。

是相同的,故"不可道他物不与有也":

> 万物皆只是一个天理,己何与焉?至如言"天讨有罪,五刑五用哉!天命有德,五服五章哉!"此都只是天理自然当如此。人几时与?与则便是私意。①

"万物皆只是一个天理",在这个意义上自然可以说"万物一体",能体贴出这个道理就是体悟到了"天理",就是"仁者"。"人则能推"也就是说只有人能担当起领会"天理",践行"仁道"的责任。但这种担当,也不过是循"天理自然",非"与"非"助"。"物则气昏,推不得",从侧面说明"人则能推"是因为人禀受了天地的"清通之气",所谓"民受天地之中以生,天命之谓性也"②。从"天地之大德曰生"或"天命之谓性"的角度,"'生之谓性',性即气,气即性,生之谓也"③得到了新的解释,阳明也说"'生之谓性',生字即是气字,犹言气即是性也"④,可谓善会明道。这个"气"即是"民受天地之中以生"的天地"清通之气",也即是"生生之谓易"或"天地之大德曰生"的"生生之理"。因此,明道所谓的"生之谓性",虽是"即生即气禀以说性",而却非"克就气禀以言之气质之性",而"正为一贯于气禀及气之即理即道之性也"。⑤也就是说,明道那里的"性"是绾理气为一的。

因此,在明道那里,"人受天地之中以生",禀受天地之"中"以"生"的"气禀"之"性"中已经是"气以成形,理亦附焉"(朱子语),理气二者浑沦不可分,为一"贯于气禀及气之即理即道之性"。这个"性"不是别的,就是"生生之理","天命之性",就是"仁"。

因此,在明道那里,天地之"气"和在人身之"气",皆被"生生之仁"所涵摄贯通,而所谓"万物一体"也不过是基于此一"天理"而非宇宙论意义上的"气"。"血气贯通"⑥意义上的"一体"不过是从一种类比意义上,从人与万物的"感通"或

---

① 《遗书》卷二上,第30页。
② 《遗书》卷十二,第135页。
③ 《遗书》卷一,第10页。
④ 王阳明:《启周通道书》,《传习录中》。
⑤ 唐君毅:《中国哲学原论·原性篇》,香港:新亚研究所,1968年,第364页注。
⑥ 张栻所作的《仁说》中,也从"天地万物血脉贯通"上理解"仁":"己私即克,则廓然大公,而其爱之理素具于性者无所蔽矣,爱之理无所蔽,则与天地万物血脉贯通而其用亦无不周矣。"(张栻:《南轩集》四库全书本卷十八,第1—2页)但"爱之理无所蔽"才是"天地万物血脉贯通"的前提和根据。

"感应"的意义上,描述人与"天地万物"的切身相关性。①

二、阳明的"万物一体"

如上文所叙,从阳明"万物一体"思想的明道渊源入手,即可发现王阳明对"万物一体"思想的关注由来已久。而在提出致良知教,思想成熟之后,阳明开始从对《大学》重新阐释入手,以明确的理论形态来表述其"万物一体"思想。②

因此,秦家懿指出"阳明的'万物一体'说,贯穿他全部的思想"③,嵇文甫指出"万物一体"是阳明学一个主要问题,也是王学的一种"主要精神"④,皆不为无见。陈荣捷先生直言:"万物一体之理论,为宋明理学之中心。由二程子经过朱子陆象山以至于王阳明,莫不言之,而阳明之说此观念与仁之关系,最为直接。"这更是点出了"万物一体"与"仁"的关系问题。而在我们看来,"万物一体"除了与"仁"的关系之外,与"气"的关系也值得探讨。因为"万物一体之仁"在阳明那里几乎是一个固定术语,但"气"与"一体"的关系、与"仁"的关系,似乎都显得仍然暧昧不清。

阳明用良知对道家内丹学的"气"范畴进行了良知学的改造,既使"气"的地位附随"良知"得到了一定的提升,也使"良知"的内涵由于"气"这一具有活动性

---

① 这种相关性,表现在天地之间,就是人与万物的感应:"天地之间,只有一个感和应。"(《遗书》卷十五)"感应"的根据就在于"人能推",而"感应"的道理需要自己去切身体会,不能只求之于文字言语之间:"明道尝谓人曰:'天下事只是感与应耳。'先生初闻之,以问伊川。曰:'此事甚大,人当自识之。'"(《外书》卷十二,吕坚中所记尹和靖语,故先生为尹焞。)如唐君毅所说:"泛观万物之相感应,尚不切,只观其他人与物之相感应,亦不切。此亦必须直落实到吾人之一己,而观此一己之如何与其他之天地万物相感,然后能深切著明其义。"(唐君毅:《中国哲学原论·原性篇》,第341页)"万物一体"就体现在这种人与万物的感通无碍之中,而"仁之为仁,就在人与天地万物的感通无碍中向我们昭示了出来",牟宗三即据此而称明道之仁之实义为"感通无隔、觉润无方"(参见郭晓东:《识仁与定性》,第117页)。
② 嘉靖三年(1524)南大吉辟"稽山书院",尝聚集"八邑彦士"讲学其中,阳明"临之,只发《大学》万物同体之旨"(《年谱》,《全集》卷三十五,第1290页)。被钱德洪尊为"师门教典"的《大学问》(1527),更是通篇阐发一体之仁的思想。除此之外,较为集中反映万物一体思想的文字还有《亲民堂记》《重修山阴县学记》《答顾东桥书》(按:以上三篇均作于1525年)、《答聂文蔚》(1526)等(参见吴震:《〈传习录〉精读》,第156页)。
③ 秦家懿:《王阳明》,台北:东大图书公司,1987年,第130页。
④ 嵇文甫:《左派王学》,《民国丛书》影印本,上海:开明书店,1934年,第23页。

和客观性概念的纳入，而变得更加丰富。①气在使阳明的良知概念"超出人之德性的范畴"方面，具有决定性的意义，正是由于良知以气为其实体而呈现，良知不再只是一个心性论或道德哲学的主观范畴，而是具有客观性、超越性的本体概念，或者说在阳明那里，良知既是心性本体，又是天理实体。

但对阳明将良知天理化、或天道化、实体化的做法即使在当时也并非没有疑问②，在心学内部，也有学生对良知是否遍在于一切事物提出了自己的疑问：

> 朱本思问："人有虚灵，方有良知。若草木瓦石之类，亦有良知否？"

这个疑问其实是认为良知乃是属人的，对阳明将良知泛化、普遍化提出了某种担心。对学生的这一质疑，阳明做了解答：

> 人的良知，就是草木瓦石的良知。若草木瓦石无人的良知，不可以为草木瓦石矣。岂惟草木瓦石为然，天地无人的良知，亦不可为天地矣。盖天地万物与人原是一体，其发窍之最精处，是人心一点灵明，风雨露雷、日月星辰、禽兽草木、山川土石，与人原只一体。故五谷禽兽之类，皆可以养人；药石之类，皆可以疗疾，只为同此一气，故能相通耳。③

朱本思认为有良知的前提是有"虚灵"，也即是说，有心方才能有良知。阳明不反对良知乃人所独具，非草木瓦石之类所能有者。但是他指出"人的良知，就是草木瓦石的良知"，不唯如此，甚至草木瓦石之为草木瓦石、天地之为天地，都要取决于人的良知，以人的良知为依归："若草木瓦石无人的良知，不可以为草木瓦石矣。岂惟草木瓦石为然，天地无人的良知，亦不可为天地矣。"之所以如此的原因则是"天地万物与人原只一体"，而"其发窍之最精处，是人心一点灵明"，"人的良知"无

---

① 关于王阳明哲学中"良知"与"气"的关系，可以进一步参见拙作《从工夫论的角度论阳明哲学中良知与气的关系》，《儒教文化研究》第31辑，韩国成均馆大学，2019年2月，第27—37页。
② 如罗钦顺就在与阳明弟子的通信中，对阳明"指良知为实体"或"以良知为天理"的观点提出了批评："但以理言，即恐良知难作实体看，果认为实体，即与道德性天字无异"，"今以良知为天理，即不知天地万物皆有此良知否乎！天之高也未易骤窥，山河大地吾未见其有良知也；万物众多，未易遍举，草木金石吾未见其有良知也。"（参见罗钦顺：《答欧阳少司成崇一·二》，《困知记》，北京：中华书局，1990年，第122—123页）。
③ 王阳明：《传习录下》，条252。

他,即是此"人心一点灵明"。

可见,良知天理化或者说万物是否有良知这一问题的关键在于"良知"或"灵明"与"万物一体"的关系;而"气"则只是阳明用来从经验层面证明人与万物之间能够"相通"或者说具有真实的实践关联的一个因素:"只为同此一气,故能相通。"但"气"显然不是"万物一体"中的决定性因素。

尽管天地万物与人"原只一体"或"原是一体",但阳明并没有否认万物之间实然的差别:在此"一体"中"风雨露雷、日月星辰、禽兽草木、山川土石"的区别是实然存在、不容淆乱,并非混沌不分的无别之"一体"。因此,这个"一体"并不是基于"气"的同质化的"一体",而是有差异的、分殊的一体。也就是说,这种一体和分殊的统一,无法由"同此一气"得到解释,而只能从"理"的层面得到解释。

因此,当有人从经验意义上的"血气流通"的角度看待"人心与物同体"的观点时,阳明则提醒问者应该"在感应之机上看":

> 问:"人心与物同体,如吾身原是血气流通的,所以谓之同体;若于人便异体了,禽兽草木益远矣!而何谓之同体?"
>
> 先生曰:"你只在感应之机上看。岂但禽兽草木,虽天地也与我同体的,鬼神也与我同体的。"请问。先生曰:"你看这个天地中间,什么是天地的心?"对曰:"尝闻人是天地的心。"曰:"人又什么教做心?"对曰:"只是一个灵明。""可知充天塞地中间,只有这个灵明。人只为形体自间隔了。我的灵明便是天地鬼神的主宰。天没有我的灵明,谁去仰他高?地没有我的灵明,谁去俯他深?鬼神没有我的灵明,谁去辨他吉凶灾祥?天地鬼神万物离却我的灵明,便没有天地鬼神万物了。我的灵明离却天地鬼神万物,亦没有我的灵明。如此便是一气流通的,如何与他间隔得?"[①]

既然人心与万物"同体",需要从"感应之机"上看,而"感应之机"的关键是心之"灵明",甚至"充天塞地"的并非流通之"一气",而"只有这个灵明"。因此,"一气流通"的具体含义,也要落实到"感应之机"上去理解。在阳明上述语境中,天地万物"一气流通"与否,要看"我的灵明如何""主宰""天地鬼神万物",具体体

---

① 王阳明:《传习录下》,条315。

现在"我的灵明"如何仰天之高、俯地之深、辨鬼神之吉凶灾祥。可见,这里"我的灵明"对于"天地鬼神万物"之"主宰"更多是指"天地鬼神万物"与"我的灵明",即与人具有切近的实践相关性,并非说"我的灵明"具有造物主意义上的神或上帝的功能和地位。实际上,在中国古人眼中,没有客观、自在意义上的天地万物,一切都处在与人的实践关联中,处在一个充满意义、彼此息息相关的世界中①,而这个"意义"在阳明看来无疑是由人的"灵明"或"良知"来规定和揭示的。因此,阳明说"如此便是一气流通的,如何与他间隔得?""间隔"就是不通,明道认为"人则能推,物则气昏,推不得"②,王阳明则从宇宙本体的层面认为"万物"之间是"一气流通"的,不存在不能"推"的地方。但是根本上来说还是在"感应之机"上看,即还是要取决于具有主体能动性的"灵明"或"良知"与万物的感通无碍。

在阳明那里,一方面"天地万物"的宇宙论结构可以说是"同此一气"或"一气流通"的,但其本体论结构则应是"在良知太虚之中存在"或"与灵明一体而在"。这种"万物一体"的结构,实即天地万物所共同遵循的"天秩、天序"或曰"天理",在共享(share)一个"天理"的层面上,人与天地、鬼神、万物是一体而在的。

因此,阳明一方面强调"天地鬼神万物离却我的灵明,便没有天地鬼神万物了",另一方面也指出"我的灵明离却天地鬼神万物,亦没有我的灵明"。可见,"良知"或"灵明"与"天地万物"是一种不一不异、相即不离、共为一体的实践关系,而非一般认为的主客对立关系。阳明那里的"一气流通"、我与万物无"间隔"的含义就是上述所谓的"灵明"与"万物"的一体共在关系,也即他所说的"感应之机":"灵明"和万物的关系不是主客关系,而是感应关系。③

---

① 阳明通过一个极端的例子证明这一点,死去之人,精灵游散,自然不会再与事物打交道,故"他的天地万物"亦消散了,可见他并不讨论"千古见在"之客观自然界存在与否。唐君毅也指出阳明那里"山中之花与此心俱寂"和"人死即其天地万物与之俱去"之言,"只是就人之心知与所知,俱起俱寂,以见心知与其所知之合为一事。初固非就天地万物之自身,而问其客观存在与否。此问题对阳明之学言,亦原不必问者也"(唐君毅:《中国哲学原论·原教篇》,台北:学生书局,2004年全集校订版,第218页注)。
② 《遗书》卷二上,第33页。
③ "感应"应该是中国古人理解万事万物之间相互关系的一种更为基本的模式,"感应"可以涵盖"主客",因为"主客"关系也必须以"感应"为前提,主客之间若无对待和呼应,亦不成其为主客关系。感应关系不应限于人与物、主与客,而是万事万物皆有感与应,此则彼应,此应则彼感,"所应复为感,所感复为应"(《朱子语类》卷72)。"万物一体"就体现在人与天地万物的这种感应关系中,只不过不同于朱子所强调的"事事物物,皆有感应"(《朱子语类》卷95),在明道和阳明那里,感应的主体或中心主要还在落在人身上:明道那里是"仁者",阳明这里是"良知"或"灵明"。

由此可见，尽管阳明提出了"同此一气"和"一气流通"这样明确的"气论"表达，"气"在王阳明"万物一体"的结构中并未起到决定性的作用，更多是在宇宙论或经验层面上讲"一气流通"[①]，而其实义则落在"良知"或"灵明"与"天地万物"的"感通"上。"万物一体"的本体论基础与其说是"气"不如说是"良知"，"灵明"或"良知"是那"同此一气"或"一气流通"中起决定性作用的"头脑"或"主宰"："良知才是气乃至于万物之中的本体存在。"[②]

三、结　　论

综上所述，我们发现，首先，在程明道那里，天地之"气"和在人身之"气"，皆被"生生之仁"所涵摄贯通，而所谓"万物一体"也不过是基于此一"天理"而非宇宙论意义上的"气"。"血气贯通"意义上的"一体"是从一种类比意义上，描述人与"天地万物"的切身相关性。

其次，在王阳明那里，出现了"同此一气，故能相通"和"如此便是一气流通的"这样"气论"意义明显的表述，显见相比明道，阳明对"气"更加重视，甚至"气"有从宇宙本体的角度决定"万物一体"的倾向。但进一步考察之下，我们发现"气"在王阳明"万物一体"的结构中并未起到决定性的作用，更多是在象征、类比或经验层面讲"一气流通"，而其实义则落在"良知"或"灵明"与"天地万物"的"感通"上。

再次，程明道的"万物一体论"与王阳明的"万物一体论"一样，无疑既是一项本体论论述，又具有工夫论要求，不能仅仅被当成"仁者境界说"。明道从万物共处在同一个"天理"本体的角度强调"仁者浑然与物同体"和"仁者以万物为一体"；阳明则是从"一体之仁"而非"同此一气"的角度，指出人与天地万物共处一体。

---

① 吴震教授指出："在阳明的论述过程中，'气'并不是一个直接讨论的对象，而是被当作其观点论述的一个思想'背景'，至于'气'的存在论问题本身则被阳明故意隐去而未作任何正面的论述。"（吴震：《心学与气学的思想异动》，《复旦学报》2019年即出）"'气'的存在论问题"在阳明那里是否构成一个问题，他是否对此问题"故意隐去而未作任何证明"我们暂且不论，但说"在阳明的论述过程中，'气'并不是一个直接讨论的对象，而是被当作其观点论述的一个思想'背景'"是可以成立的。

② 吴震：《〈传习录〉精读》，第138页。

基于此，明道要求学者"先须识仁"，即以直接把握本体为工夫，即本体即工夫，而阳明则要求学者于事事物物上推致良知，即工夫即本体。

最后，"能推"或者"感通""感应"是人能够与"万物为一体"的根本前提，否则即成"麻木不仁"；而这种"感通"或"感应"则是以"仁理"为前提，"仁"在明道或阳明那里，须从与物能够感通无碍意义上去理解。因此，在中国古人那里，人与万物之间的关系不是主客关系，而是感通或感应关系。

（作者单位：复旦大学哲学学院）

书评

三分法视域下的三系论

——《贡献与终结：牟宗三儒学思想研究》(第二卷)评论

李雅萍

就自创思想体系而言，牟宗三是20世纪中国哲学的一座高峰。三系论是牟宗三儒学思想最有代表的观点，实为其思想体系的基本间架，堪称"体系中的体系"。所谓三系论，乃牟宗三以自己独创之思想视角，重新判定六百年宋明儒学之演进轨迹，而分判为三个思想派系之学术论断。这一分判与通常的思想史叙述殊然不同，其最大之特点，一是将五峰、蕺山独立为一系，二是将伊川、朱子判定为旁出，给人十分突兀之感。三系论一经提出，便广受关注，认同者有之，批评者有之，客观评述者有之，不置可否者有之。认同者，如蔡仁厚跟随三系论路子，说："牟先生费八年之心血，撰著《心体与性体》一书，厘清其思想脉络，确定其义理纲维，判宋明儒学为三系。濂溪、横渠、明道为一组，此时未分系；下分伊川朱子系、象山阳明系、五峰蕺山系。于五峰蕺山之学、特郑重予以表彰。宋明六百年之学术，始得其实。"① 批评者，如钱穆明确反对将朱子判定为旁出，认为根本不能说朱子不重视心，"故纵谓朱子之学彻头彻尾乃是一项圆密宏大之心学，亦无不可"②。另外，刘述先曾转引唐君毅之言曰："唐先生向来不臧否人物的，他只说我们熊先生以前，就不大愿意讲三系的问题，不承认胡五峰的思想自成一系统。"这也可算是委婉的批评。还有不少学者从不同方向挑战"五峰蕺山系"一说，原因是他们并不认同蕺山思想存在"以心著性"的格局。③

---

① 蔡仁厚：《宋明理学之开展与分系(上)》，《鹅湖月刊》第23期，1977年，第36页。
② 钱穆：《朱子新学案(上)》，成都：巴蜀书社，1986年，第39页。
③ 参见黄敏浩：《刘宗周及其慎独哲学》，台北：学生书局，2001年；李振纲：《证人之境——刘宗周哲学的宗旨》，北京：人民出版社，2000年；杨祖汉：《论蕺山是否属"以心着性"之型态》，《鹅湖学志》第39期，2007年，第33—62页。

客观评述者,则以杜维明之看法较为平正:"我们应当了解牟先生的解说力,他的解释模式和思想的创发性并不是从历史传承的角度,而是从理论形态的相似性和义理的内在逻辑性中表现出来的,但是如果我们用那个模式来套宋明儒学,那问题就会变得非常复杂,思想史上几乎比较熟悉宋明一段的人都觉得这种划分问题比较多。"①

无论如何,三系论确实给人耳目一新之感,同时又难免让人陷入纠缠百结的问题之中,油然而起茫无头绪之慨。面对这一思想实情,学术界很长一段时间以来,处于批评乏力的状态,未见全面而系统的学术梳理。杨泽波教授不满于这种状况,以自己开创的三分方法,耗费十数年之功,对牟宗三儒学思想开展了系统研究和批判。这些研究的成果,结集成五卷本《贡献与终结:牟宗三儒学思想研究》一书,计二百四十余万字,于2014年正式出版。该书五卷分别讨论牟宗三的坎陷论、三系论、存有论、圆善论、合一论,其中第二卷专题讨论三系论。据杨教授的研究,他认为支撑牟宗三三系论思想大厦的有两个东西,即形著论和活动论。不仔细考究这两个东西,三系论的问题就难以说清楚;而考究这两个东西,若无恰当的思想方法,又难免裹足不前,问题依旧。杨教授冥思苦索,找到了自己的方法,即三分方法(简称三分法)。所谓三分法,是把人的心性结构析分为欲性、仁性、智性三个子结构的方法。基于这一方法,杨教授对牟宗三儒学思想展开了系统研究和批判。其中关于三系论,杨教授用三分法否定了牟宗三的以下论断:将五峰、蕺山独立为一系;将伊川、朱子判定为旁出;"以纵摄横,融横于纵"的综合方案。以下分别概述之。

一、用三分法否定将五峰、蕺山独立为一系

如上所述,牟宗三以三系方式重新判定六百年宋明儒学的发展路向,以胡五峰、刘蕺山为一系,陆象山、王阳明为一系,程伊川、朱子为一系。杨教授把三系论的判教标准总结为两个,即形著论与活动论。形著是指在心与性的关系中,心对性具有一种形著作用,性对心具有一种客观作用。活动是指实体必须"即存有即活动",而保证实体之活动性的是道德本心。根据形著论,五峰、蕺山由于强调以心著

---

① 杜维明、东方朔:《杜维明学术专题访谈录——宗周哲学之精神与儒学文化之未来》,上海:复旦大学出版社,2001年,第186页。

性，比起象山、阳明直承孟子心学，显得更为圆融。根据活动论，伊川、朱子由于缺乏活动性，被判定为旁出，而象山、阳明方为正宗。① 对于形著论，杨教授一是肯定其理论价值，二是否定形著论这个解决办法。

牟宗三判定五峰、蕺山为一系，标准是形著论。他之所以提出形著论，目的是为了解决心学的流弊问题。一般认为，心学的思维方式是直觉，无法借助语言让人直达心地，悟性低者无法了解心学的根本，容易把情识误认为真理，对社会造成不好的影响。对此，牟宗三借鉴五峰、蕺山重视道体、性体的思路，强调性的作用，以道体、性体的客观性、创造性的特点来保证心体客观性、创造性的功能。杨教授承认，牟宗三沿着蕺山的思路提出形著论以解决这些问题，其理论意义十分重大。

在牟宗三的思想体系中，心体指道德本心，主观性强，但因为完全听任主观发展容易陷入流弊，所以他用性体来保证心体的客观性。② 性体来源于天道，天道具有客观性，可以保证心体的客观性。其基本思路是：由天说到性，借助天道保证性体客观性，再由性体保证心体的客观性。对此，杨教授认为，天道并不是客观性的全权代表，天不是一个真正的"创生实体"，只是一种虚说，一种借用，实际上天不可能将良心赋予人。与此相对，杨教授的观点是：天只是一种信念而不是实体，天道对于人只能从"借天为说"和"认其为真"的意义上来理解，是一种虚设的假借根据。③ 对于

---

① "形著论"是"如何保证良心本心的客观性"问题，"活动论"是"如何保证道德理性具有活动性"问题。
② 在牟宗三哲学思想体系中，道体、性体与心体的关系相当重要，道体是从整全的方面来说，就是儒家讲的天，它能够"永远不停止的起作用"。道体命于个体之中就是性体，性体是从个体的方面来说，性体的存有论原则使得性体成为宇宙万有的总根源。性体因道体的存有性，具有存有性的特点，成了存有性原则。这里说的存有性原则，指性体是一总根源。心体是道德的心，与性体相比，心体具有主观性。"性"是自性原则、客观性原则，"心"是形著原则、主观性原则。潜隐自存的性，不能自己呈现，心的灵觉能使潜存的性体，由隐而显，彰著出来，以成就善、成就德，性体与心体的关系是心体能够使性体著于形象并呈现出来，"心"才能使"性"彰显出来起作用。称为"形著关系"。性被心形著之后才能成为具体而真实的性，心性通合而为一。反过来说，心体则必须借助性体才能保证自身的客观性，性体的客观性保证心体有一个正确的方向。
③ 在先秦时期，儒家为了满足人们思维的形上要求，习惯把道德根据与上天联系起来，以德性之天论良心有关。比方，将民抬到天的高度，并借用天的地位说明民的重要。这是把天当作一种终极的根源，对一种事物进行形上的说明。这是指将天作为一种终极的根源，借用天的地位，对万事万物作出形上的说明，以满足人们思维的形上要求，以及保证儒学的超越性和宗教性。但杨教授指出天（道体）无法真正保证心体的客观性。天（道体）并非客观性的全权代表，周代的"以德论天"到先秦时期的"以天论德"，实际上只是一种"借天为说"。"借天为说"是杨教授破解牟先生"形著论"的总前提。借是借用，从假借的意义来理解天，成为杨教授深入牟宗三研究的一个突破口。借天为说的主要功效，在于突破了两千多年以来以天作为形上根据的固定模式。他主张天（道体）不可能是良心本心的真正来源，道体、性体无法保证心体的客观性。

重提天道与性体来杜绝心学流弊的思路，杨教授不予采信："天并不是良心本心的真正根源，将克服心学流弊的希望寄托在性和天上，虽然可以收到一定成效，让人们知道讲良知也需要有所收煞，但不可能从根柢之处解决问题。"① 杨教授认为，要解决心学流弊问题，必须对具体犯错的原因给出理智的分析，并切实改正错误，而不是光讲一个"真体之天"就能了事的。

  牟宗三实际上是把形著论作为一种理想的理论形态来看待的。正是在这一点上，我有不同的看法。在我看来，以形著作为分疏蕺山学理的依据是可以理解的，但将其作为克服心学流弊的理想理论形态就没有必要了。蕺山设定性宗和心宗的做法不可能真正杜绝心学的重重流弊，其做法从本质上说只是心学发展过程中一种内部自我调整，并没有形成对心学学理原则上的突破。②

牟宗三强调心学流弊问题，是因为少了客观性，故将希望寄托在性体之上。杨教授以为这一"寄托"难以奏效，否定用性体赋予心体客观性这个办法。他认为，心学发展过程中出现的问题，并不是心体缺乏客观性，而是由良心本心的特质决定的。什么是良心本心呢？杨教授在早年的孟子研究中对此曾有专门论述。对良心本性的解说，他一以贯之，否认孟子把良心看成"天之所予我者"的思路，而给出了自己的具有生存论哲学意义的解决方案。杨教授把良心本心解释为一种伦理心境："道德本心其实是由社会生活和智性思维在内心结晶而成的心理境况和境界，即所谓'伦理心境'。"③ 伦理心境的起因是社会生活，在社会生活将自身结晶成为伦理心境的过程中，也将客观性带进了内心。如果非得用"主观—客观"这对概念的话，那么道德本心既是主观的，又是客观的。既然伦理心境是社会生活的内化，并且这一内化过程无法脱离智性思维，那么良心本心就不可能是故步自封的凝固之物，而是会携带着时间与空间因素，随着社会生活的变化而唯变所适。

  在杨教授的三分方法中，大体言之，欲性对应人的物质生存，智性对应人的学

---

① 杨泽波：《贡献与终结：牟宗三儒学思想研究·第二卷·三系论》，上海：上海人民出版社，2014年，第122页。
② 杨泽波：《贡献与终结：牟宗三儒学思想研究·第二卷·三系论》，第128页。
③ 杨泽波：《贡献与终结：牟宗三儒学思想研究·第二卷·三系论》，第82—83页。

习认知,仁性对应人的直觉作用(相当于道德本心)。仁性与智性的融合大致相当于西方哲学的理性;不同的是,仁性是一种既成的东西,人只要反身自问,逆觉体证就能得到。智性可以认知与道德相关的事物,制定道德的法则。根据三分法,可以重新判定心学流弊的原因,在于智性的缺位,不妨以"仁性无知"称之。"仁性无知"可以解析为"仁性不当""仁性保守""仁性遮蔽"几种情形。当某一道德风尚足以影响到群体伦理心境的正当发展时,是为"仁性不当"(例如非洲割礼问题);当伦理心境落后于时代而趋于保守时,是为"仁性保守"(例如三年之丧问题);当伦理心境受外部环境影响而被遮蔽时,是为"仁性遮蔽"(例如平庸之恶问题)。三种情形皆因缺乏智性参与,而导致"仁性无知"。显然,避免"仁性无知",只能是加强智性。

> 良知并非如心学家所说的那样至上那样绝对,其本身也需要提高。这种提高的一个可行的途径就是加强智性,即运用智性的力量,来一个深刻的哲学反思,"以其然求其所以然",真正明白为什么会有良知,良心的本质是什么,它的优点是什么,缺点是什么。这样人们就会明白,良知并没有什么神秘,不过是一种"伦理心境"而已。①

智性可以通过知性学习不断自我提高,从而具备发展成为智性伦理的可能性。当仁性陷入良知的傲慢时,可以启动智性的认知功能,对仁性进行哲学式反思,从而指导仁性避免落入"玄虚而荡"的境地。通过学习认知,可以随时衡定良知的位次,不使良知落于"情识而肆"的局面。

二、用三分法否定将伊川、朱子判定为旁出

判定伊川、朱子为旁出,是三系论非常突兀的一个重要内容。牟宗三认为,伊川、朱子的义理从客观说是一个本体论的存有系统,从主观说是一个认知地静涵静摄的系统。朱子大讲格物致知,走的是泛认知主义道路,不是以道德本心,而是以

---

① 杨泽波:《贡献与终结:牟宗三儒学思想研究·第二卷·三系论》,第132页。

外在之理来决定人们的行为举止。按照牟宗三的理解，儒家道德只能讲逆觉体证，依靠道德本心而成就的道德是自律道德；反之，依靠知识而成就的道德就是他律道德。伊川、朱子恰好是以知识讲道德，所以是他律道德，是歧出、旁出。① 牟宗三考察伊川、朱子二人之学说，判定其学理内部有两个重大失误：一是将知识与成德混杂在一起；二是将超越之理与后天之心相互对待。这也是他判定二者为旁出的理据。

牟宗三的旁出说与其活动论问题紧密相关。他将伊川、朱子定为旁出，原因是他认为朱子学理缺乏活动性。伊川、朱子学理"只存有不活动"，只是由"存在之然"推论它的所以然之理，对"存在之然"进行"存有论的解析"。对此，牟宗三引进康德的道德自律和道德他律学说作为解释框架。简单说，在康德那里，"自律"就是道德主体的自我立法，个人意志所须服从的道德法则正是意志自己制定的法则，而非来自外在根源；如果在道德主体以外寻求外在道德法则根源，便是道德"他律"。牟宗三将道德自律、道德他律学说进行再次消化，形成了自己的理解。对他来说，道德自律原则指向服从道德本心律则的道德原则；道德他律原则指向以知识之是非决定道德的原则。基于这一理解，他十分大胆，把由心学直接决定而成的道德比附为道德自律，如象山、阳明；而把由知识决定而成的道德比附为道德他律，如伊川、朱子。② 他认定儒家心学为道德自律，理由有二：其一，儒家心学属于超越层面的道德理性，可以自我立法；其二，这种超越层面的道德理性可以排除一切感性利欲目的，成就道德。他认定朱子学理为道德他律，理由亦有二：其一，朱子偏重于

---

① 牟先生判定伊川、朱子为旁出有三个方面：一是，客观地说是本体论的存有系统。伊川、朱子所求的所以然之理只是理，诚体、神体、太虚一概不讲，使得"理"原本具有的神体、心体的内容丧失，成为一个静态之理，没有活动性。二是，主观地说是认知地静涵静摄系统。朱子通过格物致知的方法获取所以然之理，走的是静涵静摄的路，静涵静摄就是顺取，就是顺着心向外发展，以便认知事物之理。三是，所成的道德是他律道德。

② 以康德自律、他律伦理学判定儒家心学、理学，学界有不同看法、做法。李明辉教授承袭牟先生，认为五峰、蕺山系与陆、王系属于自律伦理学，伊川、朱子属他律伦理学，他说："牟先生判定：'康德乃朱子系与孟学系之间的一个居间形态。'实为精到之论。其判定朱子为'别子为宗'亦非武断。""他们是否承认孟子底'本心'义，而接受'心即理'的义理架构？ 如果是的话，则必属于自律伦理学。不接受此义理架构，但有一独立意义的'道德主体'概念，仍不失为自律伦理学；此如康德所表现的型态。若连'道德主体'底概念亦不能挺立起来（如朱子），便只能归诸他律伦理学。"（李明辉：《康德与自律道德》，《鹅湖学志》1998年第1期，第26页）李瑞全先生替朱子翻案，他的做法是反对将朱子视为他律伦理学，反之，他把朱子归入康德的自律伦理学（参见李瑞全：《朱子道德形态之重检》，《鹅湖学志》1988年第2期）。

认知,只以知识讲道德①;其二,朱子不以本心讲道德。②这两个理由可以相互说明。

杨教授系统考察牟宗三活动论的理路,指出单纯以知识之是非来决定是否是他律道德,是一个致命的错误;而且,牟宗三引进西方概念解释儒学这一做法也存在诸多隐患。"我对牟宗三引入康德道德自律概念研究儒学这一做法有所批评,旨在强调康德道德哲学与儒学的重大差异。……我并不完全反对借用道德自律这一概念来研究儒学。"③杨教授不完全否定以道德自律研究儒学的做法,但是强调要分清康德的理路属于智性伦理,而儒家心学属于仁性伦理。

> 在这个问题上,牟宗三的不足就显现出来了。一方面,他在引入康德研究儒学的时候,没有注意到孔子心性之学的特点,没有看到道德的根据可以分为仁性和智性,由此区分出仁性伦理和智性伦理。另一方面,仅仅根据道德理性的超越性,自我立法自我服从,排除一切利欲目的等因素,便把康德与孟子放在一起,作横向比较。这其实是将康德定位于仁性,或者说是将孟子定位于康德了,从而不仅确定孟子是道德自律,而且将与孟子相对的朱子判定为道德他律。这样一来就使他的研究从一开始即埋下了混乱的种子。④

可以看出,牟宗三在方法上的最大失误在于,其思考问题的方式是基于西方理性感

---

① 在康德,存有论的圆满属于道德他律,朱子以知识讲道德与存有论的圆满近似。
② 有许多学者发现以孟子为首的心学系统与康德伦理学之间的差异,如黄进兴先生认为运用西方概念阐释中国文化是有限制的,他说:"不可讳言,西方的哲学的确提供了许多新向度来观察儒家伦理,但要说能妥切地把握儒家伦理恐怕还有相当的距离。"黄先生进一步指出以孔、孟为代表的儒家伦理学与康德道德哲学之间,二者相异之处并不下于其相似之处(黄进兴:《所谓"道德自主性":以西方观念解释中国思想之限制的例证》,《食货月刊》1984年第14卷第7、8期,第83页)。李明辉教授对此有所回应,他表明牟先生对孟子与康德伦理学之间的差异已经有所关注并且给予适当解决。他说:"牟先生对康德底'自律伦理学'所作的修正不仅是为了使之合于儒学底义理型态,也是为了顺成康德伦理学之内在理路。""牟先生并非简单地套用康德哲学底概念和思想间架来诠释儒家思想,而是从哲学思考底高度上比较其异同、分判其型态。故其诠释工作本身即是一种哲学思考,并且包含一种新的判教。"(李明辉:《牟宗三思想中的儒家与康德》,《鹅湖学志》1993年第10期,第84、85页)李明辉教授主张以孟子为首的心学系统,与康德的差异并不在于"自律"概念上,而在于主体性的架构上。心学肯定心与理是一,康德则强分二者,但这并不影响儒家心学系统与自律伦理学的一致性,他说:"总之,我们得把康德底'自律'概念和其所完成的伦理学系统分别看待。孟子学固然不同于康德底伦理学,但这无碍于其为自律伦理学。"(李明辉:《康德与自律道德》,第24页)
③ 杨泽波:《贡献与终结:牟宗三儒学思想研究·第二卷·三系论》,第165页脚注。
④ 杨泽波:《贡献与终结:牟宗三儒学思想研究·第二卷·三系论》,第223页。

性二分模式,而并未自觉反思这一模式是否适用于儒家心性之学,导致问题无法得到适当解决。

在道德自律问题上,杨教授指出,虽然牟宗三借用这一思想,并认定儒家心学属于道德自律,但儒家心学与康德道德哲学仍然存在明显的差异,其中最突出的莫过于康德的道德哲学强调必须完全排除情感,甚至是道德情感也必须排除;但儒家不仅不排除,反而十分重视道德情感。这样,试图让道德自律学说与儒家心学完全弥合,就不可能了。此难题牟宗三并非没有觉察,他用"上下其讲"的方式坚持儒家心学是道德自律的基本主张。往下讲,儒家的理既超越又普遍,当理必须在具体的心与情中显现时,抽象的超越与抽象的普遍则落于具体的超越与具体的普遍之中;往上讲,当具体的情必须上提至超越层面的理时,道德情感则同于道德本心。当儒家的道德情感同于道德本心时,情感成了超越的抽象的理,成为"实体性的觉情",这种觉情虽是情,却是自发的、非感性的,这时理与情合一,符合道德自律原则。但即便如此,牟宗三依然无法回应康德道德自律学说完全排除情感的绝对律令。①

在道德他律问题上,杨教授指出,牟宗三以"知识之是非决定道德即是道德他律"的思想是否符合康德道德哲学的基本精神,仍然值得商榷。康德把"必须对作为目的的对象先有知识"的道德判定为道德他律,并非指"以知识决定道德",而是指"以追求个人幸福为目的的道德"才是道德他律。简单来说,扩展、追求知识不能算是道德他律,将扩展知识用于追求自身幸福才是道德他律。杨教授指出,牟宗三判定"以知识决定道德"为道德他律,这是把问题的焦点转移到知识问题上了:"牟宗三看到康德批评道德他律'需要有世界的知识',便认为凡是以知识讲道德就是道德他律,忽视了知识与知识目的的界限,不明白追求知识本身并不是道德他

---

① 关于康德道德情感问题,黄进兴先生认为康德在他1764年发表的论文《关于自然神学及道德学底原理之明晰性的探讨》中,曾采取道德情感说底立场,但在其批判期底伦理学著作中,他已全然放弃旧有的立场,而自行建立道德底理性主义。李明辉教授则判定康德晚期伦理学中始终存在道德情感,他说:"道德情感在晚期康德伦理学中仍占有极重要的地位,它不再是道德判断原则,而是践履原则。道德问题不仅是判断问题,也牵涉到实践问题——用康德的术语来说,它牵涉到'兴趣'(Interesse)或'动机'(Triebfeder)底问题。'我们对道德法则有一兴趣'这个命题即等于说:我们有一道德的动机。依康德底用法,'兴趣'和'动机'这两个概念均只能应用于有限的存有者,亦即就有限存有者具有感性生命而言。康德把这种兴趣在我们内部的基础称为'道德情感'(moralisches Gefühl),而道德情感是'法则施诸意志的主观结果'。"(李明辉:《康德与自律道德》,第11页)

律,只有以知识'精于算计'追求自身幸福原则才是道德他律。"① 这是把焦点弄错了。当然,杨教授仍然肯定牟宗三在这一问题中的洞见:

> 牟宗三透过朱子学说庞大体系的外表,一眼透视到其内在的致命伤,透视到朱子所说的理是死的,不能活动,绵软无力,不能使道德成为可能。这种洞察力极为深刻,给人以很大的教益。但由于他把这个问题与道德自律、道德他律联系在一起,情况马上又变得异常复杂起来。从理论上分析,朱子讲的道德的确是由认知、由知识,而不是由道德本心决定的,但以认知和知识决定道德只会使其理论不活动,丧失活动性,沦为"道德无力",而不是康德所批评的道德他律。②

牟宗三批评朱子的用意是嫌朱子学理有缺陷,道德理性"只存有不活动",导致"道德无力",可谓巨眼卓识,但他把重点放在"道德他律"上,反而使问题变得复杂,"不过是阴差阳错误为朱子戴上一顶帽子而已"。用杨教授的话,这是"看对了病",却"叫错了病名"。③ 这一失误的负面作用非常大:"由于将'道德无力'误称为'道德他律',理性如何保证道德成为可能,即理性如何使自身具有活动性,从而摆脱'道德无力'这一重大理论问题,几乎完全被围绕自律和他律产生的激烈争论的繁荣假象淹没了。"④

基于朱子的理没有活动性这一断识,牟宗三判定其为旁出。这一判定所预设的思想方法是西方的感性与理性二分模式。经过杨教授的梳理,牟宗三把活动性问题与康德道德自律学说连在一起,未能达到理论的整全性,其"旁出说"的论断不能成立。在孔子心性之学的流变中主要有两派,一是心学,一是理学,两个派别在历史上互不相让,发展到宋明遂成拮抗之势。然而,欲知其流,必溯其源。杨教

---

① 杨泽波:《贡献与终结:牟宗三儒学思想研究·第二卷·三系论》,第187页。
② 杨泽波:《贡献与终结:牟宗三儒学思想研究·第二卷·三系论》,第234页。
③ 杨泽波:《贡献与终结:牟宗三儒学思想研究·第二卷·三系论》,第234页。
④ 杨泽波:《贡献与终结:牟宗三儒学思想研究·第二卷·三系论》,第234—235页。牟先生解决道德无力的问题是在理之中加入心义,但杨教授认为这么做仍然有所不足,他说:"笼统讲理中必须有心义,这个心义如何使理具有活动性的问题仍然无法得到清晰的说明。"(杨泽波:《贡献与终结:牟宗三儒学思想研究·第二卷·三系论》,第243页)对此,杨教授的做法是将传统所说的传统理性打开,将其分为仁性与智性,变两分方法为三分方法。仁性就是道德本心,是动力之源。

授回溯到孔子心性之学,发现原始儒学所潜藏的思路原本是三分结构,据此提炼出三分方法。在三分方法之观照下,牟宗三判定朱子为旁出乃是以不完整的心学,而不是以完整的心性之学为标准。既然其标准之合法性不成立,因而据此标准而判定伊川、朱子为旁出的论断也就不能成立。

三、用三分法否定"以纵摄横,融横于纵"的综合方案

尽管牟宗三将伊川、朱子判定为旁出,但他也看到了其间包含的理论价值。以牟宗三之见,象山心学系统与朱子理学系统皆非最高形态。最高形态必须综合二者方可企及。据此,牟宗三提出"以纵摄横,融横于纵"的说法,他以象山为纵贯系统,朱子为横摄系统,纵贯是第一义,横摄是第二义,把这两个系统结合起来方臻圆满。

杨教授对牟宗三的这个想法表示赞扬,但他同时发现牟宗三的综合论存在两个缺陷:第一,没有解决好综合的标准问题;第二,没有解决好综合的途径问题。牟宗三把继承"孔子之仁和孟子之心"的心学系统判定为正宗,把伊川、朱子所代表的理学系统判定为旁出;而杨教授认为,不管是象山讲的易简工夫,还是朱子讲的格物致知,都可以在孔子心性之学中找到源头,他们都是成就道德的必要条件,不应区分正宗与旁出。

> 孔子心性之学并非只是一个仁学,一个仁性,一个仁性伦理,还有礼学,还有智性,还有智性伦理。划分学派必须以完整的孔子心性学说为标准,而不能仅仅以某一方面为标准。牟宗三只是以"孔子之仁和孟子之心"为尺度判定朱子为旁出,这种以偏概全,或者说以偏定偏的做法,不利于全面继承和发展孔子心性学说,也不利于达到综合圆成之境。①

孔子不仅讲仁,也讲礼,孔子仁的思想和礼的思想,就是仁性和智性,这两者缺一不可,既然要综合,就应该平等看待,而不是"持综合之名,行心学之实"。

---

① 杨泽波:《贡献与终结:牟宗三儒学思想研究·第二卷·三系论》,第249页。

杨教授指出,"以纵摄横,融横于纵"并不是在真正的学理建构意义上全面综合心学和理学,而是在预设"心学优越于理学"的前提下,"以心学收编理学",其实质是基于心学的立场,并以心学为归向,而吸收理学。既然如此,我们就有理由诘问一番:

> 牟宗三希望完成综合的任务,达到圆成之境,虽然也承认第二义的横摄系统对于成就道德有助缘作用,但仍然判定以此为基础的朱子为旁出,在我看来,是十分不应该的。假如我们站在朱子的角度替他着想,他一定会反驳说:你要综合,我不反对,但为什么你就是正宗,我就是旁出呢?既然我是旁出,为什么还要把我综合进来呢?①

质言之,也就是说,我们可以发问:为什么一定是"以纵摄横",而不是"以横摄纵"?为什么一定是"融横于纵"而不是"融纵于横"?因此,这种把心学与理学在无形中对立起来,采取非此即彼的综合方案,不是学理建构的整全出路。如果说理学的特点是重视外向学习,心学的特点是重视内觉体证,那么这两个方面尽管方法不同,但目的却完全一样,都是为了成就道德、学以成人。既然如此,遵循孔子的心性之学,用智性涵盖朱子一系的理学,形成智性伦理,用仁性涵盖象山一系的心学,形成仁性伦理,智性伦理与仁性伦理连镳并驾、相辅而行,综合的任务就能圆满达成。

既然牟宗三综合心学与理学所采用的标准有偏,综合的途径也不恰当,所以其综合方案也就难称圆满。杨教授主张回归孔子心性之学。如前所述,孔子学说中暗藏着三分结构,属于智性伦理的朱子与属于仁性伦理的阳明并不是互相排斥,而是相辅相成的。所以一方面,完整的学理建构不应该区分正宗与旁出;另一方面,综合二者的方案不应该是以一方"收编"另一方,而是兼取二者:"用仁性涵盖象山一系的心学,为仁性伦理,用智性涵盖朱子一系的理学,为智性伦理,恰如鸟有双翼,车有两轮,双美结合,相得益彰。"②

---

① 杨泽波:《贡献与终结:牟宗三儒学思想研究·第二卷·三系论》,第249页。
② 杨泽波:《贡献与终结:牟宗三儒学思想研究·第二卷·三系论》,第252页。

四、充分估量三系论与三分法的理论意义

杨泽波教授以三分方法为统率,否认了三系论的几个判定,但他仍然高度重视三系论所蕴含的重要理论意义。其中,三系论所包含的问题意识最宜关注,主要有两个方面:"一是提出了如何保证良心本心客观性的问题,以使心学不陷于重重流弊,二是揭示了如何保证道德理性具有活动性的问题,以使理性自身就能够是实践的。"① 杨教授认为这两点具有十分重要的理论价值,而目前理论界的相关研究对这一价值的认识还不到位。杨教授对牟宗三三系论的研判和批评,都是基于其自创的三分法。因此,在文章末尾,思考一下三分法的理论意义,以及用三分法观照牟宗三三系论又意味着什么,当不是多余之举。

一般而言,学术批评可以分别出两种基本的含义,一种是内在批评,一种是外在批评。内在批评是指基于一个学说的内部逻辑来展开批评;外在批评是指运用某一学说之外的另一套逻辑来展开批评。严格说来,内在批评才是有效力的批评,而外在批评缺乏效力,往往只是一种比较研究。按照这个分别,我们该如何来理解杨教授对牟宗三展开的批评呢?或者说,这是一种内在批评还是外在批评呢?回答这个问题很难一概而论。在一个比较狭窄的意义上,我们可以说,杨教授对牟宗三的批评是一种外在批评,因为他并不是从牟宗三学理的内在逻辑展开批评,而是凭借自创的另一套方法(三分法)来对一个并不采用此套方法的学理展开批评。因而,我们可以说,作为外在批评,牟宗三学理在其自身内在逻辑的限度内依然是有效的,并不会因为三分法的闯入而失去其学理意义。正如一个喝咖啡的民族,并不会因为茶文化的传入而使其喝咖啡的习惯失去文明史的意义。

但是,在一个宽广的意义上,即把整个中国儒学的发生、发展、演化的线索作为大背景,杨教授对牟宗三的批评又可以称为内在批评,即在中国儒学自身学理结构的内部展开的批评。这一定位的前提是:三分法是中国儒学内在包含着的思想方法;而要证成这一前提,杨教授目前所做的工作还不十分充分。这首先表现在,原始儒学(孔子为代表)是否真的包含一种三分结构? 杨教授认为孔子心性学说原本就包含着三分的结构,对此他也给出了一定的说明和论证。这些说明和论

---

① 杨泽波:《贡献与终结:牟宗三儒学思想研究·第二卷·三系论》,第5页。

证还有待深化。其次,即便我们可以把孔子"心性学说"一分为三,这种一分为三的"分"是在什么意义上才有效?细读《论语》可知,孔子并不认为"仁"是一种"性",他从来不轻易许人以"仁",即便最聪明的弟子颜渊,他也只说"其心三月不违仁"①。如果仁是"性",人本具有,就谈不上"违"。与此相应,孔子又说:"仁远乎哉?我欲仁,斯仁至矣!"②仁如果是"性",如何能谈"远"谈"至"乎?很显然,孔子不把"仁"作为性来理解,而是界定为人之为人应当追求的一种状态。这种状态并不是现成的,毋宁只是一种可能性、可欲性。君子与小人之分判以及二者之间的张力,正由此而来。

据笔者理解,这种可能性与天人之辩密切相关,仁关乎天;而孔子之天,具有信仰维度。现代学者(冯友兰)喜欢把先秦之"天"析分为主宰之天、命运之天、自然之天、德性之天之类义项,作为概念分析当然是可以的,但这种分析依然不能回溯于理解孔子的"天",换言之,决不能在分析的意义上去理解孔子的"天"。逮孟荀而后,"天"义之分化方始发生。孔子之言:"天何言哉?四时行焉,百物生焉。天何言哉?"③通常认为这句话中的"天"是自然之天。这种理解首先必须讨论:当我们提出"自然之天"时头脑中发生了什么事件?并进而论证:孔子是否具备现代人头脑中(与古人不同)的"自然"观念?如果这两个问题处于囫囵不解状态,那么用"自然之天"来描述孔子这句话就是一种狭隘化、庸俗化的理解,一种以今度古的做法。

既然仁很难说成一种"性",则"仁性"一说就值得考究。④在孔子思想之"原生态"中,仁与知相互建构,并不是非此即彼的关系,而毋宁说是一体之两面。所以,杨教授提炼三系论的两个问题意识(理论意义),在孔子那里,其实并不构成问题。一方面,仁本不离知,故而"客观性"问题不存在;另一方面,知本不离仁,故而"活动性"问题并不存在。那么,欲性、智性、仁性三分之说,在什么意义上有效?笔

---

① 《论语·雍也》。
② 《论语·述而》。
③ 《论语·阳货》。
④ 智性同样如此。与其说孔子把仁与知一分为二,不如说他认为二者实际上相互建构,犹如阴阳,失去一方,另一方也就失去意义。子曰:"择不处仁,焉得知?"(《论语·里仁》)这是表达仁对知的建构,离仁则不得知。子曰:"仁者安仁,知者利仁。"(《论语·里仁》)这是表达知对仁的建构。又《公冶长》篇,孔子谈о令尹子文、陈文子,两次说"未知,焉得仁?"此亦表明,无"知"则无法得"仁"。因此,把"知"坐实为"知性",把"仁"坐实为"仁性",恐非孔子思想之活生态。

者以为，三分法只在理论建构意义上有效，而在人性之发生实态上（孔子意义），并不具备解释力。

这涉及思想史发展的趋向问题，有必要稍做描述。按照德国哲学家罗姆巴赫的梳理，西方思想大致经历了三个阶段的演化轨迹，他概括为"实体—体系—结构"三个阶段。第一阶段是"实体"构想阶段，对应于从古代到中世纪的整个时期，粗略的计算相当于公元前500年到公元1500年。"体系"构想阶段，对应于近现代时期，粗略计算相当于公元1500年到公元2000年。[①] 接下来是"结构"的时代。事实上，从叔本华、尼采开始，已经处于突破"体系"的阶段，胡塞尔、海德格尔、维特根斯坦等人都是自觉突破"体系"状态的思想家。罗姆巴赫认为，这是一个逐渐突破局限、逐渐进步的趋向。

参照罗姆巴赫的梳理，笔者惊奇地发现，中国思想的演进恰好遵循与西方思想相反的一个退步趋势。在孔子及以前（以《周易》为代表）的思想中，是"结构"创发的阶段。孔子以后，从《中庸》《大学》《孟子》《荀子》开始，"结构"开始向"体系"异化，其间的一个标志性事件是"内圣外王"概念的提出。[②] 到宋明儒学，"体系"蔚为大观。到牟宗三那里，"体系"臻乎极致，以至于还掺杂了"实体"的意味。现当代的中国哲学研究，大体还陷在"体系"与"实体"的状态中难以自拔，而把"结构"[③]忘得一干二净。笔者以为，杨泽波教授的三分法对应于思想史演进的"体系"构想阶段。在"体系"的意义上，它构成了牟宗三哲学的对立面，也可以定位为撬动牟氏哲学"体系"大厦的有力杠杆。然而，三分法仍然是一种"体系"。这种"体系"的意义，只有在充分阐明"结构"的意义之后，方能得到澄清。不过这已不是本文所能完成的任务了。

（作者单位：复旦大学哲学学院）

---

① 罗姆巴赫：《作为生活结构的世界——结构存在论的问题与解答》，王俊译，上海：上海书店出版社，2009年，第1页。
② 另外，《中庸》也是思想分化的一个关键文本。笔者以为，《中庸》一文对"中庸"的理解与孔子对"中庸"的理解完全不同，开启了以诚论中庸的路向，为宋明儒学的兴起铺垫了坚实的伏笔。笔者以为，孔子"中庸"并非指向心性而立言，而指向社会运行而立言。详细论证，须待另文。
③ 至于"结构"之意义，非本文所能详论，可参见罗姆巴赫：《结构存在论——一门自由的现象学》，王俊译，上海：上海书店出版社，2015年。

稿约与稿例

《现代儒学》由上海儒学院主办,以发表现代儒学研究领域的重大问题及前沿话题为主,兼及传统儒学领域的研究,以及中外学术与思想的比较研究,旨在为国内外儒学研究者提供高水平的学术思想交流平台。

本刊编辑委员会由国内外知名学者组成,严格执行双向匿名评审制度。每年出版一到两辑,每辑30万字左右。欢迎学术界专家、学者踊跃投稿。来稿一经采用,稿酬从优。具体要求详见如下事项:

一、篇名

论文篇名要求简洁、精练、准确,一般不超过20字。

二、作者简介

来稿请注明作者单位、出生年月、职称职务,以及联系方式。

三、摘要和关键词

来稿须于正文前附有中文摘要和关键词。

四、正文

1. 正文篇幅以10 000字至30 000字为宜。

2. 正文采用宋体小四字体,行距为1.5倍,请勿使用繁体字。

3. 正文中的独立引文需另起一段,首行空两格,字体为楷体四号字。引用出处以脚注形式标出。

示例:

关于媒介对于个人和社会的影响,有另一种观点:

　　任何媒介(即人的任何延伸)对个人和社会的任何影响,都是由于新的尺度产生的;我们的任何一种延伸,都要在我们的事务中引进一种新的尺度。①

五、注释格式

本刊采用脚注形式。

注释放置于当页下（脚注）。注释序号用①,②,③……标识，每页单独排序。适用于在正文中征引近现代学人研究成果、古籍、说明性注释等。

1. 著作示例：

赵景深：《文坛忆旧》，上海：北新书局，1948年，第43页。

任继愈主编：《中国哲学发展史（先秦卷）》，北京：人民出版社，1983年，第25页。

唐振常：《师承与变法》，《识史集》，上海：上海古籍出版社，1997年，第65页。

2. 期刊文章示例：

何龄修：《读顾诚〈南明史〉》，《中国史研究》1998年第3期，第56页。

3. 古籍示例：

毛祥麟：《墨余录》，上海：上海古籍出版社，1985年，第35页。

4. 再次引证时的项目简化。同一文献再次引证时只需标注责任者、题名、页码，出版信息可以省略。

示例：

鲁迅：《中国小说的历史的变迁》，《鲁迅全集》第9册，第416页。

六、来稿请寄电子稿件，格式为word及pdf各一版，邮箱地址为xiandairuxue@163.com。

七、本刊编辑将对采用的稿件进行必要的技术处理，一般不删改内容，如有需要将与作者联系。

上海儒学院

《现代儒学》编辑部